古典文獻研究輯刊

三四編

潘美月・杜潔祥 主編

第 7 冊

續經義考・周易之部
（第二冊）

周懷文 著

國家圖書館出版品預行編目資料

續經義考・周易之部（第二冊）／周懷文 著 -- 初版 -- 新北市：
花木蘭文化事業有限公司，2022〔民 111 〕
目 6+226 面；19×26 公分
（古典文獻研究輯刊 三四編；第 7 冊）
ISBN 978-986-518-862-7（精裝）
1.CST：易經 2.CST：研究考訂
011.08   110022682

ISBN-978-986-518-862-7

古典文獻研究輯刊
三四編 第 七 冊   ISBN：978-986-518-862-7

續經義考・周易之部（第二冊）

作　　者　周懷文
主　　編　潘美月、杜潔祥
總 編 輯　杜潔祥
副總編輯　楊嘉樂
編輯主任　許郁翎
編　　輯　張雅淋、潘玟靜、劉子瑄　美術編輯　陳逸婷
出　　版　花木蘭文化事業有限公司
發 行 人　高小娟
聯絡地址　235 新北市中和區中安街七二號十三樓
　　　　　電話：02-2923-1455 ／傳真：02-2923-1452
網　　址　http://www.huamulan.tw 信箱 service@huamulans.com
印　　刷　普羅文化出版廣告事業
初　　版　2022 年 3 月
定　　價　三四編 51 冊（精裝）台幣 130,000 元

續經義考・周易之部
（第二冊）

周懷文　著

目

次

第二冊

D

達善 匯易摘要 三卷 存

齊齊哈爾藏道光二十二年（1842）畢郢真性堂刻本

戴醇 周易經傳通解 十五卷 存

湖南省中山圖書館藏咸豐元年（1851）刻本

湖北藏同治六年（1867）刻本

◎目錄：上下經二卷、彖上下傳二卷、象上下傳二卷、繫辭上下傳二卷、文言傳一卷、說卦傳一卷、序卦傳、雜卦傳各一卷、圖解說辨各一卷。

◎光緒《湘潭縣志》卷十《藝文》：《周易經傳通解》十五卷（戴醇撰。戴醇有傳）。

◎周按：是書主釋象，以象求理，引據舊文，互相參證。

◎戴醇，字和生。湖南湘潭人。《湖南文徵》卷三十六收錄其《握奇八陣考》《曾子問考》《五齊三酒考》《樂記考》《佾考》諸篇。

戴二雅 易象內外篇 佚

◎道光《濟寧直隸州志》卷八之四《人物志》四：既玩邵氏《先天圖》，欣然有得，後更潛心《程氏遺書》，所知益邃。謂誠知誠養乃學之要，因以誠名齋。

◎道光《濟寧直隸州志》卷九之一《藝文志》一：戴二雅《易象內外篇》《圖書篇》《明數篇》《太音圖》《志學錄》《陶集解》。

◎民國《濟寧直隸州志續志》卷十八《藝文志》：戴二雅《易象內外篇》

（前志存目。新《通志》載二雅玩邵氏《先天圖》，欣然有得，更潛心《程氏遺書》，所知益邃）。

◎孫葆田《山東通志》卷百二十七《藝文志》第十：《州志》載是書，稱其玩邵氏《先天圖》，欣然有得，後更潛心《程氏遺書》，所知益邃。

◎戴二雅，字芸心，號誠齋。山東濟寧人。諸生。又著有《志學錄》諸書。

戴楫 學易記 一卷 佚

◎民國《續丹徒縣志》卷十八《藝文》：戴楫《學易記》一卷、《學詩記》一卷、《尚書解》十卷、《孝經註釋》三卷、《孟子文評》七卷（並《愚齋文鈔》）。

◎光緒《丹徒縣志》卷三十四《人物》十一《文苑》二：棠好讀經，楫好談理，兄弟論學不相比附而各極精妙。棠著《周易爻辰補》梓行，楫著《薛氏條貫篇》極精審。

◎戴楫，字汝舟，號純甫。江蘇丹徒人。諸生。舉咸豐制科。

戴記 易解就正草略 佚

◎光緒《江西通志》卷九十九《藝文略》一《國朝》：《易解就正草略》，戴記撰（《鄱陽縣志》）。

戴齡 周易辨占集解 六卷 佚

◎民國《懷寧縣志》卷十一《文藝》：戴齡《周易辨占集解》六卷。

◎民國《懷寧縣志》卷十九《文苑》：憤俗學治經但取舉業，因輯儒先傳說，附辨論焉。有《周易辨占集解》六卷、《麟經解略》四卷。

◎戴齡，字鶴年。安徽懷寧人。諸生。勤苦嗜學，泛覽諸子百家。一室丹鉛，終老不輟。著有《周易辨占集解》六卷、《麟經解略》四卷。

戴龍宸 周易貫旨 佚

◎光緒《壽州志》卷二十三《人物志》：著有《勉學篇》《周易貫旨》《大學發要》。同治中祀鄉賢。

◎光緒《壽州志》卷三十《藝文志》：戴龍宸《勉學篇》《周易貫旨》《大學發要》。

◎光緒《鳳陽府志》卷十八上之上《儒林》：著有《勉學篇》《周易貫旨》《大學發要》。同治中祀鄉賢（《壽州志》）。

◎戴龍宸，字敬承，號予超。安徽壽州人。優廩生。講明理學，以孝事親。

戴名世 自訂周易稿 佚

◎戴名世《南山集》卷三《自訂周易稿序》：余家世治《詩》，余亦治《詩》，後更治《易》。嗚呼，易之道大矣！夫子以為可以寡過，往時讀其言而不知自省也，既學易而後知其生平動靜無時不在過之中而無有一當，輒不禁涕淚之橫集也。先是余之學易也，一二師友皆教余勿看講章勿聽俗儒講說，余從之，果有得焉。已而見近世所刻《衷旨》諸書，其荒謬不通不可勝舉，而時文宗之，而易幾亡矣。自始皇、李斯焚燒詩書百家之語，而易獨不與其禍，至今幾二千年，而亂於鄙夫小生之訓詁與科舉之業，豈天之欲喪斯文、滅六經而假手於俗儒，以補秦火之遺漏？不然則鄙夫小生其罪不減於始皇、李斯。而獨居窮經之名，取富貴之資，聖人之道幾何而不息也？余以歲庚申冬讀書於友人趙良冶家，始靜觀《周易》之義。每夜篝燈為文，不蹈襲時解，頗有所發明，而文字一洗訓詁舉業之陋。凡五十日得文數十篇，而先君子江干之變聞矣，踉蹌棄去。今無事，偶一理之，惘然如隔世。以余之窮且多患，已無復知有生人之趣，何況於區區之文字。然是文也，於易之義不無小補，因存之。而吾且絕意世事，欲攜《周易》一卷隱居深山之中，朝夕占玩，考較諸家而勒為一書，或可借以稍寡其過，亦足以樂而終身矣。因書以俟之。

◎蕭穆《敬孚類稾》卷十《戴憂庵先生事略》：桐城經學文章之端緒開自錢先生田間，其後望溪方侍郎昌而大之。先生亦自幼殫精經史，得禍後多所未究，其緒論惟見之於遺文。嘗曰：「易之道大矣，夫子以為可以寡過。往時讀其言而不知自省也，既學易而後知生平動靜無時不在過中而無有一當，輒不禁涕淚之橫集也。欲攜《周易》一卷隱居深山，朝夕占玩，考校諸家而勒為一書，或可借以稍寡其過，亦足以樂而終身也與！」又曰：「九師興而易道微，三傳作而春秋散。善哉文中子之論也。易之為書廣大悉備，而其變動不居不可為典要，自聖人已言之。是故淺學曲士一切瑣屑紛紜術數之說皆得託之於易，雖皆不可謂非易之所有，然徒執區區以言易，則已非易矣。易之理至《程傳》而明，至《本義》而益大明，然而言湮世遠師傳歇絕。自晚周至

宋凡千餘年，伊川、考亭鑽研反覆，得其不傳之意而著之為書。其書出於草創之際，豈無十之二三與文王、周公、孔子之本旨不相比附者？世苟有通經學古之士，潛心冥會，融釋貫通，其於程朱，繼志述事，能補其所未及，是亦程朱之功臣也。若乃騁其私見小慧，支離蔓衍，顯無忌憚，而務求勝於古人，是乃所謂叛臣者也。其或讀古人之書而阿諛以曲從，不敢有毫髮之別異，是乃所謂佞臣者也。佞之為古人之害也，與叛等。」先生於經，持論平允多類此。

◎戴名世（1653～1713），字田有，一字褐夫，號藥身，別號憂庵，晚號栲栳、南山先生。因《南山集》案，死後諱稱宋潛虛先生（宋為戴族所出）。安徽桐城人。康熙四十八年（1709）進士。著有《自訂周易稿》。又著有《子遺集》《南山集》等。

戴槃 易經卦名試帖 二卷 存

山東藏咸豐三年（1853）琉璃廠北京賜禮堂刻本

◎戴槃，字澗鄰。江蘇丹徒人。道光癸卯舉人，初選浙江桐鄉知縣，未赴任。檄台州府同知，旋保知府。同治初署嚴州知府，調署溫州府知府。尤有功浙省水利。

戴槃 易經卦名試帖選本 一卷 續選一卷 存

山東藏咸豐三年（1853）京都琉璃廠刻本

上海藏咸豐十一年（1861）刻本

臺灣文聽閣圖書有限公司 2010 年起林慶彰主編晚清四部叢刊本

戴世翰 易通經 佚

◎光緒《銅仁府志》卷十一：數十年所殫精竭慮者，惟在於易。嘗曰：「六十四卦參五錯綜，皆言日月之出沒也，而於九卦十卦定其位；三百八十四爻動變往來，皆言日月之進退也，而於七爻十一爻示其端。其示人以握易之要，則歸於大有之上爻；其示人以學易之門，則歸於咸之四爻；其言日月之消息，則歸於乾往通坤、坤來合乾，出入乎震巽，成為既濟，此立說之大綱也。」著有《易圖說》《易通經》《易通史》《算經通易》《中庸注》《莊子注》等書，未梓。今所刊行者僅《易藝》四卷，非全書也。

◎戴世翰，字廷魁，號西園，學者稱西園先生。貴州銅仁人。少貧苦，無

力就外傅，然絕慧，每過鄉塾，聞讀書聲，嘗竊聽之即能通解大意。師與語，奇之，令從己遊，不責修脯。期年讀竟《四子》《毛詩》諸書，出筆為文有雄直氣，老宿皆以為弗及。年十五應童試，隸八人中為弟子員，旋食廩餼。道光乙酉科充縣學拔貢生，廷試二等充教職用。甲辰恩科舉人，年已五十矣。兩試春官報罷，遂絕意進取，壹志著述。其學以漢儒為宗，而於心性之學則確守程朱。主書院講席九年，多所成就，年八十卒。

戴世翰 易通史 佚

◎光緒《銅仁府志》、民國《貴州通志》著錄。

戴世翰 易圖說 佚

◎光緒《銅仁府志》、民國《貴州通志》著錄。

戴世翰 易藝 四卷 佚

◎光緒《銅仁府志》、民國《貴州通志》著錄。

戴棠 易書叢說 四卷 佚

◎民國《續丹徒縣志》卷十八《藝文》：戴〔註1〕棠《易書叢說》四卷（《瑞芝山房文鈔》）。

◎戴棠，字召亭。江蘇丹徒人。歲貢生。

戴棠 鄭氏爻辰補 六卷 圖一卷 存

國圖、上海、湖北、南京、四川、山東、中科院藏道光二十九年（1849）燕山書屋刻巾箱本

仲軒羣書雜著本（五卷。稿本）

◎前有自序、凡例、鄭氏爻辰圖、王昶六十四卦爻辰分配圖、近北極星、近南極星。

◎鄭氏爻辰補凡例：

一、爻辰取象有三例：泰六五云「爻辰在卯，仲春之月」，坎上六云「爻辰在巳，巳為蛇」，明夷六二云「辰在酉，酉在西方」，困九二云「爻辰在未，未為土」，此以辰論四方五行十二月十二肖，一也；賁九三云「位在辰，得巽

〔註1〕原誤作載。

氣為白馬」，明夷九三云「九三爻在辰，得巽氣為股」，此以辰得卦氣，二也；比初六云「爻辰在未上值東井，井水，人所汲」，坎六四云「爻辰在丑，丑上值斗，斗上有建星形似簋」，困九二云「辰在未，未上值天廚酒食象」，此以辰得宿象，三也（張惠言《周易鄭荀義》）。

一、爻辰得宿象亦有二例：坎六四云「爻辰在丑，丑上值斗，斗上有建星形似簋」，此以形言者也；困九二云「辰在未，未上值天廚酒食象」，此以所主之事言者也。

一、爻辰有以本宮宿取象者。比初六「有孚盈缶」云「爻辰在未上值東井，井之水，人所汲用缶汲器」是也。

一、爻辰有以本宮附星取象者。坎六四「尊酒簋，貳用缶，納約自牖」注：「爻辰在丑，丑上值斗，可以斟之。象斗上有建星，建星之形似簋；貳，副也；建星上有弁星，弁星之形又如缶」是也。

一、爻辰有以世爻取象者。如離九三「不鼓缶而歌」注云「艮，爻也，位近丑。丑上值弁星，弁星似缶」是也。

一、爻辰有以承乘比應取象者。如「困于酒食」注云「二據初辰在未，未為土，此二為大夫有地之象。未上值天廚酒食象」。《乾鑿度》孔子曰：「復表日角」，鄭注云：「表者，人體之章識也。名復者，初震爻也。震之體在卯，日出於陽，又初應在六四，於辰在丑，為牛，牛有角，復入表象」是也。

一、爻辰有以消息言者。《乾鑿度》「夬表升骨履文」鄭注：「名夬者，五立於長（惠棟云：據消息也，爻辰在申），在斗魁所指者（張惠言云：夬三月卦，斗建辰），又五於人體當艮卦（惠棟云：艮為人），於夬亦手體成（惠棟云：艮為手）。其四則震爻也，為足其三，猶艮爻于十十次值本于析（案于十十次值本于析八字惠本、閩張本有之，恐有錯誤），七曜之行起焉。七者屬文，北斗在骨，足履文，夬人表之象明也」是也（案以上諸例皆康成《易注》及《乾鑿度》注所有者，是書謹依其例推之）。

一、爻辰不盡以爻言。如中孚「豚魚吉」注云「三辰在亥為豚，四辰在丑為鱉蟹」，則卦辭以爻辰言也。《說卦》「震為大塗」注：「震上值房心，塗而大者，取房有三塗焉」，則《說卦》以爻辰言也。然爻辰究專指爻象，故是書於爻辭謹依其例補之，而其餘則多未及。

一、以爻辰說易，不獨康成，如《易緯乾鑿度》（《乾鑿度》云：孔子曰：歲三百六十五日而天氣周，八卦用事各四十五日，方備歲焉。故艮漸正月，巽漸三月，

坤漸七月，乾漸九月，而各以卦之所言為月也。乾者天也，中而為萬物始，北方萬物所始也，故乾位在於十月。艮者止物者也，故在四時之終，位在十二月。巽者陰始順陽者也，陽始壯於東南方，故位在四月。坤者地之道也，形正六月，四維正紀，經緯仲序畢矣。又曰：乾坤，陰陽之主也，陽始於亥，形於丑，乾位在西北，陽祖微據始也。陰始於巳，形於未，據正立位，故坤位在西南，陰之正也。君道倡始，臣道終正，是以乾位在亥，坤位在未，所以明陰陽之職定君臣之位也）、史遷《律書》（見《說卦》「帝出乎震」注）、王充《論衡》（王充《論衡》云：「寅，木也，其禽虎也。戌，土也，其禽犬也。丑、未亦土也，丑禽牛，未禽羊也。木勝土，故犬與牛羊為虎所服也。亥，水也，其禽豕也。巳，火也，其禽蛇也。子亦水也，其禽鼠也。午亦火也，其禽馬也。水勝火，故豚食蛇。火為水所害，故馬食鼠屎而腹脹。」又云：「酉，雞也。卯，兔也。申，猴也。東方木也，其星蒼龍也。西方金也，其星白虎也。南方火也，其星朱鳥也。北方水也，其星元武也。天有四星之精，降生四獸之體。以四獸驗之，以十二辰之禽效之。」《困學紀聞》云：「吉日庚午，既差我馬，午為馬之證也。季冬出土牛，丑為牛之證也。蔡邕《月令論》云十二辰之會五時所食者必家人所畜丑牛、未羊、戌犬、酉雞、亥豕而已。其餘虎以下非食也。《月令正義》云雞為木、羊為火、牛為土、犬為金、豕為水。但陰陽取象多塗，故午為馬、酉為雞不可一定也。《說文》亦謂巳為蛇象形。」）、《漢書‧律術志》（案《漢書‧律術志》載劉歆說，見坤「西南得朋」注）、韋昭《國語注》（見惠棟《十二爻辰圖說》後均有其說。易家如費直見《繫辭》「範天地之化而不過」注），京房（案房有《周易分野》，見《後漢書》），馬融（明夷六二「明夷于左股」《釋文》引馬融云：「股，旋也」，「日隨天左旋也哉」《釋文》引馬融云：「謂天不右行。」《繫辭》「大衍之數五十，其用四十有九」《易疏》引馬融云：「易有太極，謂北辰也。太極生兩儀，兩儀生日月，日月生四時，四時生五行，五行生十二月，十二月生二十四氣。北辰居位不動，其用四十有九，轉運而用也。」張惠言《易義別錄》以此太極謂北辰推前「天命不右行」、明夷「于左股」，則馬以天行次舍說易可知。鄭氏爻辰蓋亦從此而出也。北辰為太乙，即極星。《禮記》曰：「夫禮必本于太乙，分而為天地」，正與易言太極同義），荀九家（見豐九三「日中見沬」注、《繫辭》「範圍天地之化而不過」注、《說卦》「艮為狗」注），陸績（見《日中見沬》「觀鳥獸之文」注），何妥（「潛龍勿用陽氣潛藏」《集解》引何妥曰：「當十一月陽氣雖動，猶在地中，故云潛龍也。」「終日乾乾，與時偕行」，何妥曰：「此當三月陽氣浸長，萬物將盛，與天之運俱行不息也。」「或躍在淵，乾道乃革」，何妥曰：「此當五月微陰初起，陽將改變，故云乃革也。」「飛龍

在天乃位乎天德」，何妥曰：「此當七月，萬物盛長，天功大成，故曰天德也。」「亢龍有悔，與時偕極」，何妥曰：「此當九月，陽氣大衰，向將極盡，故云偕極也」）以及宋朱震《漢上易傳》（案宋朱震爻辰圖說與鄭氏背，然其注所說頗有與鄭氏合者，故採之），明何楷《周易訂詁》（見《說卦》「震為龍」注），國朝毛奇齡《仲氏易》（坎六四、明夷六二俱自鄭氏爻辰）、《易小帖》（見明夷初九注、小過「飛鳥遺之音」注），徐文靖《經言拾遺》（比初六、泰六九、坎六四、離九三、明夷六二、困九二、中孚卦辭俱用鄭氏爻辰。又見《繫辭》「斷木為杵，掘地為臼」、《說卦》「帝出乎震，震為龍」注），惠棟《易漢學》（有鄭氏爻辰並諸家說及圖一卷）、《周易述》（見坤「西南得朋」、坤六三「或從王事」、明夷六五「箕子之明夷」注），錢大昕《潛研堂文集》（有爻辰十二則，悉採入。錢氏《問答》，問：「虞仲翔解虎尾虎視虎變皆以坤為虎，譏俗儒以兌為虎之失，何也？」曰：「卦位坤在西南未申之間，於天文參為白虎，正當實沈西方。《管輅傳》亦云：申未為虎。漢儒據《禮》左蒼龍右白虎震為龍，則兌當位虎。然於天文未密。故仲翔譏之。」棠案：兌在西方，亦上值白虎。錢大昕謂於天文未密，恐誤。又云：「康成初習京氏易，後從馬季長授費氏易，費氏有《周易分野》一書，其爻辰之法所從出乎？」），莊存與《味經齋遺書》（案《味經齋遺書・八卦觀象解》二篇以卦象證天象，不專指爻言。然爻即在卦中，且以鄭氏例推之，亦多合者），王昶《春融堂集》（有爻辰十二則，悉採入。王昶云：「易乾九二爻《正義》云：『諸儒以為九二當太簇之月，陽氣發見，則九三為建辰之月；九四為建午之月，陰氣始殺，不宜稱飛龍在天；上九為建戌之月，羣陰既盛，不得言與時偕極。此時陽氣僅存，何極之有？諸儒此說於理稍乖。此乾之陽氣漸生，似聖人漸出，宜據十一月之後至建巳之月以來乾坤之象其應然也。』孔氏融鄭崇王，故有是難。然又云：『陰陽二氣共成歲功，故陰興之時仍有陽在，陽生之月尚有陰存，所以六律六呂陰陽相間取象。』論義與此不殊，則又未嘗盡非鄭學也。蓋陰陽大運無不有互乘交錯之理：以天文言之，日為陽月為陰，歲熒惑鎮為陽太白辰為陰，斗魁為陽尾為陰，天東南為陽西北為陰。以節候言之，四月純陽用事，陰在其中，故靡草死；十月純陰用事，陽在其中，故薺菜生。十二辟卦之升降所以明二氣消息之端，十二鍾律之迭運所以明萬物化生之本，固有未可執彼而廢此者。」又云：「撰鄭易學通常悉推其說，罔不與天象合。《繫辭傳》謂『仰以觀于天文』及『天垂象見吉凶，聖人則之』者，於是益信而有徵矣宋劉光四撰《水村易說》亦取星象為證驗，然劉氏取象主於日所躔，鄭君取象主於星所麗，說各不同而又不及鄭易之悉合。且司馬遷《律書》次七政二十八舍通五行八政之氣，已有是說。而《後漢書》載費直《周易分野》甚備，鄭君傳費

氏學，則是爻辰之配，其來有自，故班固《律術志》、韋昭《周語注》率與鄭同，何妥注《文言》亦從之，孔穎達之難，其真拘隅之見也夫。」），張惠言《周易鄭荀義》（有爻辰十六則）、《易義別錄》（張惠言《丁小疋鄭氏易注後定序》云：「爻辰者，鄭氏之所以求象。」《周易鄭荀義序》云：「乾坤六爻《上繫》二十八宿依氣而定，謂之爻辰。」《易義別錄·馬氏易序》又云：「馬於象疏鄭，何之以爻辰；馬於人事離鄭，約之以《周禮》。鄭精於馬。」），黎世序《河上易註》（見坤卦辭「安貞吉」、損六五「十朋之龜」、《說卦》「震為龍」注），以上諸書凡所說與爻辰相關涉者，悉為採入。

一、王應麟輯康成《易注》一卷，其序云「今鄭注不傳，其說閒見於李鼎祚《集解》及《釋文》《詩／三禮／春秋義疏》、《後漢書》、《文選注》。因綴而錄之，先儒象數之學於此猶有考」云。近世惠定宇因王氏採摭未備，又不注其所出，因重為補正，凡增入九十二條，編新本《鄭氏周易》三卷，較王本為善。然究非完書，故是書有鄭注者以鄭注為主，其或有注而注不全及注全亡者則以漢魏諸家所說補之，若漢魏諸儒義或未洽則以國朝諸儒所說補之，不敢妄參己見。

一、是書所取星名惟《史記》、前後《漢》及晉隋諸史與《開元占經》所有者始敢採入。若名之起於近代者，概不敢引。

一、《甘石星經》散佚已久，世所傳者偽本而已。茲所徵引，皆從《史》、《漢》、晉隋諸史及唐《開元占經》採出，庶幾可信。

一、惠、張兩家止有鄭氏爻辰圖而天文圖則未及，茲補南北極兩圖，庶幾展卷星象了然。

一、歷代星躔分宮互異，是書一遵隋丹元子《步天歌》，庶歸畫一。

一、惠張兩家止列乾坤分配十二辰圓圖，其餘諸卦則未之及，以他卦皆可從乾坤推也。王昶更將十二辰分列六十四卦，不待思索而象已見，故從《春融堂集》採入。

一、注書宜折衷於一，是書於爻辰有兩說者悉附入注下，所以廣異聞也。

一、康成以爻辰釋易三百八十四爻，當無不可通。然棠學術淺陋，是書僅及一時所見及者補之，不能推者仍闕如也。尚祈博雅君子教棠不逮。

◎序：易兼三才而天道為大，天垂象見吉凶，聖人則以作易，故康成解易稽諸天象，謂之爻辰。或病其執滯不足盡易之蘊，不知眾星布列，體生於

地，精成於天，列居錯峙，各有逌屬。在朝象官，在野象物，在人象事，三才窔奧，皆萃於此。然則爻辰之言天象，於易獨見其大，不可訾也。惜鄭注散佚，見引於《詩／禮正義》者僅十餘則。棠謹依其例，逐爻補之，歲歷一周，稿凡三易，區區私心，竊謂已盡，然究未知所見果與康成有合否也。丹徒戴棠記。

◎續四庫提要：此書以爻辰釋易三百八十四爻，附會穿鑿之失，均所難免。正所謂強經義以就爻辰者。用力雖勤，亦皮傅之學而已。

◎光緒《丹徒縣志》卷四十六《藝文》一：戴棠《鄭氏爻辰補》六卷。

戴棠 周易備考 六卷 佚

◎光緒《江西通志》卷九十九《藝文略》一：《周易備考》六卷，戴棠撰。

◎戴棠，字文白。江西永豐人。

戴天恩 心易 一卷 佚

◎乾隆《杭州府志》卷五十七《藝文》一：《心易》（國朝杭州戴天恩撰。《浙江遺書總錄》作一冊）。

◎民國《蕭山縣志稿》卷三十《藝文》：《心易》一卷（戴天恩撰。時代未詳）。

◎四庫提要：是書成於康熙癸巳，自太極至八卦變六十四卦，為圖十五而各為說於其後。卷末為《象說》、《字義》、《統義》三篇。其所圖所說皆前人所有，所附三論亦無所發明。

◎戴天恩，字福承。浙江蕭山人。

戴天章 易鏡 無卷數 佚

◎四庫提要：所著僅上經下經，惟言卜筮。其解釋甚略而皆雜以互變、納甲、五行之說，蓋言數而流於術矣，又沿漢學而失之者也。

◎戴天章，字漢文。浙江湖州人。

戴學鵬 易學覽要 佚

◎道光《徽州府志》卷十一之四《人物志・文苑》：潛心經史，治易尤專，嘗手訂《易學覽要》。

◎戴學鵬，字載南。安徽婺源（今屬江西）桂巖人。庠生。

戴虞皋　續易解　佚

　　◎光緒《崑新兩縣續修合志》卷三十一《文苑》二：虞皋五世祖純嘗著《易解》，原本程朱，當時學者宗之，亂後僅存《繫辭》一卷。虞皋窮探極索幾二十年，續成上下經解，又作《大學中庸義疏》。

　　◎光緒《崑新兩縣續修合志》卷五十《著述目》下：戴虞皋《續易解》、《大學中庸義疏》、《周易闡理》四卷。

　　◎戴虞皋，字性公，號遯軒。江蘇昆山人。年八十餘卒。

戴虞皋　周易闡理　四卷　存

清華大學藏清剡藻堂鈔本（馮桂芬跋）

四庫存目叢書影印清華大學藏清剡藻堂鈔本

　　◎引言：先君子遯軒先生力學好古，手不釋卷，批閱先輩名文，深得東鄉艾先生真傳。研思默究，焚膏繼晷，亹亹不倦。雖數蹶公車，終不枉志趨時。中年遂棄青衿，謝時藝，閉門卻掃，惟皓首窮經之計，每嘆《易》之為書廣大悉備，純粹以精，凡造化秘密之藏、聖賢微妙之旨，皆在於此。而考亭朱子僅視為卜筮之書，既略而不講。後之習舉子業者，又限於功令，惟以為取科名之具，不敢發明先儒所不逮，使四聖前民用之道，或幾乎息矣。因思五世祖素庵公精研易學，所作講義迴邁時流，越三四傳僅存《繫辭》一帙。先君子惜其不全，思續述先志，更為後學津梁，於是探賾索隱，鉤深致遠，闡四聖之微言，揭諸儒之秘要，穎禿盈箱，縹籤積架，幾二十年始得告成，計三四百頁，名之曰《闡理》。呼不肖讀之，苦誦再四，掩卷茫然。先君子見不肖多病，艱於記誦，乃刪去什之二三爻詞，已經就減，非復如向時之浩繁矣。既而不肖之子體乾就塾，年未數齡輒能記誦，及稍長，書而課之，竟知領會。先君私喜曰：「我得之於孫矣。」不謂授經未竟而體乾夭殤。先君子哭孫之後，傷痛初定，雖存喪予之感，而此志不衰。復加刪輯，掃除蕪蔓，獨存精要。然其文句減而又減，未免意義深邃，古奧難讀，授之初學，不甚相宜。是以留真笥中，世無知者。甲戌秋，不肖痛先君見背，追念手澤，乃於讀禮之暇，取先君所著定本，莊坐尋繹，覺文詞簡勁如殷誥秦銘，淺學者猝莫知其意旨。及再搜篋中，得初時原稿，則義理曉暢，字句條達，卓然自成一家之言。於是錄其顯著者彙成一編，其間或宗程朱之論，或採諸儒之說，參互考訂，總以闡明絕學。間有不合者，仰思夜繼，幸得一二，即為補入。蓋至壬午之夏而得告竣

焉。當代之君子，苟以可教，幸賜以如椽，俯加般斲。豈惟四聖之理長如日月經天，即先君子一生之力學好古亦不至泯滅於天壤矣。時康熙四十有一年歲次壬午仲夏之月，不肖孫貽百拜識。

◎授易源流：伏羲得龍馬於河，其背上旋毛負五位陰陽之數、相得各合之圖，於是畫一分兩，對待八索，因重為六十四卦，示天地變化之理，先天之易也。大禹得元龜於洛，其甲上點文載奇正偶隅之圖、中五无十之數，於是書陳《洪範》、氣流五行，箕子推衍為《九疇》，昭皇極經世之法，後天之易也。文王遭時多難，與民告吉凶，明趨避，觀卦象，繫彖辭；周公觀畫象，繫爻辭，皆憂民之愚也。文王則河洛數而大衍之，察五行生剋而制卜筮，易自是興矣。周衰道微，老、莊之徒以易為玄虛幽隱之術，索之機深之數，四聖前民用之道晦矣。孔子起而正之，三絕其韋編，著十傳以翼經，明理性命之書，開物成務者也，非幽隱也。老聃以術傳於陽城之王翊，戰國時卜易於清溪鬼谷中。當時靈魔，後世傳之。秦火不災，李斯以為卜筮之書故也。漢焦延壽述其陰陽災異之旨，授東郡京房，著《易傳》四卷，自為京氏學。陳希夷得之，作先天四圖。穆脩得之授於李之才，之才授邵康節。皆精於術數者。獨商瞿子木受孔子之十翼，傳六世授漢田何，主理畧數，以文王卦辭、周公爻辭為《周易》，分上下經。《孔傳》自為一書，授丁寬，再傳於魯之孟喜、齊之梁丘賀。漢宣帝時詔施仇論易，立梁丘易，孔安國、馬融、王肅、姚信皆從之。宋嵩山晁說之考訂古經，釐為八卷。東萊呂氏定為經二卷傳十卷，是為古易。朱子〔註2〕用之。漢初又有費直，以彖象傳《文言傳》參入經中，授之鄭玄，傳之王弼，分疏解易，天下宗之。唐太宗命孔穎達註疏五經，定為《正義》，行之至今。是為今易。宋周濂溪著《太極圖說》，程明道、伊川兄弟師之，互相講究演繹，以王弼註經不註傳，亦作上下經傳，至今《繫辭》仍弼門人韓伯註也。晦庵朱子學於二程，《本義》不倅《程傳》，晚年自悔其枝離，傳習既偏，不及改矣。明初五經悉仍舊註，猶恐士子誤於枝離，不能通經，勅胡廣、馬榮、金幼孜搜羅宋儒百五十氏，雜出他書言易之說附之傳註之左，名為《大全》，頒諸學校，與《註疏》、《正義》竝行以備參考。嗣後蔡虛齋作《蒙引》，及門林次崖作《存疑》，陳紫峯作《通典》，各有見理之言，不相附會。其能明易理者，郝京山之後無人焉。有《易解》、《易通》、《易領》、《枝言》四卷，脫盡陳腐，獨闡易理。世之托言功令、依樣葫蘆，將先生前民用之意蒙塵晦蝕，

〔註2〕原稿「朱子」二字原作「顏師古」，復塗改作「朱子」。

自謂朱子之功臣，適成朱子之罪人矣。遯軒記。

◎看易要訣：一卦全體六畫以陰陽為主，六畫所值為位，陰陽交臨為爻。乾陽主五中，坤陰主二中，一陽之卦主爻，一陰之卦主陰，內三畫立卦體，外三卦兼卦用，各以中爻分上下體。兩上皆貴得中，內主重於外主，蓋用從體也。或外主陽內主陰，則陰尊陽，故重外主，或外陰上中內陽上，偏則中得時，故重中上也。文王繫《彖辭》，不出卦主之陽大陰小、卦德之健順麗陷動入止說而象占陰陽之分。周公繫《爻辭》，晰觀位分之邪正中過，比應之克齊睽，合剛柔當否為吉凶悔吝之別。雖易理變動不居，具象雜而不越，觀之，思過半矣。

◎讀易管見：河圖中五生統成洛書，中五奇統偶，皆以陰陽含對待流行之用，故孔聖曰：「易有太極」，謂羲聖畫一分兩、生生無窮也。濂溪周子作《太極圖說》謂「無極而太極」，蓋言無中本有極，是生太極；既有太極，是生陰陽；陽動陰合，是生五行；五行相剋，水火金木土交濟為用，五行相生，木火土金水周流不絕，氣數之形著動變无極之真，二五之精，妙合而凝，言亦至矣。今世視易為幽深難測，講易者云：「當得意以忘象」，不知其意何所得也。愚謂無極是理也，太極是象也，羲聖不觀象則无畫，文周兩聖不觀象則無辭，理無形罔從指示，故畫一以象之。凡百千萬億總起於一，是為太極。太者无上之稱，極者至止之謂。堯舜執中之精一，即此一理建極以寡民過者也。易書前民用，不在蓍龜告吉凶，而在顯道神德，行百姓可以與能，理惟一耳。孔聖所以謂易有太極，言天地人之極總歸一理也。子思得其理作《中庸》，以明豫立一誠即蓋世功業，本於无聲無臭上天之載，是謂精一之理无極之真也。孟子傳之，盡心立命，反身而誠而已。孟子之後，得其傳者亦寡矣。唐之昌黎韓公，有志振起而未盡其蘊。惟宋之濂溪周子，曠世感通，其庶幾乎？元之劉因，妄評宋儒曰：「邵大、周精、程正，而朱子貫之。」予則曰：康節邵先生精細而机巧，橫渠張先生詳盡而粗疎，二程先生主敬而不失，晦菴朱先生博辯而枝離，皆不如周子之中正融通、不可及爾有可企也。雖然，初學入門，非朱子不能啟蒙也。

◎周易闡理後序：自制舉設而經學之流獘於天下也久矣。人知奔走科名之途，勦襲浮詞以取富貴，得亦干世之媒也，失則覆瓿已爾。求其發明聖賢之奧旨，以窮研於天人性命之故，不以為迂，即以為怪。崇經之士，《廣陵散》之斷而不復續也。不重可慨與？且也六經皆不易明而《周易》為尤甚。陰

陽變化吉凶悔吝，非前知之聖人莫喻其旨，故尼山夫子刪《詩》《書》、定《禮》《樂》、修《春秋》，惟於《易》也則贊之。贊者何？形容其微妙而嘆美於無窮也。讀《繫辭》之上下二十三章設卦、雜卦、二傳，長言之不足，又從而引伸反覆之，其不與《詩》《書》《禮》《樂》《春秋》之言刪、言定、言修者，其義不至深且遠乎？此從父遯軒公《周易闡理》之所為作也。公擅江左通人之譽，隱居翠微峯右，博極羣書，著作充棟，謂宜顯其才於蘭臺石室閒。老而不遇，乃肆力窮經，探羲、文之秘，鉤稽鈔輯閱數十年而成書，真學士家暗室一燈也。先是嘉靖初先文學素菴公曾著易解行於世，執友如文待詔衡山、通家如歸太僕熙甫皆頌揚而稱述之。代遠年湮，卷帙散失，僅存《繫辭》一編。公為其五世孫，箕裘在念，啟蝕蠹之餘，晝夜編纂，為之增訂並輯上下二經，以其枕中之獨得垂千秋不朽之微言，其識足以證講意諸家之譌，其理足以補紫陽傳註之缺，發前人所未發，而確乎其不可易。公之用心良苦矣。公歿後三年，子燕謀手為參訂，乞言於吳下諸文章家弁其首。將壽之梓，謂余事校讐之役，宜颺言末閒以廣其傳。余小子亦何能測其高深以揄揚萬一哉？獨念經學淵源我戴氏由來舊矣：西漢之盛也，太傅刪禮八十一篇，博士刪禮四十九篇，經名大小，配享學宮。迨光武朝，侍中元旦解經，奪席五十，又為講易名家。囿博士曾孫也。《漢書・儒林傳》及家譜源流志班班可考。今素菴、遯軒兩公猶能於遙遙百世之後傳其薪而接其焰，謂非祖功宗德之未泯乎？嗟嗟！易即侍中之易也，而祖孫之後先相繼，二禮並不得專美於前矣。爰拜手而序其後。時康熙四十有三年歲次癸未十二月之望，練水從子鑑氷揆氏頓首拜謹題。

◎四庫提要：是編原槁凡三四百紙，虞皋自以為太繁，刪存十之一二。其子孫貽又以為太簡，復採原槁補其遺闕，即此本也。書成於康熙壬午，前有孫貽序，後有虞皋從子鑑跋，大旨黜象數而明義理，故名曰《闡理》。首冠《授易源流》一篇，分言數、言理二宗，於漢以來諸儒之學皆有所排擊，惟推尊郝敬之書，持論頗偏。其述數學，以為老子傳鬼谷子，後焦延壽得之以傳京房，陳摶得之以授穆修、李之才以及邵子。按老子與孔子同時，鬼谷子與蘇秦同時，相距百有餘年，邈乎無涉，不知老子之易何以得傳鬼谷子？又《漢書》載焦贛之學莫知所出，自稱出於孟喜，而喜弟子施仇等力攻其非，無所謂得之鬼谷子者。至焦、京乃占侯之術，而陳摶所傳先天諸圖則以道家爐火之說推衍陰陽奇偶，其法截然不同，亦無所謂得之焦、京者。虞皋所云均不

知其何本。其述理學，以為孔子授商瞿，後分田何、費直二家，田何學傳晁說之、呂祖謙，費直學傳鄭元，元傳王弼，至宋而為周、程、朱三家之學，至明而為胡廣之《大全》、蔡清之《蒙引》、林希元之《存疑》、陳深之《通典》，而郝敬之書獨能脫盡陳腐。案鄭元、王弼截然兩派，一漢一魏時代又殊，無元傳於弼之事，所考尤疏矣。

◎同治《蘇州府志》卷第一百三十七《藝文》二：戴虞皋《周易闡理》四卷（《縣志》著錄有《續易解》，未知即此書否）。

戴玉藻 易林刪補 佚

◎光緒《撫州府志》卷六十《人物志·文苑》二：著有《易林刪補》《凝樓會紀》諸書。

◎光緒《江西通志》卷九十九《藝文略》一《國朝》：《易林刪補》，戴玉藻撰（《金谿縣志》）。

◎戴玉藻，字雲章。江西金溪人。順治十四年鄉試授寧州學正。陞建昌府教授。

戴元侃 大易奧義 二卷 佚

◎道光《徽州府志》卷十五《藝文志·婺源》：戴元侃《大易奧義》二卷。

◎道光《徽州府志》卷十一之三《人物志·儒林》：著《大易奧義》《麟經辨疑》二書。

◎戴元侃，字二如。安徽婺源（今屬江西）人。陽穀令應揚孫。幼孤，經書皆母余氏口授。年十四為諸生，從舅氏紹祉讀書大鄣山，盡得其傳。入清後致諸生，隱於狲峯精舍，專意經學。著有《大易奧義》二卷、《麟經辨疑》。

戴震 易經考 一卷 存

臺灣無求備齋藏同治刻經考本

山東藏臺北成文出版社 1976 年無求備齋易經集成影印同治刻本

◎戴震（1724～1777），字東原，又字慎修，號杲溪。安徽休寧隆阜（今黃山屯溪區）人。嘗主講浙江金華書院。乾隆二十七年（1762）舉人，三十八年（1773）任《四庫全書》纂修官，四十年（1775）特命殿試賜同進士出身。又著有《詩經補注》、《尚書今文古文考》、《春秋改元即位考》、《孟子字義疏

證》、《聲類表》、《聲韻考》、《方言疏證》、《六書論》、《爾雅文字考》、《籌算》、《勾股割圓記》、《考工記圖注》、《原善》諸書，與纂《直隸河渠書》、《汾州府志》、《汾陽縣志》。

黨鯤 周易講義 佚

◎乾隆《再續華州志》卷十二《雜志·藝文》：《困學錄》《日省編》《周易／春秋講義》（莊浪司訓黨鯤著）。

◎黨鯤，陝西華州人。

德沛 易圖解 一卷 存

國圖、北師大、天津、上海、南京、山東、湖北藏乾隆元年（1736）德沛刻本

續四庫影印國圖藏乾隆元年（1736）刻本

故宮藏清鈔本

◎耆齡序：本朝親藩中研經者惟簡儀親王一人，所著《周易補注》、《易圖解》諸書，絕少傳本。前歲校生司成，曾援河間獻王從祀文廟之例，考其事實，刊其著作，請之於朝，崇聖尊王，甚盛舉也。乃為當軸者所泥，未交部議，至今用以為憾。昨於鏡古堂書肆無意獲此，雖非足本，已具見梗概，固應歸之梧生，以留此一段香火緣也。宣統壬子九月初六日，滿洲耆齡謹題。

◎李紱序〔註3〕：自漢以來言易者數百家，圖象者亦不下數十家，余心粗，頗河漢其言，未暇尋究，然亦嘗涉其津涯矣。河圖之名見於《易傳》、《書·顧命》、《論語》，然莫知其何似，至陳希夷始與先天圖並出。觀希夷自序《易龍圖》謂「天散而示之，伏羲合而陳之」，則圖作於伏羲氏，非龍馬所負，已有成圖也。至於先天圖方位與《繫辭》出震嚮離說異，黃氏震頗疑之。而朱子答王子合書亦以為穿鑿傅會。黃氏宗炎辨之尤力。蓋既稱為伏羲所畫，不應希夷以前二三千年無一人見之也。惟邵伯溫謂先天方圓圖孔子《繫辭》述之，顧若何而述，未嘗詳說，猶未足以解眾人之惑。少司馬德公以天潢之貴，被服儒素，窮經三十年，取先天後天諸圖及河圖洛書一以《繫辭》釋之。縱橫貫穿，亹亹數千言，與紫陽以下天台董氏、玉齋胡氏諸說互相發明，而其發前人所未發者十嘗八九。使天下讀易者知易圖即《易傳》圖，固未可少也。其用

〔註3〕此序又見於李紱《穆堂別稿》卷二十四。

功可謂勤，而於《易圖》可謂大有功矣。夫書不盡言，圖不盡意，朱子屢歎之。然則聖人之意其不可見乎？公是書出，聖人之意庶幾可見，而於易亦思過半矣。公所著易全解甚富，圖解先刻成，屬為之序。余學易淺，以意測之，未必有當於公也。乾隆元年夏五月既望，臨川李紱拜題。

◎甘汝來序〔註4〕：古今言易者多矣，施、孟、梁邱之學皆本田何，其書不傳。焦、京而下多主象數，至魏王弼始專言理。而象與數莫非理也。河圖洛書，漢唐儒者未嘗以之言易。宋邵雍撰先天方圓圖，云得之陳摶，朱子謂摶以前固應有之。張行成以為圓象天方象地，圓者即河圖之數，方者即洛書之數。後人遞相祖述，緝演成編，然能窮其奧要、融會貫通者亦鮮。濟齋先生以親藩世嫡，弱冠例得封公爵，乃固辭不就。鍵戶數十年，苦思力索於六十四卦、方圓及河洛諸圖，縱橫曲直，敷析無遺蘊，殆皆前人所未發者。哀次成帙以示余而屬為序，且曰：「某之為此，非敢謂某之言遂於四聖之經有當也，亦平生區區之志所係耳。我國家肇造東土，無有中外，宗室世胄，彬彬蔚起，勳名事業，赫奕彪炳。某生長太平，於諸君子無能為役，由是杜門卻掃，觀象玩辭於陰陽卦畫之微、天地鬼神之奧，悅心研慮者歷年所於茲矣。偶有所得，竊不自量，自謂造車合轍，無踰斯理。願公正其失而賜之弁首焉。」余聞言而喟然曰：先生之志高矣，先生之學勤矣，猶慮言之無當于聖經乎哉？余考古人為學，左圖右書，矧易之興也本於畫卦。畫即圖也，有是圖必有是義。然宋元以來諸賢所著圖說無慮數十家，率多支離穿鑿，以蘄附合邵氏，故言人人異，亦言人人同。先生獨以夫子《繫辭》為斷，而參以精思，研摩歲月，覺於古聖人畫卦演圖之意若燭照數計，無毫髮疑，然後筆之於書。由理闡象，由象推數，四達而不悖。其論春夏秋冬次第自中達外及陰陽胎孕漸下長滿之意，皆出特見，至易至簡，若天成然。此豈佔畢之士守其成說、泥於術數以自名一家者哉？蓋先生以天潢貴派，取富貴如寄，而獨淡然無營，輟寢食，抱遺篋，數十年而不替，此必有樂乎其中者矣。昔漢河間獻王修學好古，身端行治；楚元王受詩浮邱伯，其後辟彊、德、白世以儒術顯。先生天性孝友，兄病，親侍湯藥，共臥起者三年餘，人以為難。先生之學則一以主敬存誠為務，一言一動不肯苟。其視河間獻王與楚元王諸孫為何如也！今先生以服政之年始應受封，兼笐少司馬事，余忝與先生為寮友，既高先生之志超乎富貴功名之外，又喜先生之學深造乎四聖之堂奧，而其言為能

―――――――――――――

〔註4〕此序又見甘汝來《甘莊恪公全集》卷十。

發前賢所未發也，乃不辭而為之序。時乾隆元年歲在丙辰端陽前一日，洪都弟甘汝來頓首拜題。

◎李鍇序：易曰：「成性存存，道義之門」，又曰：「窮理盡性以至於命」，蓋性者人之所同有，而存之盡之則君子之事也。存之所以一其誠，盡之所以極其量，於此而有嗛焉，道猶未也。濟齋夫子為親藩後胄天子近屬，然敦素行、業儒胙，經書不離側，尤嗜易，以為易者包乾坤之蘊，窮神極變，未易測其方。迺謝人事，研精覃慮積三十年有所得，於是衍圖疏經，條暢厥旨，而理洽道充，性命渾然，全其天成，雖古君子無以尚之。以薦任夏卿，掌邦政，推其所蘊蓄，一以至誠殫厥職，出處蓋一致也。屬者以其理之所由窮道之所由，入者疏而出之，曰《實踐錄》，裁數千言而變化流行、耳目心意與夫天人之理、物我之介豁然開朗，薪析而藩決矣。至其小體大體之辨、吉凶格致之論，精深閎暢，信非踐道之實者不能及也。夫日月星辰繫乎天，明之者寡；仁義忠信具乎體，存之者鮮。夫子既純一極之功，且復發藏抉奧，接脈周、程，以宣通聖賢之源，使人復其性道、全厥體，其於聖世協居弼化之心為何如哉？乾隆元年夏六月，同江李鍇頓首拜題。

◎德沛序：易之為道，首冠六經，蓋天地之至理，四聖以傳心，非等閒能窺其藩籬升其堂室也。故治易者數十百家，雖皆得其大凡，鮮能通其奧旨。迨後宋儒諸子規矩前人，研覈至道，復為講解，理明而道具，言簡而該通，已臻其妙矣。又何加焉？惟是於羲、文諸圖多未詳註，豈以其易明而不必註釋耶，抑或留啟後人之精進揣摩耶？胡為簡畧而不詳載也？庚辰秋，無祿先貝子即世，余小子少嬰痼疾，不堪為國家任使，遂閉戶讀書，首先易理。因思以宋儒諸子之賢，猶多未詳之語，益知斯道之大斯理之難明也。乃掇拾補遺，別為一書，以待識者就正焉。其羲、文諸圖，先儒畧載，故倍加摩究積三十年之久。僅有一得之愚，然是非當否，不敢稱焉。嗚乎，大哉天地之道聖人之心，遽能窺其藩籬堂室乎？指擇出入，亦不敢辭焉。設有然此說而擴充之，固有望于後之學者。乾隆元年春二月上浣，宗室德沛濟齋氏書。

◎馬國翰《玉函山房藏書簿錄》卷二：《易圖解》一卷（京師刊本），德沛撰。取先天後天圖及河圖洛書，一以《繫辭》解之。

◎德沛（1688～1752），字濟齋，號若瑟，諡儀。雍正十三年（1735）封鎮國將軍，授兵部左侍郎。乾隆間歷授古北口提督、甘肅巡撫、湖廣總督、閩浙總督、兩江總督、吏部右侍郎、監管國子監祭酒事、左侍郎、尚書，乾隆十

三年（1748）襲和碩簡親王。平生以理學自居，又著有《惠獻貝子忠定錄》八卷跋一卷頌言一卷、《實踐錄》一卷、《鰲峯書院講學錄》一卷。乾隆嘗斥為「刻書太多，誇張傳播，亦非真理學之所為也」。

德沛　周易補注　十一卷　存

國圖藏乾隆六年（1741）德沛刻本

◎馬國翰《玉函山房藏書簿錄》卷二：《周易補注》六卷（京師刊本），國朝兵部侍郎宗室德沛撰。取先天後天圖及河圖洛書，一以《繫辭》解之。

鄧丙明　羲經輯要　四卷　佚

◎民國《嘉禾縣圖志》卷十九《人物篇》第十之一：所著有《周易卦爻人事證》上下卷、《羲經輯要》四卷、詩文集若干卷。

◎鄧丙明，字梓堂。湖南嘉禾人。桂陽州拔貢，湘水校經堂高材生，光緒中葉掌教珠泉、桂陽、鹿峯、龍潭、藍山、鰲山諸書院，後官常寧縣教諭十五年。辛亥後解任歸里，閉門著述。將歿之前，預視卒葬日期不爽。

鄧丙明　周易卦爻人事證　二卷　存

廈門藏 1925 年鉛印本

◎民國《嘉禾縣圖志》卷十九《人物篇》第十之一：所著有《周易卦爻人事證》上下卷、《羲經輯要》四卷、詩文集若干卷。

◎或題鄧丙申著。

鄧丙耀　周易釋詁　一卷　存

北大藏稿本

◎鄧丙耀，字次彝。曾參校葉燮《巳畦文集》。

鄧官賢　讀易齋爻書　十六卷　佚

◎紀大奎《雙桂堂稿續編》卷九《鄧建侯先生讀易齋爻書序》〔註5〕：易有六十四卦三百八十四爻，生於太極分於陰陽，不可多也不可少也。卦靜而爻動，靜者其理，動者其數，數無不根於理，故舉一卦而六十四卦之動悉具，是則三百八十四爻之交錯變化於其中。一之所以散為萬萬之所以聚於一，此

〔註 5〕又見於光緒《撫州府志》卷七十六《藝文志》。

言數之宗而靜之所以宰乎動也。古繇辭之見於傳記者，其取數太奇，故其書亦卒不傳。《焦氏易林》因而衍之，亦衍其數而已矣。吾鄉宜黃鄧建侯先生，知數之必根於理、動之必本於靜，萬之必原於一，於是倣《易林》而復衍之以為《爻書》，非以衍《易林》也，衍爻之數之根於理而以存易之道也。故其書乾坤也曰：「天門之口，神龍驤首，吞吐明珠，散為星斗。」曰星日之高滄溟之深，得清者浮，得濁者沈，中間空虛。往古來今，天不言而示之象，五緯三垣、二十八宿之星斗，無非天也。四千九十六卦之爻動，無非乾也。地在天之中，人知其上下而不知其高深之一原浮沈之無間。天地一中也，乾坤一虛也，地虛而後包乎天，坤虛而後含乎乾。千百世之上有聖人焉，此心同也；千百世之下有聖人焉，此心同也。乾坤之所以包涵萬有而三才之道之統體，一太極也。其他散見於各爻者，若大衍揲仂，內虛一策，動者陰陽，靜者太極；若善人之心，如聞泉吟，常有靜音；若動者常趨、靜者常居，至人抱沖，應物如愚；若杳冥無象，未可名狀，狀之者枉，名之者妄；若聞於無聲，睹於無形，不求聰明，聰明自生；若無起無止，無首無尾，登之無階，測之無底，是曰元理；若堅不可入，深不可測，凌空無端，行地無跡，以攻莫守，以戰莫敵；若周遊寥廓，止有淡漠，是曰獨覺；若空水一勺，虛含碧落，悠悠無多，影徧寥廓；若恃耳為聽，響盡聰窮，無聞之聞，喧寂咸通；若人道危微，所爭幾希，君子無爭，爭此毫釐；若篤行君子，隱顯循軌，學不為人，仕不為己，小人反是；若迅雷暴雨，毋或戲豫，不戒行止，生子不備；若無源之儲，時盈時虛，漲雨不來，終為枯渠。如斯之類，不可殫舉。譬若神龍之珠吞吐之光，蓋易道之會通在焉，而焦氏之書之所未及也。抑余又有感焉。焦氏之學傳於京房，而曰「得我道以亡身者，京子也」，嗚呼，此豈獨京子之咎？亦焦氏之學有以致之也。先生於履之諸爻曰「推陰測陽，休咎彰彰。後者郭璞，前者京房。禨祥太明，身先受殃」，又曰：「箕不佯狂，世無河圖」、曰「九策洛書，煌煌海隅」，若是其三復而流連也，蓋深有嘅於履道之難而遺理而言數者之非但不足以存易而已。此又《爻書》所以衍《易林》之微意也。使京子得先生之學而學焉，惡有得道而亡身之患也哉？先生深自韜晦，此書藏之於家，當時殆無知者。至今百數十年，而其元孫巽孚始不遠數千里示余。余讀之爽然見吉凶悔吝之所以生乎動，天下之動之所以貞。夫一六十四卦二百八十四爻之所以統夫乾，不啻星斗之燦陳而靈珠之在抱，是則先生之易非數學也，心學也。因述其大署如此，俾善讀者有以得書爻之意焉。

◎紀大奎《雙桂堂稿續編》卷十《宜黃鄧官賢傳略》（送宜黃縣志局。甲申正月）：讀書足不出戶，純修確踐，深造以道。尤嗜易。嘗倣《焦氏易林》作《讀易齋爻書》十六卷。自序謂近取諸身遠取諸物，察古今之變，通難稽之情。其書初名《續緒》，後改題曰《爻書》，以為不敢附《緒》，亦不敢附《易林》。實則《緒》與《林》皆言數，此獨根於理，以發三百八十四爻之蘊。臨川紀大奎序之以行，謂此書心學，非數學，蓋焦氏之書之所未及也。性孤介，高吟慨慷，恥求知於人，惟與臨川傅平叔占衡最相友善。有《竜書堂詩集》十四卷、《衡山雜錄》若干卷。

◎光緒《撫州府志》卷五十八《人物志・儒林》二：與兄象賢讀書，足不出戶，純修確踐，深造以道，尤嗜易。嘗倣《焦氏易林》作《續爻書》十六卷，後改題曰《爻書》，以為不敢附《緒》，亦不敢附《易林》。然《緒》與《林》皆言數，此獨根於理，以發三百六十四爻之蘊。臨川紀大奎序之以行，謂此書心學，非數學，蓋焦氏之書所未及也。性孤介，高吟慨慷，恥求知於人，惟與臨川傅平叔占衡相友善。有《竜書堂詩集》十四卷、《衡山雜錄》十卷。

◎鄧官賢，字建侯，號衡山。江西宜黃人。順治歲貢。

鄧逢光 論易閒筆講義 二卷 卷首一卷 存

山東藏道光二十七年（1847）刻鄧厚菴先生遺書本

◎目錄：卷一：論讀易宜靜宜虛、論易一、論易二、論易三、論易四、論易五、論易六、論易七、論易八、論易九、讀易偶錄、論五行論火、剛柔得中、靜中有動。卷二：論數序、論數、又論數、論六十四卦圓圖、醉後浪筆一論陰陽、天圓地方、先後天、天地氣化、旁見側出、艮為山、萬物之生、月之本體、物之湧出、強為盛、論月、自天開於子、論陰陽、氣運之由否而泰、積善之家、易象大圓圖、趨吉避凶不外一貞、童蒙吉登錄論（十則）、六二包羞、大過之咸、明夷（二則）、家人利女貞、論處困、艮、論屯之明夷卦、論巽之夬卦、論幽贊神明、幽明之故、立人之道曰仁與義。

◎鄧逢光，著有《四書閒筆講義》《性學閒筆語錄》《儒家尖性學閒筆語錄》《養性閒筆語錄摘要養性閒筆偶吟摘要》《實修館遺訓前集》《論易閒筆講義》《論易閒筆講義》《覺覺軒語錄正覺軒語錄》《性學閒筆語錄後集》《中庸閒筆講義後集》《盧山觀音閣語錄全集》《地學正論醒迷全集》《續四書遺訓後集》《性學閒筆語錄次集》《度世保劫佛發明性學源流》《性中天遺訓後集》《性

學閒筆語錄後集》《儒家尖遺訓後集》《實修館遺訓後集》等，收入《鄧厚菴先生遺書》。

鄧傳元 周易節注讀 五卷 存

　　江蘇師範大學藏同治四年（1865）稿本

　　南京藏 1991 年江蘇廣陵古籍刻印社影印同治四年（1865）稿本

　　◎同治《如皋縣續志》卷八《列傳》一：晚年澹於進取，日涉經史。著有《綱鑑條議類編》十六卷、《周易節註讀》五卷。

　　◎鄧傳元，字築巖。江蘇如皋人。附貢生。

鄧昊 周易發蒙 佚

　　◎光緒《江西通志》卷九十九《藝文略》一《國朝》：《周易發蒙》，鄧昊撰（《南城縣志》）。

　　◎鄧昊，字日生，號用晦。江西南城人。著有《周易發蒙》。

鄧霽彙纂〔註6〕 周易會歸 不分卷 存

　　清華、北師大、山東、南京、天津藏康熙五十一年（1712）龍南學署刻本（鄧雲參補，鄧霽彙纂）

　　◎或題作《周易匯歸》。

　　◎同治《萍鄉縣志》卷十《列傳》上：精易學，著有《周易會歸》行世（《府志》）。

　　◎光緒《江西通志》卷九十九《藝文略》一：《周易會歸》，鄧嗣禹撰。

　　◎鄧嗣禹，字嚴壺。江西萍鄉欽風鄉人。歲貢生。官吉水訓導。

　　◎湖南桂陽亦別有鄧嗣禹，字龍門，官郿西教諭。

鄧接成 易象元機 三卷 存

　　浙江、廣東省中山圖書館藏道光二十一年（1841）裕新堂刻本

　　◎目錄：卷一易學十要及諸圖，卷二天地變化等圖，卷三泰順否逆及六十四卦略象。

　　◎咸豐《順德志縣》本傳：曾遊楚南，遇異人奚氏，教以邵子易數，遂貫通河洛之幾微。

〔註 6〕《中國古籍善本書目》作鄧霽輯。

◎鄧接成，字志矩，號雲山。廣東順德龍山人。布衣。

鄧接成 易象占驗 一卷 存

浙江、廣東省中山圖書館藏道光二十一年（1841）裕新堂刻本

◎民國《順德縣志》卷十四《藝文略》：《周易元機》三卷、《易象占驗》一卷（國朝鄧接成撰）。

鄧炅 周易發蒙 二卷 佚

◎同治《南城縣志》卷八之一《人物志》：生平與陳伯璣、魏叔子、李太虛、邱邦士、彭躬庵交最善。著有《頻伽園文集》《藏山詩稿》《南音集》《望廬草》《汎舟草》《不見篇》《皋廡集》《何遂集》《周易發蒙》《三禮會典》《廿一史提要》。

◎同治《建昌府志》卷九《藝文志》：《周易發蒙》二卷、《南音集》一集、《廿一史提要》一卷、《頻伽園文集》四卷、《望廬草》一卷、《汎舟草》一卷（俱南城鄧炅著）。

◎光緒《江西通志》卷九十九《藝文略》一：《周易發蒙》，鄧炅撰。

◎鄧炅，字日生，號用晦，學者稱頻伽先生。江西南城人。少時與梅崧並從汝上李止甫先生學。又著有《藏山詩稿》等。

鄧可策 周易圖象傳 佚

◎道光《寶慶府志》卷第百一《藝文略》二：《周易圖象傳》（新化鄧可策撰。可策字遠功，深於易，以授同縣譚學時，學時授其族子愛蓮，九葉山人之學所由本也）。

◎同治《新化縣志》卷第三十三《藝文志》一：《周易圖象傳》（邑人鄧可策撰。可策字遠功，深於易，以授同縣譚學時，學時授其族子愛蓮，九葉山人之學所由本也）。

◎鄧可策，字遠功。湖南新化縣南田心村人。康熙縣學生員，精於地學。又著有《輿地全圖考證》、《田心廬詩集》。

鄧蕖 周易要終篇 三卷 存

山西大學藏 1925 年木活字印本

◎鄧蕖，字伯兼，號果庵。湖南桂東人。

鄧蘗 周易原始篇 一卷 存

山西大學藏 1925 年木活字印本

鄧蘗 周易質 八卷 首一卷 末一卷 存

山東、山西大學藏 1925 年木活字印本

◎目錄：卷一至三卷上下經，卷四五繫辭傳，卷六至八序卦傳說卦序卦雜卦。

◎摘錄略例附識：易備隱顯之義，不知其隱，則顯者亦常不能盡通。於百姓日用，猶嫌不足，況君子之道乎？全書綱領，具於斯矣。

◎周按：此書隨文詮釋經傳，融會群言，擷其精要，間附己意，主旨在切於人事，而謂圖書為道家所宗，非易之本義，故摒棄不用。

鄧朋 易義拾餘 佚

◎光緒《黃州府志》卷三十二《藝文志》：《易義拾餘》，黃梅鄧朋撰（《縣志》）。

◎鄧朋，湖北黃梅人。著有《易義拾餘》。

鄧日政 周易精義 十二卷 佚

◎同治《六安州志》卷三十六《孝友》鄧裏：子貢生日政博極羣書，著有《四書集粹》八十四卷、《周易遵義》十二卷、《大事類紀綱目》一百八十卷、《彝敘錄》三百卷、《昭明文選集解》五十卷藏於家。

◎光緒《霍山縣志》卷九《人物志》上：著有《周易精義》十二卷、《四書集粹》八十四卷、《類紀綱目》百八十卷、《彝敘錄》三百卷、《昭明文選集解》五十卷，稿藏數櫃，其子舉人之駿守之。

◎鄧日政，字在虞。安徽霍山人。乾隆貢生。少穎敏，讀書十行俱下。中年偶墮階傷足，遂絕意進取，閉戶著書二十餘年。經經緯史，恥為風雲月露之詞。沉浸宋五子書而掇其精粹。

鄧尚譿 周易詳說 十五卷 首一卷 附錄一卷 存

上海、南京、山東、新疆大學藏道光二年（1822）星沙毛煥文魁宿堂刻本

◎新疆大學藏本存卷一至八、十二至十三。

◎湖南學政湯金釗《鄧尚讜〈周易詳說〉序》（嘉慶十七年）〔註7〕：詮釋古聖先賢之書，吾人分內事也。但書之不易解者惟六經，而六經之中，《周易》尤深邃。易出於四大聖人手，包羅天地萬物之理，兼總內聖外王之道，苟非窮理之至、悟道之深，未敢為說也。壬申歲，余承簡命，視學楚南，仲冬按試澧都郡，有安福鄧生尚讜呈所著《周易詳說》就正。余細閱之，見其書條貫御纂二《易》，彙參累代百家彖爻大象傳訓詁，甚為明白，序講多所發揮。次溯取象之因由，又引古事以印證於孔子《小象傳》，批明聖人之筆法筆意，於文周之經、於孔子之傳，其為說皆能補前賢之所不足，匡世士之所未精。而全部補註協韻皆得其當，不惜苦心勞力而成此書，名曰《詳說》。詳者審也，說者訓也、解也、述也，自言其所訓所解所述詳審詳備，允哉其言。是書洵為古今所罕覯，予殆心喜之而嘉之矣。總由列聖天子壽考作人，故是人應運而生，能著此為書以答盛朝養士之恩歟！此書一出，可卜天下紙貴，可賅從前作者。今生年七十餘矣，耳目聰明，肌軀健旺，將見名列儒林文苑、身遊金馬玉堂，亦有幾焉，鄧生勉旃！

◎岳常澧道多賚《周易詳說序》〔註8〕：《易》為四聖人之書，其道廣大精微，未易以言盡也。顧自漢晉以迄元明，註釋者不下數百家，或主象數，或主理義，言人人殊，要各有師承而不可偏廢。神而明之，存乎其人，道固然矣。恭讀御纂《周易折中》、御纂《周易述義》，取朱《義》程《傳》為主，而兼收歷代諸儒之說以補所未備，大易微言，炳如日星。好學深思之士，當必有窺其蘊奧而得其指歸者，則尊信表章之責亦重有賴乎其人也。余奉命職司分巡，政事之暇，時與州士人講求經訓。雖間有心得，不敢自信。適安福鄧希正呈其先人所著《周易詳說》丐余弁言。予閱之，見其探賾索隱，鉤深致遠，而總不越易知簡能之旨。名曰《詳說》，誠有味乎其言之矣。夫無文無字之始，龍馬負圖、羲皇畫卦，文王因而彖之，周公因而象之，孔子作十翼以繫之，而猶以為書不盡言言不盡意也。聖作於前，明述於後，引伸觸類，語焉必詳，又何廣大之不可致、精微之不能盡也哉？我朝文教昌明，至醇至備，士生其際，研窮經義，沿流溯源，於太極兩儀四象八卦之妙，闡發不留餘蘊，而又匯萃羣說以觀其會通，庶乎能知道者。是書也，恢之彌廣、按之愈深，人人奉為蓍蔡可也。鄧生烏得秘惜哉！予既悲其人有志未逮也，又慮是書久而湮沒，莫

〔註7〕錄自同治《安福縣志》卷之三十一《藝文》二。
〔註8〕錄自同治《安福縣志》卷之三十一《藝文》二。

由嘉惠後學也。為捐清奉，謀付諸梓。而署刺史張時菴偕所屬邑令何梅皋、程笏山、李漱芳、田曉園、趙蔭圃，同加欣賞，樂襄厥成。世之學者，誠得是書而讀之，因以求夫廣大精微之道，所獲豈淺鮮哉！

◎澧州知州安佩蓮《鄧涔陽小傳》：著有《周易詳說》十六卷，湯敦浦先生視學湘中時讀而序之，今藏其家待梓。

◎郭嵩燾《郭嵩燾全集‧日記》光緒五年八月初二日：唐衡叔帶到吳萊庭一信，並見貽安鄉潘經峯（相）全集一部、安福鄧涔陽（尚譓）《周易詳說》一部，並澧州經師也。潘經峯所著經學八種，曰《周易尊翼》五卷、曰《尚書可解輯粹》二卷、曰《毛詩古音參義》五卷、曰《春秋應舉輯要》十二卷、曰《春秋比事參義》一卷、曰《春秋尊孟》一卷、曰《周禮撮要》三卷、曰《禮記釐編》十卷，此外曰《吾學錄》五卷、曰《事友錄》五卷、曰《琉球入學見聞錄》四卷，曰《寶文書屋集略》八卷則其詩文集也，曰《約六齋制藝》四卷。都為六十五卷。

◎同治《安福縣志》卷二十二《人物》：博極羣書，著《周易詳說》十六卷。時岳常澧道，多名貴者為倡捐廉奉梓之，士林服其卓識。

◎鄧尚譓（1739～1815），字元靈，號涔陽。湖南安福（今臨澧）人。諸生。幼孤而勤，過目不忘。其先人所藏書皆讀盡，聞縉紳家有古籍，必借觀卒讀，故其學益富，而於易尤精，獨深契象數之奧。以教讀終。

鄧嗣禹 周易會歸 佚

◎光緒《江西通志》卷九十九《藝文略》一《國朝》：《周易會歸》，鄧嗣禹撰（《袁州府志》）。

◎鄧嗣禹，字嚴壺。江西萍鄉人。著有《周易會歸》。

鄧文仁 周易闡疑 八卷 佚

◎光緒《江西通志》卷九十九《藝文略》一《國朝》：《周易闡疑》八卷，鄧文仁撰（《新建縣志》）。

◎鄧文仁，字仲常。江西新建人。著有《周易闡疑》八卷。

鄧錫禮 周易傳義合參 佚

◎光緒《江西通志》卷九十九《藝文略》一《國朝》：《周易傳義合參》，鄧錫禮撰（《萍鄉縣志》）。

◎鄧錫禮，字悔庵。江西萍鄉人。著有《周易傳義合參》。

鄧顯鶴 易述 八卷 存

道光刻本

◎一名《讀易窗易述》。

◎鄧顯鶴序〔註9〕：余年十二時，同仲兄雲渠受易於李愚莊師，師教以「德體象變，比應承乘」八字，頗能領會。又少好涉史事，嘗思舉古來治亂成敗與易理之吉凶消長相比附者，條繫件記，以資鑑戒。其時不知有《易傳》一書也。稍長，汨於科名舉業，役於衣食奔走，茲事遂廢。竊念《易》之為書潔靜精微，本不易學，然聖人為之以通天下之志，以定天下之業，以斷天下之疑；吾人學之以明吉凶消長，以知進退存亡，藉以檢束一身，以求免於無過之地。是則自少至老所不能一日離者，而乃高閣束之乎？自惟生平性剛才拙，與世多忤，而又喜危言高論，日以尤悔坌集之身，當此指視交謫之地，無所恃以為修省繩檢之具，終其身為叢過之府，必矣。己亥以後棄官歸里，與吾兄約閉門讀易，以三年為期。嘗笑語兄曰：「聖人作易，惟恐人知進而不知退、知得而不知失、知存而不知亡，吾兄弟日耽耦耕、聽雨之樂，不復知人世有功名富貴聲華赫奕事，殆知退而不知進、知喪而不知得、知亡而不知存乎？」兄笑頷之。當是時，兄弟手各一編，白頭相對，諸子侍側，日事鉛槧供几衍，殆庶幾加年寡過之意。天不慭遺，未二年而吾兄遽歸道山。塊然一身偃仰斗室，老將知而耄及，尚望能竟吾兄未竟之業耶？！癸卯以後，當事以濂溪書院講習相畀，辭之不獲，勉強應命。講舍故邵州東山，為周元公講學地，舊有景濂堂，故名濂溪。偶檢濂溪詩，有「閒坐小窗讀《周易》」之句，因以「讀易」名窗，思卒舊業。是歲琮兒舉於鄉，兄子琭相繼廁解額，人事牽率，卒卒鮮暇，作輟不時。乙巳復還邵州，有郡志之役，誓以其際發憤踵成此書，名曰《讀易窗易述》。非敢曰遂寡過，亦聊以踐吾兄讀易之約云爾。道光二十有五年冬十月，時年六十有九。

◎同治《新化縣志》卷第二十四《人物志》七：著有《南村草堂詩鈔》二十四卷《文鈔》二十卷、《資江耆舊集》六十四卷、《沅湘耆舊集》二百卷、《楚寶增輯考異》四十五卷、《武岡州志》三十四卷、《寶慶府志》百五十七

〔註9〕又見於鄧顯鶴《南村草堂文鈔》卷五，題《讀易窗易述序》。又見於同治《新化縣志》卷三十三《藝文志》一、道光《寶慶府志》卷第百一《藝文略》二。

卷，分纂《安徽藝文志》二十四卷、《邵州召伯祠從祀諸人錄》一卷、《朱子五忠祠傳略考正》一卷、《五忠祠續傳》一卷、《明季湖南殉節諸人傳略》二卷、《讀易窗易述》八卷、《毛詩表》二卷、《校刊玉篇廣韻札記》二卷、《自訂年譜》二卷。

◎曾國藩《鄧湘皋先生墓表》〔註10〕：先生之書，其不繫於湖南文獻者，又有《南村草堂詩鈔》二十四卷《文鈔》二十卷、《易述》八卷、《毛詩表》二卷、《校刊玉篇廣韻札記》二卷、《自訂年譜》二卷。

◎鄧顯鶴（1777～1851），字子立，號湘皋，晚號南村老人。湖南新化人。嘉慶九年（1804）舉人。任寧鄉訓導十三年，厭薄仕進，引疾歸鄉，一以纂著為事。著有《湘皋詩存》、《南村草堂詩鈔》、《南村草堂文鈔》、《朱子五忠祠傳略》及《續傳》、《明季湖南殉節傳略》、《楚寶增輯考異》及《外篇》，又編集刊刻《資江耆舊集》、《沅湘耆舊集》、《沅湘耆舊集續編》、《船山遺書》，編纂嘉慶《武岡志》、道光《寶慶府志》。

鄧顯鶴 周易管窺 二卷 存

稿本

◎一名《讀易管窺》。

◎鄧顯鶴序〔註11〕：吾兄雲渠先生刻苦耆學，早歲授徒家塾，五經四書皆手寫。為學子講解輒疏通大意，擇其精要語，以小楷分注眉端，名曰《五經胥》《四書鈔》各十數卷，以示託名胥鈔，不敢以著經自任之意。顯鶴嘗攜之入都，座主韓樹屏先生極稱之，為授梓未果。最後攜往粵中，主李侍郎寓宅。侍郎索去謀鋟木，侍郎宅火起，兩書遂付焚如。兄深以為憾。中年後棄去科舉之學，一意窮經，先後成《尚書質疑》《說詩囈語》《禮記耳食》《春秋目論》諸書。又以《易》之為書，精微廣大，非羣經可比。晚擬築一小樓，日坐其中，屏棄一切，焚香誦讀，有所得則書之，名曰《周易管窺》，亦猶《囈語》《目論》之意，未及成書而兄已歸道山矣。賸稿殘墨，狼藉巾箱，未知何日能掇掄編綴。比兄子瑤、琫先請校刊《目論》《囈語》二種，復取說易各條，略為編次成卷，仍名曰《管窺》而序其緣起如此。

〔註10〕摘自同治《新化縣志》卷第二十四《人物志》七。

〔註11〕又見於道光《寶慶府志》卷第百一《藝文略》二、同治《新化縣志》卷第三十三《藝文志》一。

◎鄧顯鶴《南村草堂文鈔》卷十五《仲兄雲渠先生墓誌銘》：兄治經最勤，讀全史歲必一過。諸經皆手寫，有論撰。晚成《毛詩囈語》、《春秋目論》二書，義例精實，其以《卷阿》為祭公戒穆王作，尤確有依據，為自來說《詩》各家所未及。他著作尤多。讀書有精意，病陋儒空談心性，致言漢學者得蹈瑕窺衅以相掊擊，舉其細而遺其大，搜其枝而去其本，人心學術所關匪細。故於易不言先天，於《書》不攻古文，於《春秋》不取穿鑿附會之論，於《詩》則尊《小序》而不背朱傳。於近人陳啟源《毛詩稽古編》尤極為攻駁。所著有《四書鈔》十六卷、《五經胥》二十四卷、《讀詩囈語》十卷、《春秋目論》四卷、《聽雨山房文集》六卷、《讀易管窺》、《尚書質疑》、《三禮質疑》、《史漢目論》未成，無卷數。兄早負經世志，既困頓場屋不得展，乃一意窮經。所成就彰彰若是，亦可謂無愧儒碩矣。

◎道光《寶慶府志》卷第百一《藝文略》二：諸經皆有論纂，此其晚歲手寫未定之本，其弟顯鶴序。

◎同治《新化縣志》卷第二十四《人物志》七：讀書最勤，諸經皆手錄鈔，諸史歲必讀一過，隨手論斷，單黃炳然。五經皆有論纂，於《毛詩》《春秋》用功尤深。晚歲成《說詩囈語》《春秋目論》二書，其《讀易管窺》《尚書質疑》未成書，《四書鈔》十六卷、《五經胥》二十四卷則早歲授徒時所手寫，以示不敢著書、託名鈔胥之意。

◎劉聲木《桐城文學撰述考》卷四「鄧顯鵾撰述」（摘錄）：《讀易管窺》、《尚書質疑》、《三禮質疑》、《梅故》、《北郭小志》、《周易管窺》一卷。

◎鄧顯鵾（1774～1840），字子振，號雲渠（衢）。湖南新化人。顯鶴兄。與顯鶴先後隸縣學，時呼二鄧。諸生。以經義教授私塾。又著有《尚書質疑》、《說詩囈語》十卷、《春秋目論》四卷、《四書鈔》十六卷、《五經胥》二十四卷、《史漢目論》二卷、《四村申明亭鄉約條例》一卷、《松園聽雨圖題詠》一卷、《梅故》二卷。

鄧業本 易效 八卷 存

廈門藏 1935 年無傾室鉛印本

◎《湖南圖書館古籍線裝書目錄》作鄭業本。

鄧子賓 問心錄周易解 二十二卷 義例一卷 存

國圖、山東、湖北藏同治十三年（1874）乃則堂刻本

◎一名《周易解》。

◎全慶序〔註12〕：經者常也，載道之文也。後世註疏家夥矣，類皆貌為宏博、務為穿鑿，不免捃摭附會，而迄無精意以緯乎其間，則述古而仍戾於古。鄧生寅旭，余曩視學粵東所得士也，今年秋，不遠數千里寄所作《周易／大學解》一冊。余讀之，覺其徵引該洽而要能直攄己見，卓然成一家言，所謂談數而究其奇、說理而得其正者，庶幾近之。顧念寅旭方以經學教授鄉里，今已裒然成帙，是精進博採，溯六經而廣之以大其傳，其所成就，更有未可量者，則余所厚望也。讀竟，爰書數語以弁其首。同治辛未秋日書於京邸。

◎民國《開平縣志》卷三十八《藝文署》一：《周易解》二十二卷（清鄧子賓譔）。

◎民國《開平縣志》卷三十四《人物略》三：五經各有解義，尤精《周易》，以漢儒訓詁為宗。阮太傅以漢學提倡後進，督粵時開學海堂刻《皇清經解》。粵人治經宗派，自阮氏導之。開邑得其傳者，子賓一人而已。

◎鄧子賓，字寅旭（寅旭）。廣東開平護龍人。嘗學於學海堂。年三十始篤志治經，科試屢以經學受知當時，頗有經師之目。以漢儒訓詁為宗。又著有《尚書解》、《詩經解》、《大學解》一卷。

狄子奇 易例 一卷 存

復旦藏 1921 年胡玉縉鈔本

◎狄子奇，字惺菴。江蘇溧陽人。家世業儒。道光甲午科揀選知縣，十五年舉於鄉。主安徽宿州、河南覃懷書院。後以風疾卒於講舍，士論惜之。又著有《四書質疑》四十卷、《四書釋地辨疑》一卷、《鄉黨圖考辨疑》一卷、《戰國策地名考》二十卷、《孟子編年》。

狄子奇 周易推 六卷 存

湖北藏稿本

清鈔本

◎各卷首題：蕭山毛氏原本，溧陽狄子奇參訂。

◎周易推序：易之道莫備於《繫辭》。朱子作《本義》，每以《繫辭》為

斷。以經解經，即以聖證聖，誠卓識也。顧《繫辭》不云乎？「以言者尚其辭，以動者尚其變，以制器者尚其象，以卜筮者尚其占」。又云：「居則觀其象而玩其辭，動則觀其變而玩其占」，言易而不及象數互變，其孔子之意哉？蕭山毛初晴檢討，有見於此，本古推易法著《仲氏易》，其源亦與朱子卦變之說相表裏。而博綜漢唐以來諸儒緒論，頗稱該備，惟叫囂之習穿鑿之見亦所時有。且謂坎離震艮巽兌六卦亦自臨、觀等卦推來，尤為倒置。蓋伏羲畫卦有乾坤而後有六子，有八卦而後有六十四卦，則謂八卦從聚卦來、聚卦從八卦來、六子從乾坤來，可也。今顧反之，有是理乎？雖三畫卦與六畫卦互有錯綜，然其體究不可亂。朱漢上云：「三男之卦無不從乾來，三女之卦無不從坤來」，此定論也。毛氏不從，真不可解。嘉慶丁丑，余假館淮陰，曾即其書僭加修改，合者留之，不合者易之，稿藏行篋，十年未敢示人。客歲復至淮陰，長夏無事，因重加釐正，改草為真，分為六卷，易其名曰《周易推》，其於朱子《本義》不敢知，亦曰姑為毛氏補救云爾。道光丁亥中元後三日，溧陽後學狄子奇謹序。

◎胡玉縉序：狄叔穎先生是書，雜采漢宋說，以象數義理兼通為主，每卷題蕭山毛氏原本，而不全載其文。凡用原文者注上加○，本其文而參訂之者加△，然祇行之一二，其明從毛說、明駁毛說則又見於夾注中，體例未為盡善。毛有《繫辭》以下，此書無之。其書既依今本，不應無注。而序文明稱六卷，則似非殘闕，疑不能明也。所引諸說大致以康熙間《周易折中》為藍本，後引古說及近人說，則補錄於空方。如師彖「以此毒天下」，本文謂兵者毒民之具，而眉注載《釋文》「毒，役也。馬云：治也。」豫四盍簪，本文謂如簪之括髮然，而眉注載王氏《困學紀聞》引晁說古者禮冠未有簪名。此類往往自相歧異，亦有改從毛者。噬嗑四金矢，本文謂乾為天為黃矢，而眉注載毛氏兌金巽木之說。中孚卦辭「豚魚」，本文夾注取毛說「即今江豚」，眉注又引宋吳說為證，而別有籤條載鄭注更從大名小名之說。又屯上彖、觀三彖注下各有一「案」字而無說。坎四「納約自牖來」注引虞氏「艮為門闕」云云，而添注云：「此說《集解》不載」。凡此或待改或待考，蓋雖清本，而猶為未定之稿矣。中如乾二乾三引鄭注二於三才為地道五於三才為天道而乾三獨不引三於三才為人道，未免疏漏。以《文言》「位乎天德」為猶以天道加天德，以「利貞者性情也」為猶言性命，此類亦殊迂曲。「位」與涖通，言涖乎天德。「性情」以王弼「性其情」之注為精，義與利貞相貫。他如觀卦辭

「盥而不薦」，以為流地降神，不知為賓主盥而獻酢，不親為俎，故四爻言賓王，《儀禮‧鄉飲酒》賈疏引鄭注，最得經恉。渙四「渙其羣」，以為去朋比之小人，不知為其佐多賢。《呂覽‧召類篇》所言尤為古義，而開端夾注即云：「《文言》不必盡與此象爻合」，實為不明經學者之言。《文言》所以釋經，豈有不合象爻之理？自昧昧耳！坎四「樽酒」旁注引曹憲《文字指歸》云：「《說文》尊字從酋寸，酒官法度也。今之尊卑從此得名。俗作罇。非以為《說文》無此語。」不知此皆曹據《說文》而為之說。鼎象「以享上帝」旁注引惠棟云：「定本上帝二字衍」，以為「今《釋文》無此說，未知何據」。不知《釋文》出「以享」二字云「香雨反」，注「享上帝」同，此即《釋文》經文無上帝二字之證。是其於隋唐人書亦未能得其文通攷。先生有《孔孟編年》及《質疑》諸書，多前人所未發，此書不特無家法，且多學究氣，未解何故。然其間去取雖未甚當，而皆根據先儒，終非冥心臆測者可比；又無異端曲說、牽合傅會之弊，在易說中亦頗純正，好事者如能重為修改，亦不可廢之書也。徐君行可近從廠肆得此，出以見示，為僭跋而歸之。辛酉吳縣後學胡玉縉，時年六十有三。

刁包 讀易法 一卷 存

首都圖書館藏雍正十年（1732）刁承祖刻本

◎周按：計十三則，評論陳希夷、大象、程朱、高攀龍諸家。

◎刁包（1603～1688），字蒙吉，號文孝先生，晚號用六居士。直隸祁州人。天啟辛卯舉人。又著有《易酌》、《四書翼注》、《辯道錄》、《斯文正統》、《潛室禮記》等。

刁包 易酌 十四卷 存

四庫本

國圖、北大、上海、湖北藏雍正十年（1732）刁承祖姑蘇刻本（與《潛室劄記》合刻）

北大、北師大藏道光二十三年（1843）八世孫刁懷瑾祁陽順積樓重刻雍正刁承祖本

道光刻用六居士所著書本

◎卷首：讀易法、凡例、諸圖附考。

◎凡例：

一、朱子集諸儒之大成，故當今功令《周易》以《本義》為主，尊朱子

也。但朱子以聖人作易所以教人卜筮而開物成務之意，故其言簡括，而其說理不如《程傳》之詳，又每有《程傳》備矣而不復著解者，在博洽之士自能怡然以喻，若未見《程傳》者，不亦茫然而無所得乎？是編酌於程朱之間，反覆推敲以求至當，又多錄《程傳》全文，蓋欲使學者展卷了然也。

一、朱子之學本於程子，而《義》之與《傳》多有異同者，則以朱子主占、程子主理，其旨趣不同故也。但程子所言之理皆修齊治平之道，平易精實，有補於學者身心，故是編多所援引。至于宋元諸儒，或說經雖無全書，而其言之精透易理，可以發明《傳》《義》所未及者，輒為收入以備覽焉。

一、漢晉以來談易者無慮數十百家，其淫於象數者，既詭僻穿鑿不可為訓，而掇拾緒餘者又粗淺鄙陋亦不足觀。夫易之作，原起於象數，故羲之畫、文之彖、周公之爻、孔子之翼皆本乎此。今若一輒刪除，毋乃逐盜而並從人之不留乎？唯是勉彊牽合者刪之除之，或本卦所有，或十翼所及者，似未可輒以象數斥也。互卦之說原於《繫辭》，故是編間一及之。

一、六十四卦每卦上下二體凡六爻，其中盈虛消息之理、進退存亡之道、吉凶悔吝之機無不備焉，學者不得于爻則求之辭，不得于辭則求之象，是故全經之文爛熟于胸中，然後融會貫通溯流窮源，見其一句一字莫不各有至理燦然流露，得其意而神明之，其於四聖人之精微思過半矣。

一、解易者有其說絕不相同而不妨並存者，蓋羲畫以後文王有文王之易，周公有周公之易，孔子有孔子之易，其說不必盡同而其理無不大同也。故无妄曰「不利有攸往」，爻則曰「往吉」；歸妹曰「征凶无攸利」，傳則曰「天地之大義」是也。然則《本義》其朱子之易乎？《程傳》其程子之易乎？大過上六一爻，一謂殺身成仁之君子，一謂行險僥倖之小人，可謂不同之極致矣。雖按之《大象》似乎朱子之理長，然而不妨並存者。非騎墻也，蓋動于理而過者君子也，如明之身罹璫禍諸人是已；動于欲而過者小人也，如明之南宮奪門諸人是已，易不可為典要故也。

一、邵子嘗謂畫前有易，向固茫如也，而今乃知未畫以前易在天地萬物，既畫以後易在三百八十四爻，既演既繫而後易又在彖爻十傳矣，而其實無日不在天地萬物也。試觀天地間上自朝廷，下至里巷，與夫人之一身，日用飲食，何所往而非易乎？學者讀紙上之易而忘吾身之易與天地萬物之易，非能學易者也。唯即以紙上之易推而極之天地萬物之易，近而驗之日用飲食之易，

融會貫通，夫而後吾身之動靜語默無所往而非易，可以無大過矣。

一、《易》之為書也廣大悉備，故苞蘊宏深，含蓄靡盡，舉古今來世道人心，上自朝廷下至街衢，里巷愚夫婦至纖至褻之事，皆總括於其中，故逐卦逐爻求之無不得其髣髴者。向嘗疑于睽之六三既云「髡且劓」矣，斷者不可復屬，何以有終乎？每讀此爻，輒凝思者踰晷。說者紛紛，於心未有當也。偶焉平明背誦，於心若有感者，思維再四，忽憶昔年所見其人其事，並爾日情形，按之此爻，無不脗合如繪，夫乃心曠神怡，嘆易之精妙一至此也。用敢筆於本條之下以質海內高明，且凡以鄙意附入者，俱加謹按二字以別之。

一、潔淨精微之教難言矣，況以余之固陋，又非專經，謂敢輕一置喙哉？獨是心慕是書，六年以來，心維口誦不啻數十百遍。竊謂聖人韋編三絕以後，既有《彖傳》《象傳》與《繫辭》矣，而又說之，又序之，又雜之，其故何哉？且《雜卦》一篇正當易之結穴，意聖人必有以處此。于是終日終夜思得其解，幾廢寢食，夫然後乃嘆聖人之教天下後世者，何其深以摯也。夫《序卦》者有序而不紊也，始蓋懼人之躐等而無節也，故教之以循序漸進；《雜卦》者雖雜而不亂也，終又懼人之執滯而不化也，故教之以變化從心。試取而讀之，雖前三十卦後三十四卦合上下經之數，而其中交互分合卻有頭有尾，段落分明，故既詳註本講之後，又為橫直二圖及考訂諸圖以附于末云。

◎易酌原序：易何昉乎？自庖羲一畫始也，而康節教學者直遡諸未畫以前。夫畫前之易生天生地生人者也，舉天地不能出其範圍，而易於是乎見矣。學畫前之易，即心見易；學畫後之易，即易見心。故曰：易，心畫也。由一畫而加之至三百八十有四，交易、變易，妙有權衡，故用酌：或仰酌諸天，或俯酌諸地，或中酌諸人，變化生心，萬理具備，聊以待夫神而明之者，而未獲一遇也。越數千載，文王作於前，周公繼於後，一則酌羲之畫，合而為彖，有彖下之辭；一則酌羲之畫，分而為爻，有爻下之辭。讀其辭，離奇奧衍，非上智茫不得其解。潔淨精微之教，難言矣。越數百載，天縱孔子而假之年，畫酌羲、彖酌文、爻酌周公，用成十翼，易由此為古今完書。開五經之祖，標四書之宗。神靈呵護，雖秦火不能焚也已。嗣是而後，言易者無慮數十家。若焦延壽、若京房、若郭璞，其表表者，然皆相傳為卜筮之書，以自神其術數云爾。唯韓康伯之註、王輔嗣之疏，粗知義理，惜其旁酌老、莊，未免影響支離，揣摩其皮膚而無由洞見其腠理也。潔淨精微之教難言矣。越

千四百載得伊川程子，其人以周元公為師，《太極圖》《通書》既有以酌其源流，以明道為兄，家庭間講習討論又有以酌其體用，行年七十有三，尚龤少進，不輕以其書示人，竭終身之力破除術數小技，歸乎綱常名教，洗滌註疏陋說，徵乎日用行習，原本孔翼發揮之聖之蘊以教天下來世於無窮，一人而已。雖然，作者固難，知者亦未易。孔子而後，唯伊川為能作是書，唯考亭為能明是書。《本義》翼程，為二《傳》功臣，正猶《程傳》翼孔，為十翼功臣也。讀者不察，判然視為兩書，可謂知言乎？國家以制科取士，考其始程之《傳》、朱之《本義》蓋嘗並列學宮，其既也厭博而就約，避難而趨易，於是專主《本義》，《程傳》不得而與焉。業易者童而習之，白首而不知為何書，其所為舉業家言則又彷彿於不可知之象，馳騖於無所用之辭，程之奧旨宏綱棄置有如隔世，朱之微言約義奉行又徒具文。易所可見者畫焉耳，易所可讀者辭焉耳，若夫義理之存，蓋寥寥也。義理亡而簡編存，天下豈復有易哉？潔淨精微之教難言矣。包也有憂之，竊以為學易者，學畫學象學爻功夫固有次第，使非肆力於孔子之翼以求作易者之心於憂患之中，則羲之畫、文之象、周公之爻憒如也。學畫學象學爻者，學十翼功夫乃有著落，使非肆力於程子之《傳》以求贊易者之心於韋編之外，則孔子之翼憒如也。夫是以矻矻窮年。纂輯成書。大都以孔子十翼為三聖之階梯，以程子二《傳》為孔子之階梯，或錄其辭而表章之，或述其志而推廣之，而亦間以朱《義》補程《傳》所未備，而亦間以諸儒及已意補程朱所未備。摠之酌朱以合於程，酌程以合於孔，酌孔以合於羲、文、周公，統四聖二賢之易為一心之易，內省吾心一易之注存也，外觀吾身一易之發見也，極而至於家於國於天下，何莫非一易之洋溢也哉？夫然後學畫後之易可，學畫前之易亦無不可矣。順治庚子孟夏吉，伊祁。

◎用六居士刁包蒙吉氏序：先生父鄉薦後屏除帖括業，究心性命之學，以著述為已任，其學以四書五經為經，以諸史綱目為緯，以諸先儒名賢文集語錄為之組紝而繰織，博洽淹貫四十餘年。其時又有北平孫少宰北海先生、蔚州魏司寇環極先生、江南高學憲彙旃先生，書札往來，反覆論辨，雖千里不啻同堂。又館徵君孫先生、五公山人王先生於家，質疑籌難，無間晨夕。於是所著有《四書翊註》《斯文正統》《用六集》《潛室劄記》諸書，業已前後刊行矣。久貯篋中者，尚有《易酌》一編。是書也，昔年稼書陸先生尹靈壽時謀付梓而不果，子未孫先生課士保陽時謀付梓而又不果，余向官上元，坊人

梓匠輻輳之所梨棗，稱便焉，而以囊羞宧拙蹉跎至今。每念先君子終歲編謄，不遺餘力，未嘗不耐然欲泚也。夫制科取士，《周易》定為首經，豈非以其潔淨精微成於四大聖人之手故歟？先是《程傳》《朱義》并列學宮，今則祧程而宗朱矣。返博歸約，就易去難，非不至善，但其有簡括，非好學深思之士不能得其說於意言之貴也。此酌之所由起也，酌於程之《傳》，酌於朱之《義》，又酌於《大全》《蒙引》、註疏暨諸先儒之說，亦或間出已意以酌於至當，揔以發明四聖人之微言奥義，俾不至影響於占筮、支離於莊老而止，故言理不遺乎數，言數必歸於理，引經據史，凡一字一句莫不明白曉暢，使學者洞若觀旨，則經學之津梁，亦舉業之準的也。家季紹武取而校讐之，六年以來，三卒業矣。今又取而重訂之，兼取《周易折中》暨諸講義之暢達者附於簡末，以備參考；間有一得之見為羣書所未及者，亦綴焉。俟余公務餘暇，每以疑義相商質，見其用意刻苦，夙夜不遑，或亦兩先人在天之靈有以默牖其衷也歟？今余又官江南，未必非天假之緣也。亟付剞劂以質海內。雍正十年歲次壬子正月上浣之吉，孫男承祖步武氏識於姑蘇之臬署。

◎四庫提要：是書用注疏本，以《程傳》、《本義》為主。雖亦偶言象數，然皆陳摶、李之才之學，非漢以來相傳之法也。原序稱陸隴其官靈壽時欲為刊板不果。雍正初其孫顯祖又以己意附益之。卷首《凡例》、《雜卦》諸圖及卷中細字稱「謹案」者皆顯祖筆。原序又稱「此書為經學之津梁，亦舉業之准的」。考包在國初與諸儒往來講學，其著書一本於義理，惟以明道為主，絕不為程試之計。是書推闡易理，亦大抵明白正大，足以羽翼程朱，於宋學之中實深有所得。以為科舉之書，則失包之本意多矣。

◎阮元《儒林傳稿》卷一：所著有《易酌》《四書翊注》《潛室劄記》《用六集》，皆本義理，明白正大。又選《斯文正統》十二卷，專以品行為主，若言是人非，雖絕技無取（《四庫書提要》）。

◎尹會一《健餘先生文集》卷八《刁紹武先生墓志銘》：先生姓刁氏，名顯祖，字紹武。保定府祁州人。故文孝先生贈通奉大夫諱包之孫……晚尤嗜易，沈潛反覆，獨有神契。凡有所得，即附錄於文孝先生《易酌》之後。

◎彭紹升《二林居集》卷十九《儒行述》：每晨起誦易一周，輒垂簾靜坐以為常。

◎何焆彥《易經遵孔八晢類稿》卷十二《集晢》：刁氏包《易酌》以程朱為主，雖亦兼言象數，然皆陳、李之學，非漢以來之舊學也。

刁包 周易雜卦圖 一卷 存

首都圖書館藏雍正十年（1732）刁承祖刻本

首都圖書館藏道光二十三年（1843）刻用六居士所著書本

◎刁再濂編輯。

刁包 諸圖附考 一卷 存

道光二十三年（1843）刻用六居士所著書本

丁寶楨 周易本義校勘記 一卷 存

同治山東書局刻十三經讀本附校刊記本

◎丁寶楨（1820～1886），字稚璜，謚文誠。貴州平遠（今畢節織金縣）牛場鎮人。咸豐三年（1853）進士。任翰林院庶吉士、編修。咸豐十年（1860）任岳州知府。同治元年（1862）任長沙知府。同治二年（1863）升任山東按察使。光緒二年（1876）署理四川總督。

丁步曾 易圖說略 一卷 佚

◎光緒《江西通志》卷九十九《藝文略》一《國朝》：《易圖說略》一卷，丁步曾撰（《萬載縣志》）。

◎丁步曾，字淳甫。江西萬載人。著有《易圖說略》一卷。

丁超五 科學的易 四章 存

山東藏中華書局 1941 年鉛印本

山東藏臺北成文出版社 1976 年無求備齋易經集成影印 1941 年鉛印本

◎目錄：吳稚暉先生函。自序。第一章總說：第一節易經的起原；第二節卦成立的要素；第三節卦的創始者；第四節用九用六用三的解釋；第五節易學研究的派別；第六節先天圖的授受；第七節先天圖的創始者；第八節易學明而復晦；第九節易學晦而復明；第十節發揚易道即發揚孔子之精神。第二章易卦與數學的關係：第一節孔子兩儀四象八卦圖；第二節卦之演成淺釋；第三節先天圖之構成法；第四節試用代數乘方證明；第五節試用數字證明之方法一；第六節試用數字證明之方法二；第七節伏羲小圓圖與後天圖之異同。第三章易理新詮：第一節易是一種數的哲學；第二節易與九九關係的證明；第三節太極為先天易數之本；第四節圓與方；第五節易卦成於幾何級

數——此為宇宙中最重要之數；第六節卦應從坤起；第七節易卦之對立與統一；第八節易之含義；第九節先天圖即宇宙；第十節逆數；第十一節易與辯證法原則的異同；第十二節周易卦組成的原則；第十三節七日來復。第四章附錄：周易正文。

◎吳稚暉先生函（中華民國廿七年）：立夫先生勳右：前奉賜書及大著，歡忭者累日。兄為巨大的大發明，佩極佩極！常見西書追迹數學，皆盛稱元前五世紀之希臘諸賢，然則已在我國《周髀經》之後。而不料元前四千年我國已有代數之原理卓著如此。我國漢唐以來竟側重文藝而忘其祖宗科學之先績，真不自寶重已甚矣。先生爝幽暗以皎日，功當不在禹下也。即請以此書附大刊後，以表弟之欽仰。弟吳敬恆書。十一月八日。

◎自序：余迴憶幼時讀四書五經，最難懂的莫過於《易》，朱子且有「經書難讀，而此經為尤難」的話，只曉得背誦經文，而義理則不去理會。後來年事稍長，再加攻讀，亦只能在文字上作工夫，至於卦圖，仍是茫然不知所謂。民國十一年反對賄選出京，在津遇杭氏辛齋，聞其自述得易道之經過，驚其神奇，復引起研究之興趣。迨抵上海，讀他的著作，並往請益，他勉以「讀完自能懂得」，不加講解。迨勉強讀完，還是摸不著頭腦，未能得到一個系統的、綜合的、明確的概念。去年離武漢，經湘來渝，道出貴州，順便往昆明考察，偶閱《儒教對於德國政治思想的影響》（日人五來欣造著，劉百閔、劉燕谷合譯）一書，見十八世紀德國大哲學家、微積分學的發明家萊白尼茲氏用他的二元算術符號 0 與 1，代入先天圖中每卦之各爻，0 代陰 --、1 代陽 —，發現有幾何級數，氏表示極度驚異。並謂「易圖是流傳於宇宙間科學中之最古的紀念物」，因而確信易卦非神祕的，乃科學的東西，可惜我們不得其解就是了。後又閱最近國人沈君仲濤的《易卦與代數之定律》和薛君學潛的《易與物質波量子力學》，均發前人所未發，於易學實有莫大之貢獻。更進一步明白易道是建立於科學的基礎上的，恐無人可再加以否認的了。但對於卦如何演成，先天圖又是如何成立的，圓圖與方圖有何關係、伏羲八卦方位圖與文王八卦方位圖有何分別，能否用數學證明其異同之所在，自問尚未能貫澈明瞭，乃於九月二十日看清代陳法著的《易箋》，見他將先天方圓內之各卦，不用卦畫（☰☷☵☲……等符號），亦不用卦名（乾坤坎離……等），盡以天地水火……等字代之（用卦畫則初學的人不容易看，但用卦名、或用天地水火……等字，那到是一樣的），如下式：

<table>
<tr><td colspan="9" align="center">上　　　　　方</td></tr>
<tr><td></td><td>1</td><td>2</td><td>3</td><td>4</td><td>5</td><td>6</td><td>7</td><td>8</td></tr>
<tr><td>第一組</td><td>地
地</td><td>山
地</td><td>水
地</td><td>風
地</td><td>雷
地</td><td>火
地</td><td>澤
地</td><td>天
地</td></tr>
<tr><td>第二組</td><td>地
山</td><td>山
山</td><td>水
山</td><td>風
山</td><td>雷
山</td><td>火
山</td><td>澤
山</td><td>天
山</td></tr>
<tr><td>第三組　左</td><td>地
水</td><td>山
水</td><td>水
水</td><td>風
水</td><td>雷
水</td><td>火
水</td><td>澤
水</td><td>天
水</td></tr>
<tr><td>第四組</td><td>地
風</td><td>山
風</td><td>水
風</td><td>風
風</td><td>雷
風</td><td>火
風</td><td>澤
風</td><td>天
風</td></tr>
<tr><td>第五組</td><td>地
雷</td><td>山
雷</td><td>水
雷</td><td>風
雷</td><td>雷
雷</td><td>火
雷</td><td>澤
雷</td><td>天
雷</td></tr>
<tr><td>第六組　方</td><td>地
火</td><td>山
火</td><td>水
火</td><td>風
火</td><td>雷
火</td><td>火
火</td><td>澤
火</td><td>天
火</td></tr>
<tr><td>第七組</td><td>地
澤</td><td>山
澤</td><td>水
澤</td><td>風
澤</td><td>雷
澤</td><td>火
澤</td><td>澤
澤</td><td>天
澤</td></tr>
<tr><td>第八組</td><td>地
天</td><td>山
天</td><td>水
天</td><td>風
天</td><td>雷
天</td><td>火
天</td><td>澤
天</td><td>天
天</td></tr>
<tr><td colspan="9" align="center">下　　　　　方</td></tr>
</table>

（右　方在第三組、第六組之右側）

〔註〕卦是由下而上，先念下一個字再念上一個字，如第二組第一個卦是「地山」，先念「山」字後念「地」字；第三個卦是「水山」，先念「山」字後念「水」字，餘類推。陳氏原圖無上方、左方⋯⋯，亦無 1.2.3.⋯⋯以及第一組、第二組⋯⋯等字，此均為著者所加。

於是腦中若有所悟：（1）發現第一組第一個卦是「地地」第二組第二個卦是「山山」，心裏想這不是《易》之代表「正方」寫法嗎！（2）發現上方的字與左方的字完全是一樣（如上方的「山地」，只是顛倒一下子是。如二乘三和三乘二，還不一樣的是六嗎？其餘可類推），自問這不是《易》之代表乘法寫法嗎！再看右方和下方的文字，又另是一樣，心裏覺得奇怪，如果是正方，則四邊的字應該相同；如果是長方，則亦應對邊的字相同才對。但是這個圖若把牠簡單表出，可概括如下圖；即左方可代以 a，上方可代以 a¹，下方可代以 b，右方可代以 b¹，並照上面（2）款所說的關係（即「山地」與「地山」）來演式，雖文字之排列不同，而數值則完全一致，亦可以作 a＝a¹、b＝b¹ 看；如（甲）（乙）所示。

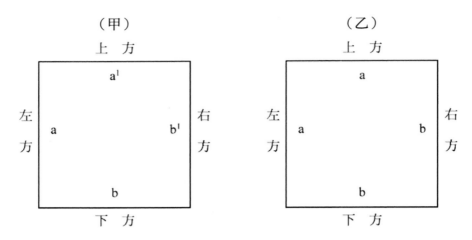

究竟這是什麼東西，再全部代以數字，繼續推求，結果才曉得這是「和數多項式」自乘，均可照此作成方圖。舉個例來說，多項式 a＋b＋c＋d 自乘起來，其演算如下：

$$\begin{array}{r}(a+b+c+d\\ \times)(a+b+c+d\end{array}$$

上　方

a^2+	$ab+ac+$	ad
$ba+$	b^2+bc+	bd
$ca+$	$cb+c^1+$	cd
$da+$	$db+dc+$	d^2

左方　　　　　　　　　　　　右方

下　方

上之演算結果以縱橫線劃開，配成方圖，即可發覺上方之各項與左方之各項相同，而右方之各項另與下方之各項相同。以此與《易》之先天方圖比較而觀，正是一樣，則先天方圖不是自乘出來的東西，是什麼。並且牠的方根也可以推算得出來。後又找出易卦之乘法書式，與代數書式之異同：即代數之乘方，如 a 自乘，則書如 a^2。而《易》之書法，則為加疊，如 aa。即云如以 a 代陽（—），則 a^3 寫作 aaa，亦即「☰」。如 b 代陰（--），則代數之 ab，在《易》則有兩種寫法，如「☳」及「☶」就是啦。餘類推。其餘卦之乘法，完全與代數之演法同。伏羲八卦方位圖（伏羲小圓圖）和文王八卦方位圖（後天圖）究竟牠們不同之點是在什麼地方呢！伏羲小圓圖自然一看就可看出牠

含有幾何級數和相反相成的道理來，但還含有其他的意義在裏頭沒有呢！後天圖又是什麼呢！今年一月，本黨在重慶開第五屆第五次中央執行委員會全體會議，乘會議之便，有成都之行，而欲解決這兩個小圓圖之思想，時縈腦際。忽於二月二十九日發現伏羲小圓圖是圓的，又可成方的，而後天圖只能成方的。證諸先儒「先天後地」之說，正復相同。因而喜不自勝！次日復覺得理由欠圓滿，未能成立，取消前說，心神不免為之沮喪！並且認為後天圖將永遠是一個謎，無解決之希望了。直至四月二十三日半夜起床推算，後天圖竟能找出牠的方根，形式是方的，其算式並且是根於先天方圖而來。邵子云：「後天是由先天改出」，現用這種算法證明，或是出於偶合，亦難說；不過寫出供讀者之研究罷了。接著用數字證明順逆之理。與八卦演成之算式，和相摩相盪的道理，能彼此一致，相互貫通得來。後又研究《周易》卦組成之原則，發現牠不是基於何種數學公式而成立，能全部貫串起來的東西；乃兩兩相對，與其他的卦不生聯繫作用。即如此的零零碎碎的相對，現用數字證明，雖有規律性的固多，哪知道還有幾對的例外。可見卦不是文王重的，他是將伏羲的六十四卦根據他自己的意念，從新排列過一番，故與經文不合。（非二遞乘）余所注意的，本在卦圖，至於義理，先儒解釋已詳，如《周易折中》《漢魏二十一家易注》……等，可供研習。現因各處圖書館為避免空襲，已將圖書移存封藏，不易參考。故書中所引證的，難免發生錯誤。另擇古今用數學發揮易理的，和近儒對懷疑孔子作《易》所提出的有力之反證的，極關緊要的數則附錄於後，使讀者對於聖學有深切的信仰和明確的了解。勉強成書，所得的結論，能否成立，尚希讀者加以匡正，超五是極願接受的！中華民國二十八年八月孔子聖誕節，邵武丁超五自序於峨眉山磚殿。

◎周按：是書實為丁氏《易理新詮》（見後）之修訂改作之本。

◎丁超五（1884～1967），字立夫。福建邵武人。宣統二年（1910）畢業於福州格致書院。歷任國會眾議院議員、中國國民黨一大代表、國民黨候補中央執行委員、國民黨福建省黨部籌備處主任、福建省政府委員兼建設廳廳長、中國國民黨臨時行動委員會、華東大學校長、國民黨政府監察院江蘇區監察使、華聯通訊社董事長、福建省參議會議長，建國後任華東軍政委員會委員、福建省人民政府副主席、民革上海市分部籌備委員會召集人、民革上海市委主任委員、民革中央委員、全國政協委員。

丁超五 易經科學探 不分卷 存

三聯書店 1996 年中華本土文化叢書本

◎前記：

先父這本嘔心瀝血的《易經》研究專著，在湮沒無聞地過了幾十年後，終於問世了，我喜悅之餘，不能不向讀者抒發一下我的感懷。先父是一位政治活動家，抗日戰爭以前開始研究《易經》，抗戰以後他不再擔任實際工作，遂有充足的時間從事鑽研。1939 年在成都、1940 年在重慶，當我同他短暫在一起的時候，他曾對我講述研究的心得，可是那時我的知識太淺薄，不理解他講的內容。1940 年他自重慶遷居故鄉福建邵武，日本投降後移居福州。他初期的研究成果《科學的易》1941 年由上海中華書局出版。抗日戰爭和接著而來的解放戰爭時期是戰火紛飛的年代，學術研究極度萎縮，然而先父不顧研究條件的不利，仍沒有放棄研究工作，他對《易經》的執著，確是到了入迷的程度。在 50 和 60 年代，他兩度對《科學的易》作了修改，並將書名改為

《易經科學講》（現改名為《易經科學探》）。為了此書的出版，先父曾請陳毅元帥幫助，但在那極左的年代，出版此書是不可能的。每次看著父親失望的面容，我心裏非常難受，然而他卻沒有一句牢騷話。文革一開始，先父也未能幸免於難，一年半以後，便與世長辭了，所幸他的兩部油印稿逃過了三次抄家而保存了下來。

近幾年，我國大陸興起了研究《易經》的熱潮，臺灣出版的高明等編的《六十年來之易學》一書，評介了民國初年至 60 年代的各種易學著作，將它們分為注釋派、論述派、考證派、創新派，著者將《科學的易》列為創新派著作，稱其以現代科學比附於《易》，並借《易》以闡發新創，現在這本書的新版問世，我熱切地期待著海內外學者對它作出評價。

本書新版的問世，要特別感謝易學專家葛正慧先生的大力幫助，他校閱油印稿，改正了正文與卦圖在緒寫中發生的錯誤，作了若干考注，將全稿謄清並重新畫了卦圖。同時我也十分感謝上海三聯書店林耀琛、魏承思、趙立新先生對本書的出版所作的努力。以此告慰先父在天之靈。丁日初 1995.5。

◎丁超五傳略：

丁超五原籍福建邵武，生於 1884 年 12 月 16 日。曾中前清秀才，1910 年畢業於福州格致書院。民國成立後當選國會眾議院議員，先後參加同盟會和國民黨。在北洋軍閥統治時期，在國會反對袁世凱，1920 年追隨孫中山進行護法鬥爭，1923 年由孫中山指派為中國國民黨「一大」代表，1926 年在「二大」上當選侯補中央執行委員。1949 年前歷屆均被選為中央委員。1928 年任福建省政府委員兼建設廳廳長，1931 年由國民政府派赴南洋考察僑務，適「九一八事變」發生，向僑胞鼓吹抗日救國。回國後參與組織中韓民眾大同盟派人赴美國、蘇聯進行聯絡；聯合國民黨內進步人士向當局要求同蘇聯復交；擔任進行反日宣傳的華聯通訊社董事長。1935 年任監察院江蘇區（包括寧、滬兩特別市）監察使。

抗日戰爭勝利後，丁先生當選為福建省參議會議長。中華人民共和國成立後，丁先生被任命為華東軍政委員會委員，福建省人民政府副主席（後改副省長）。1952 年底因病來上海治療，遂留居上海，繼續研究《易經》，並改寫《科學的易》，數易其稿，最後更名為《易經科學講》（現改名為《易經科學探》）。因當時無法公開出版，乃油印贈送同道徵求意見。

「文革」開始，丁先生即遭批判。1967 年 12 月 5 日病逝於上海。1979

年 3 月，福建省人民政府為他舉行了追悼大會，對他的生作了公正的評價。

◎自序：

我於 1938 年在昆明重新起首研究《易》學，用算術方法將六十四卦一步一步地演算出來，發現先天圖乃數學的得數，取名《科學的易》。並將所得印送重慶以及其他地方的友好，藉供參考。1941 年在上海中華書局正式出版，後繼續鑽研，發覺先天數與生物學和遺傳學中的數學公式，有某些地方竟能勾貫得來，可資印證。現改名《易經科學講》。但有人對於用遺傳數學公式來解釋先天數表示異議，他們說：「先天數是幾何級數，但幾何級數的科學性並不需要細胞增殖和門德爾定律來作證明。」他們這樣說固然不錯。不過若單純說它是代數方程式或幾何級數，那它是靜的、死的、一般性的東西，只是一種算術公式，並無哲學上的意味在裏頭。現在用生物學和遺傳學上某些數學公式來證明，則它是動的、活的、生的、有生命力的，永遠前進的，以別於其他的哲學。經文、卦圖與數字，三者對照來看，完全一致。這就曉得孔子的哲學──《易》，不是循環的，也不會中途停止的。故《易‧繫辭傳）說：「日新之謂盛德」、「生生之謂《易》」，又說：「乾坤毀，則無以見《易》，《易》不可見，則乾坤或幾乎息矣。」等等正說明此理。他們又說：「不是發現幾何級數，就可證明、預見或猜中這些科學研究的成就的。」我們並沒有這樣說，如果這樣說，不是違背進化的原理，歪曲歷史事實嗎？我們只是說這些科學成就，可以拿來證明先天圖裏面含有更重要的意義，對它不能僅僅以一個算術公式目之。換句話說，先天圖意義甚深，不借用現代科學上的成就就解釋不了，好像我們借用代數方程式來解釋先天圖是一樣的。我們既然注重先天圖，那先天圖與《易傳》（孔子的《十翼》）有無關係？《易傳》是誰作的？我們要盡力之所及設法弄個明白才好。

先天圖與《易傳》有無關係

先天圖是不是後人加入的？（當然《易傳》裏有後人加入的東西，如《說卦傳》後面幾章；又如《繫辭傳》開頭那幾句說什麼：「天尊地卑，乾坤定矣」的話，這不與孔子自己所說的「上下無常，剛柔相易」、「湯武革命，順天應人」的道理相矛盾？故曉得這幾句是後人加入的。）我認為先天圖是《易傳》構成中的最重要的組成部分，不是後人加入的。如無先天圖，則《繫辭傳》中所說的「太極、兩儀、四象、八卦」、「八卦成列，象在其中矣；因而重之，爻在其中矣。」就不知何解釋！尤其最後一句「爻在其中」更難索解。「中」是指什麼？怎麼「爻」

又會在其中？（後面有用算術方法演出）若無先天圖，則《繫辭傳》中這幾句不是等於有算題而無演算和得數麼？那好作什麼！〔註13〕

先天圖是誰作的？我們根據太史公的說法，《易傳》是孔子作的。先天圖既與《易傳》有關係，那先天圖又是誰作的？理由簡述如下：

孔子平日喜歡研究什麼？——數、曆、易（陰陽）。他自己說：「游於藝。」藝，即禮、樂、射、御、書、數六藝。數，即數學之數。他對學生顏淵說：「行夏之時。」夏時即夏曆。他要研究夏道和殷道，他特地跑到杞國（夏之後裔）和宋國（殷之後裔）去尋求遺籍，可惜沒有得到足夠的材料，因此「子曰：『吾欲觀夏道，是故之杞，而不足徵焉，吾得夏時焉。吾欲觀殷道，是故之宋，而不足徵焉，吾得《坤乾》焉。」《坤乾》也是一種《易》。他平日還教人要「治曆明時」。他自己說：「五十以學《易》，可以無大過矣。」有人引《魯論語》說「《易》係『亦』字之鐩。」又引漢高彪碑作證。近人譚戒甫先生對此已批判過。〔註14〕孔子又對老子說：「丘治《詩》《書》《禮》《樂》《易》《春秋》。」又：「吾求之於度數五年而未得也。求之於陰陽十有二年而未得也。」孔子引用過《周易》，在《論語‧子路》中有「子曰：『南人有言曰「人而無恒，不可以作巫醫」善夫！』『不恒其德，或承之羞』，子曰：『不占而已矣！』」這「不恒其德，或承之羞」二句，明明見於現在的《周易》下經恒卦九三爻辭。既然「不恒」，那還有什麼占得！有恆，亦不須占。所以荀子說：「善為《易》者不占。」這不正證明孔子是善於治《易》的人嗎！並且與「子不語怪、力、亂、神」之旨正相吻合。還有，恒卦九三爻辭「不恒其德，或承之羞，貞吝。」可見「不恒」雖「貞」亦「吝」啊！再看需卦初九爻辭：「需於郊，利用恒，無咎。」益卦上九爻辭：「莫益之，或擊之，立心勿恒，凶。」可見《周易》教人要「恒」，「恒」則「無咎」；不「恒」則凶。所以孔子說不恒就不須占，不是他平日對於《周易》研究有素，深深瞭解《易》理，怎能說得出這種深合經旨的話來呢！故《淮南子》說：「孔子讀《易》至損益二卦，未嘗不奮然而歎曰『益損者，其王者之事乎！』」可見，孔子平日喜歡研究數、曆和易（陰陽）是不言自明的。

《易傳》成書年代的探討

有人說《易傳》是戰國末和秦漢之際的作品，我看不大像。顧炎武說：

〔註13〕原注：見本書考注①。
〔註14〕原注：見《孔子學易問題商兌》，載《圖書評論》第二卷。

「五經無真字，始見《老》《莊》之書。」四書也無「真」字，《老子》《莊子》有「真」字而《黃帝內經》也有「余聞古之真人者」，《周易》經文無「真」字也無「享」字、「烹」字。盡用「無」字、「于」字。而《易傳》有「享」字，但無「烹」字，更以「亨」代「烹」。《孟子‧萬章》中有「予既烹而食之」，又「伊尹以割烹要湯」。《老子》有「治大國若烹小鮮」、《莊子‧山木篇》有「命子殺雁而烹之。」《易傳》用這個「無」字，惟「于」字則夾雜用「於」字，可見那時「於」字創造出來不久，以致「于」、「於」並用，正像現在某個字已改為簡體字而繁體字還在流行著，不是一下子就消滅得掉一樣。《四書》、《老子》、《莊子》《黃帝內經》這幾部書盡用「於」字、「無」字。這就曉得《周易》的產生早於《易傳》若干世紀，說文王作《周易》爻辭，可信。《易傳》則早於《四書》，《四書》則又早於《老子》、《莊子》、《黃帝內經》。時代先後，層次井然。而謂《易傳》是戰國末和秦漢之際的作品，很難令人首肯。又有人說《繫辭傳》裏有「子曰」字樣，此足為《繫辭傳》非孔子自己所作之證。這本是一個老問題，早在 700 多年以前，宋代朱熹即已說過蓋「子曰」字皆後人所加。如近世之《通書》乃周子（周敦頤）所自作，亦為後人每章加以「周子曰」字。其設問答處，正如此也。這是因為古人沒有標點符號，有的地方如不加「子曰」字，就不知說話的是誰，尤其是問答體，更是如此。丁超五 1966 年 5 月序於上海。

丁超五 易理新詮 四章 存

山東藏 1939 年鉛印本

◎目次：

吳稚暉先生來函〔註15〕、孫哲生先生來函、鄒海濱先生來函、陳立夫先生來函、自序一〔註16〕、自序二。

第一章總說：第一節易經的起源。第二節卦成立的基本素。第三節卦的創始者。第四節用九用六用三的解釋。第五節易學研究的派別。第六節先天圖的授受。第七節先天圖的創始者。第八節周易卦組成的原則。第九節易傳

〔註15〕見前《科學的易》條下《吳稚暉先生函》，文同不具錄。

〔註16〕此序與前《科學的易》自序相同，惟字句小異：「薛君學潛的《易與物質波量子力學》」下此書多一小注：「薛君的著作，太專門化，非普通人所能懂」、「乃於九月二十日看清代陳法著的《易箋》」此書作作「乃於九月二十五日看清代陳法著的《易箋》」，餘無別，故不具錄。

的思想，比較孔、老思想。第十節易學明而復晦。第十一節易學晦而復明。

第二章易卦與數學的關係：第一節孔子兩儀四像八卦圖。第二節卦之演成淺釋。第三節先天圖之構成法。第四節試用代數乘方證明。第五節試用數字證明之方法一。第六節試用數字證明之方法二。第七節先天小原圖與後天圖之異同。

第三章易與科學的關係：第一節易是一種數的哲學。第二節易與九九關係的證明。第三節圓與方。第四節先天數－幾何級數－與倍數增殖法，先天數為宇宙中最重要之數。第五節先天數與門德爾的遺傳定律。第六節先天數之比列式與遺傳數之比列式。第七節先天數與快脫萊的法則。第八節太極為先天易數之本。第九節卦應從坤起。第十節卦之對立與統一。第十一節易之含義。第十二節先天圖即宇宙。第十三節逆數。第十四節易與辯證法原則的異同。第十五節陰數雙陽數單。第十六節生命的起源。第十七節陰陽等量。第十八節陰靜陽動。第十九節七日來復。第二十節八卦的八有何意義。第二十一節乾元用九，天德不可為首。第二十二節精氣為物，游魂為變。第二十三節發揚易道即發揚孔子之精神。

第四章附錄：易經白文（上海版有，此本無）。

◎孫哲生先生來函（中華民國廿七年）：立夫先生勛鑒：迭承惠寄大著，均經拜讀。以科學闡《易經》之蘊奧，真二千年來所未有如此新發現，誠於易學有祛迷解惑之功。來示方諸指南針，洵篤論也。石印本固謹為珍藏，油印本雖加修正取銷，然可視為先生研究之過程，亦可寶存參證。恕不寄還矣。專復申謝，敬頌冬安。孫科敬啟。十二月八日。

◎鄒海濱先生來函（中華民國廿七年）：超五仁兄勛鑒：久疏陳候，歉念無似。頃奉惠書，並承賜大著修正本《周易的新發現》（現更名《易理精詮》——超五）一冊，拜讀一過，具見吾兄易理深邃，能將易學與科學溝通，所以有此驚人發明。往昔學者，關於易義，各執一說，聚訟紛紛，從此如撥雲霧而見天日，可以得一歸宿。學術上之貢獻，實至偉大。弟對於《周易》素少研究，得讀大著，茅塞為之頓開，毋任欽佩。肅復申謝，祇頌勛祺。弟鄒海濱十二月十日。

◎陳立夫先生來函（中華民國卅一年）：惠贈大作《科學的易》上下二冊，拜讀之下，欽佩曷勝！班固有云：「易為大道之原」，鄙見大道者即一般法則之謂，所謂原者，亦即指其為一般法則之母也。《周易》統攝羣經諸子即西洋

科、哲學所立原則與定例，亦胥不出其範圍，誠屬我民族文化之寶庫。所惜易道久晦，學者研討未深，動輒指為玄邈。先生獨覃思竭精，推演邵子先天之學，而歸於「伏羲六十四卦，每卦不過是數理的、哲理的符號」一語，足見洞明窾要，由此溝通中外，雖能左右逢源，易學昌明，深有賴焉。專此鳴謝，敬頌撰祺。弟陳立夫啟。十二月十九日。

◎自序二：中國易學失傳，致科學未能發達；而科學不發達，故易學更難明瞭。二者互為因果，遂演成今日文化落後之現象。民國二十七年秋對於易學草成小冊子一本，將六十四卦一步一步演出，名《周易的新發現》。因空襲頻繁，生命時在危險之中，先之以油印，繼之以石印，急遽發表，遍送各方友好。是冬十二月八日接陳立夫部長覆函有云：「……茲得續函，欣悉有所改正。業付石印，雒誦之餘，莫名佩仰。易為諸學之宗，欲明孔道之大，必先知易理。吾兄發其隱閟，貢獻於學者大矣……」作為研究之助。後續有所獲，補充甚多，改名《科學的易》。三十年在上海中華書局正式出版。未幾，太平洋戰事發生，港、滬淪陷，書局被封，書籍亦悉被沒收致內地讀者更無覓購之機會。前歲，再將原稿略事修正，增加數節，亦甚為重要。送教育部「學術審議委員會」審議，蒙指示改用今名，即本書原第三章之標題。

（i）《易》是什麼？《參同契》說「日月為易」，就是說日往則月來，月往則日來，世界一切的一切無時無刻不在遷移變異之中，只是人不易覺察就是了。這個變易是從何時才起的呢？孔子說：「天地設位，而易行乎其中矣」、「乾坤成列，而易立乎其中矣」（《繫辭上傳》）。有了天地即有陰陽，有了陰陽即會發生變化。孔子說：「剛柔相推而生變化」、「剛柔相推，變在其中矣。」（《繫辭上傳》）這個變易將來會不會停止呢？孔子又說：「乾坤毀，則無以見易。易不可見，則乾坤或幾乎息矣。」（《繫辭上傳》）可見易是永遠不會停止的，不過要「惟變所適」，變要變得恰到好處才好，這就是「中」。易道（或說孔道）重「中」之原因，就在此。

（ii）兩儀的妙用：易理根於卦圖，而卦圖成於陰儀和陽儀兩個相反的符號。由此我們可以這麼的說，整個宇宙，無非是這兩個相反的東西所演變而成的呢？據科學家研究之結果，亦說物質化驗到最終，無非是電子，換一句話說無非是兩個符號罷了。所以柏樂利不是說，「我們如鮑爾一樣，不再把這些粒子，繪影繪形的視為有空間的，有速度的，有拋物線的小東西……波浪不過是某些或然性的純粹符號而已。粒子波動，都只是抽象的想像，數理公

式的符號。」（《現代哲學之基礎》，傳統先著，第二〇七頁）佛家說人有生老病死，這是什麼原故呢？它卻不知道。這無非是由於陰陽兩種相反的力作用之結果。佛家說「空」說「滅」，又說「真空妙有」，這種玄妙的說法，人亦無從想像其真際。易道則用兩個相反的符號來表示。這和現代科學家所講的是一樣的道理。

（iii）易是符號的哲學：易是辯證法，已不成為問題。惟易之特色，乃在關於對立與綜合，能將其哲理用代數方程式表而出之，此為千古獨創，吾民族最可誇耀於世之一。

（A）先說對立：

（a）

兩　儀

陰儀-- 　　　陽儀—
陰儀和陽儀是對立的。

（b）

四　象

太陰（⚏）是兩個陰；對太陽（⚌）是兩個陽。
少陽（⚎）是一陽一陰；對少陰（⚍）是一陰一陽。

（c）

八　卦

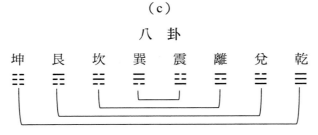

坤（☷）三陰，對乾（☰）三陽。
艮（☶）上面一陽，底下二陰；對兌（☱）上面一陰，底下二陽。
坎（☵）外面兩陰，中間一陽；對離（☲）外面兩陽，中間一陰。
巽（☴）上面二陽，底下一陰；對震（☳）上面二陰，底下一陽。

（B）次說綜合：

綜合有兩種方法：

一，是每個卦由互乘而變化孳生出來的，如兩儀乘兩儀，遂孳生變化出來四象〔註17〕。又兩儀乘四象，即孳生變化出來八卦〔註18〕。若單單有陰陽（男女），不會綜合孳生子嗣出來，那好做什麼！

二，是由於幾何級數，將它們整個的四象，或整個的八卦，密切地連繫綜合起來；否則，那就要各自分散呢！如：

（b）

圖　象

（1st）
（2nd）

（1st）行畫是一陰一陽，合起來就是 2
（2nd）行畫是二陰二陽，合起來就是 4
2、4 是幾何級數

（c）

八　卦

坤　艮　坎　巽　震　離　兌　乾

（1st）
（2nd）
（3rd）

（1st）行畫是一陰一陽，合起來就是 2
（2nd）行畫是二陰二陽，合起來就是 4
（3rd）行是四陰四陽，合起來就是 8
2、4、8 是幾何級數

圖象也好，八卦也好，六十四卦也好，再多也好，其中都包含有幾何級數在裡頭。所以卦是不能減少一個，或變換一個，它是嚴密的統一的，連合成為一個整體呢！易道重對立，是因為有對立才能有發展。「剛柔相推，而生變化」，重綜合（中），才能「天地位，萬物育」的緣故。講對立，而不講綜合（中），那是不可以的。

（iv）卦圖是數學之得數：卦圖本等於算學之得數，只有得數而無演草，人自莫明其妙。作者用算學方法演其式，尋其源可明其委。於是知卦圖為數學之得數，亦表示哲學之意義。與陰軼陽儀同為數學的哲學的符號罷了，千古之謎，至是揭穿。西人譏中國古時未發明算術者可以杜其口矣。

（v）《易》是生的：各種宗教都是講身後的事，可謂之死道，並且是死無對證的；《易》是生道，並且是永生的，「生生之謂易」。它所謂的生，乃宇宙中存在的可實證的。故用生物學、遺傳學，或進化論來釋《易》，乃最恰切不過，都能鉤貫得來。

〔註17〕原有圖示，略。
〔註18〕原有圖示，略。

（vi）解釋「後天圖」的數學方式之創作：作者創一種算學方式，此式如能成立，乃作者之所發明。去解釋「後天圖」為「方」的，與宋代先儒所倡「先天後地」之說正相符合。

（vii）孔子學說之偉大：不明《易》，即不知孔子學說之偉大。作者將它元元本本寫出（本書第三章第二十三節），於是可略窺其全貌。覺得孔道它是無時間性的，萬古常新的，足可為吾民族永遠人生哲學及政治哲學之指針。

中華民國三十三年三月革命先烈節再序於邵武心廬。

丁大椿　周易測　二卷　存

山東藏鈔本

◎丁大椿（1795～？），字小仙，號頤庵。山東諸城人。善詩工書，精岐黃。嘉慶十八年（1813）舉人，道光二十六年恩貢，官國子監典簿，大挑授象山教諭，化育兼施。又著有《來復堂學》內篇四卷外篇六卷、《來復堂大學古本釋》一卷、《來復堂小學補》一卷、《來復堂私說》二卷、《來復堂家規》一卷、《來復堂禮》不分卷、《來復堂海防私籌》、《來復堂講義》、《來復堂全書》二種。

丁大椿　周易說　四卷　佚

◎光緒《增修諸城縣續志》卷五《藝文考》：丁大椿《周易說》四卷、《雜著》十四卷。

丁德隆　易經原理　二卷　存

臺灣文聽閣圖書有限公司2009年林慶彰主編民國時期經學叢書本

◎目錄：

卷上第一編易經卦爻合宇宙觀之原理：第一章總論陰陽之原理及卦爻之起因；第二章乾坤之定義及其原理：第一節乾為全陽坤為全陰合為宇宙總元即是卦爻主因之理，第二節乾卦，第三節坤卦；第三章日球與地球為一切卦象運行之原動力；第四章地球經度每一晝夜周天六卦之原理，第二節地球經度每一晝夜周天六卦之方位：一坎卦、二離卦、三巽卦、四震卦、五兌卦、六艮卦；第五章地球緯度赤道南北分行周年六卦之原理及其方位：第一節地球緯度赤道南北分行周年六卦之原理，第二節地球緯度赤道南北分行周年六卦之方位：一北坎卦與南離卦同時之方位、二北巽卦與南兌卦同時之方位、三

北震卦與南艮卦同時之方位、四北離卦與南坎卦同時之方位、五北兌卦與南巽卦同時之方位、六北艮卦與南震卦同時之方位；第六章地球衛星周天六卦之原理及其方位：第一節地球衛星周天六卦之原理，第二節地球衛星周天六卦之方位：一坎卦、二離卦、三兌卦、四艮卦、五巽卦、六震卦；附件：附圖一地球所見之四象圖、附圖二天干地支對照圖、附圖三正極三陽之乾卦負極三陰之坤卦對照圖、附圖四地經子午重心軸地緯卯酉平衡圈圖、附圖五地球自轉日象上行下行與升弧降弧圖、附圖六（甲）地球經度乾坤列象周天八卦方位圖（以地球為主觀而定之圖）、附圖六（乙）地球經度乾坤列象周天八卦方位圖（以日球為主觀而定之圖）、附圖七地球在離卦時之現象圖、附圖八地球在離卦時之現象圖、附圖九地球在巽卦時之現象圖、附圖十地球在震卦時之現象圖、附圖十一地球在兌卦時之現象圖、附圖十二地球在艮卦時之現象圖、附圖十三地球緯度乾坤列象周年八卦方位圖、附圖十四地球衛星乾坤列象周年八卦方位圖、附表一地球經度每一晝夜乾坤列象周天八卦方位時間表、附表二地球緯度赤道南北各周年六卦對照表、附表三地球衛星環繞地球乾坤列象周天八卦方位時間表。

卷下第二編易經卦爻合人生觀之原理：第一章總論：第一節宇宙陰陽合人生觀之原理天地卦爻合人生觀之象徵，第二節宇宙陰陽與人生觀之關係天地卦爻合人生觀之原因；第二章六十四卦合人生觀之原理：第一六十四卦合人生觀之起因、第二六十四卦合人生觀之五行定律、第三六十四卦合人生觀之天干地支：一天干十部方位、地支十二運程；第三章六十四卦之原來統系及其名稱與次序：第一節六十四卦之原來八卦及其取象歌：一八卦取象歌上、二八卦取象歌下，第二節六十四卦之名稱及次序；第四章地球與日球合成動象之六十四卦：第一節地球與日球合成動象之六十四卦之原理，第二節動象六十四卦中之乾系八卦，第三節動象六十四卦中之坤系八卦，第四節動象六十四卦中之坎系八卦，第五節動象六十四卦中之巽系八卦，第六節動象六十四卦中之震系八卦，第七節動象六十四卦中之離系八卦，第八節動象六十四卦中之兌系八卦，第九節動象六十四卦中之艮系八卦；第五章地球與月球合成靜象之六十四卦：第一節地球與月球合成靜象六十四卦之原理，第二節地球與月球合成靜象六十四卦之關係；第六章地球與月球合成靜象六十四卦之方位及時間：第一節靜象六十四卦之方位及時間、第二節靜象六十四卦之方位及時間較難辨別之原因；第七章結論；附件：附圖十五伏羲八卦次序圖、

附圖十六伏羲六十四卦次序圖、附圖十七日球地球動象六十四卦方位圖、附圖十八地球月球靜象六十四卦方位圖。

◎自序：伏羲象日月畫八卦，開中國文化之史，乃究宇宙觀之創始；文王辨陰陽著《易經》，立儒家哲學之宗，是究人生觀之起源，其中唐虞執中為傳，禮成揖讓之世，商周愛民為重，權開征伐之門，斯為中國立國之一貫道統，亦為儒學治學之至要法則，不可不知，更不可不行也。

然天下名器，襲用已久，則弊竇橫生，世界醜類，矯作變當，則本真全失，春秋造亂網之先例，戰國啟賊子之倖門。大器已毀，霸道橫行，僭妄成常，惡慣竊權之習，爭奪相繼，罪利盜國之行，孔子出，孟子繼，聖道重興，賢流輩出，禮中國以至治，導斯民於坦途，成五千年文明之國，締億萬載文物之邦，史鑑俱在，簡冊可尋。

近世科學昌明，國學湮沒，學制既改，經典全廢，國學名稱，竟成尾聲，國學典籍，橫遭唾棄。尤以唯心之論久已喧傳國中；唯物之論，又復盛囂塵上。一則求超脫眾生輪迴之究竟，苟其理不明，終成口頭之禪語；一則求解放無產階級之政治，若其道不行，畢為獨裁所利用，學術之發明以解決人類生存為主體，反此者必為人類所共棄；事業之創造，以達到人類生存為目的，反此者必為人類所共亡。古今無殺人以成學術之理，天地無殺人以全事業之道。龐涓害友求術，死於眾矢之下；白起殺妻求將，死於分尸之中；秦皇焚書坑儒，國祚不久；隋煬弒父自立，國脈旋亡。如此史例，不勝枚舉。政治之目的，為代民謀治；經濟之目的，在代民謀生；軍事之目的，當代民除敵；外交之目的，乃代民交友，天地之生物，原具斯意；聖賢之立心，全本此旨。

大道久廢，列強爭霸，以國家為屠場，以人民為芻狗，競尚權利思想，極盡殺伐能事，舉世遭殃，生民塗炭，天下之事，強人從己者謂之姦，天下之物，奪人利己者謂之盜。姦偽之作全是反理之常，斯必自召其禍；盜竊之行全是背道而馳，更必自速其亡。道有兩則，一則為道理之意，是哲學之意義，重在精神之論，而以唯心為主旨；一則為道路之義，是科學之方法，專為專尚物質之說，而以唯物為實證。然道之一字本無二意，古人無確切之定義，今人多疑惑之誤解，或認為純理之學，或指作迷信之見，實皆未明所以，亦必大謬不然。蓋道本性宗參入，理涵心物全義，性能是心之根源，乃精神之由來；性質為物之本體，乃物質之結果。同性相斥，為抵抗異性，發展己性而用，是靜之所由來，亦即死之所由來。動則為行之量，即是質量成因，靜

則為知之力，乃為能力象徵。故吾人一心一念全為性能所使；吾人一物一體，權威性質所成。性能係五行之以太氣流，循念息而往來意識之間，成精神之系統，性質；性質係有形之原子核心，隨體軀而加入組織之內，成物質之元素。故宇宙雖大，起於原子一核，而達於無窮境界；人物雖多，同屬以太一能，而及於無限地域。故宇宙之性具有人物之性，人物之質具有宇宙之質，動則同動，靜則同靜，生則同生，滅則同滅，斯乃宇宙觀究竟之所起點，亦為人生觀意義之所開端。所謂大道之妙，大而無外；大道之竅，小而無內。斯道既通，則宇宙觀之究竟，迎刃而解，勢如破竹；此理既明，則人生觀之意義，隨處可知，易如反掌。自是從大道而參通天地，可窮宇宙之玄妙；本大道而理解性心，可盡事物之精微。斯必以大澈大悟之心，成先知先覺之性；引人入勝，不再沉淪慾海；舉世通明，即可脫離迷津。人人本道而生，不存虛偽欺詐之心；事事遵道而行，必無盜竊亂賊之名。命與人立，法天地之一貫體制，以與人共生；性與人同，本宇宙之一元體系，以與人共存。天地本無私，人物之私，是逆天地之力，而自生自滅；宇宙原無假，人物之假，是反宇宙之道，而自作自亡。故本天地大公無私之心以為心，則可與天地共生；本宇宙純真無假之性以為性，則可與宇宙共存。循環之律原由天地自然而立，人物之力不可動其毫末；生死之理本自宇宙自然而定，人物之量未能改其分釐。因人物之方僅可支持相等之力，人物之量僅可權衡相等之量，是知力至相等則力盡，而為無力；量至相等則量盡，而為無量，故人物祇可本天地自然力而為力，不能超出自然定律之外；又人物只能由宇宙自然量而為量，全為寄託自然定理之中，是知自然定律乃人生之軌道，自然定理，乃人生之胚胎也。

宇宙為無窮之大，人生為有限之年，求得於宇宙之究竟者有幾人？了解人生之意義者又幾人？儒家最後目的為參贊化育，佛家最後目的為靈光透露，道家最後目的為忘形合虛，耶回最後目的為求主指引，意義即在人生之了解，目的即在宇宙之究竟。法雖不同，理則無異。惟聖心固明，人性多昧，經典雖多，難醒貪癡之夢；理法雖妙，難除頑劣之根。況復俗性易墜，塵心多擾。楚王色厲，奚識和氏之璧？秦廷政暴，不捨連城之價。圯橋之遇不再，磻溪之會難逢，因是有志向學者，無處問津，勉力自修者，不得其門。余故著此《易經原理》，確定《易經》真義，共上下兩卷，合前後七章。字逾三萬六百餘言，理通諸教一切蘊奧，文用古體章句，參附新式圖表，依天地動靜

之理，定卦爻陰陽之論。根據地球與北極南極之關係，詳述地球與太陽太陰之象徵；以八卦之基本原理，分析宇宙觀之究竟，以變卦之循環定律，解釋人生觀之意義。一字一語皆有科學實證，全編全卷，統具哲學理解。凡唯心一切理論已和盤托出，而唯物一切問題皆包羅無遺。為本人十年研究之收穫，亦本人半生修養之培成，若問唯心之論是否迷信，則曰：「明則自信，間則互信，未必全然迷信。若以古人陣法應付現代社會，當然不合時宜。」再問唯物之論是否正確，則曰：「誠則為確，欺則不確。未必全然正確，若以死物原理引證活人精神，當然不合邏輯。」惟《易經》唯心論之解釋，全在其陰陽原理之中，讀之者，不待解而自釋；《易經》唯物論之說明，全在卦爻定律之內，讀之者，不待說而自明。且此書意義甚明，尤可釋誤會唯心論者之迷信；又此書理論充足，更能釋誤解唯物論者之偏見。總之，此書所著，立意至深，宇宙觀之論全本伏羲之卦理，人生觀之論，全本文王之易道。旨在復興先聖之道，意唯啟發後人之知。益可重光國學闡揚國粹，為華夏爭光輝，為神州留名器，解決心物一元之根本問題，建立哲科一體之學說基礎。務求心本道立，不因物而傷廉，益當物由義取，不欺心而失恥。以禮教人，以孝成家，以忠奉公，愛物惜時，勤工苦學，居上不驕，為下不背，和以處眾，平以持世，言必有信，行必致果。四維全，八德備，紀綱正而楷模立，理法嚴而精神振。言行必循循善誘，心上性中，不容有半點污穢；踐履必處處篤實，字裏行間，不容有些微虛偽。知不諱言，天下無不可對人言之事；行不憚勞，世界無不可代人勞之力。先知後知，匯成大知；前人後人，法尚完人。人人皆知天下為公之旨，不私自身血汗之軀；個個皆明世界大同之義，不使他人血汗之財。與取從分，不越主權之外；出入守序，當遵國法而行。進退有節，無同流合污之俗，交接有義，無奢侈浮華之風。工作必依時限，無嚴緊寬弛之弊；喜怒全本長情，無裝模作樣之態。斯必人人持躬謹、待人誠，個個接物廉、處事明。上行下效，此作彼同；黃裔華胄，全成禮讓之國。瀛海寰宇，盡化和平之邦。天下滔滔，同開自由幸福之路；世界迢迢，皆為互助快樂之鄉。政清人和，五洲永奠昇平之基；老安少懷，四海長祝大同之春。欽歟！猗哉！燦兮！勉之！

◎卷末：敬啟者，德隆志欲研究心物一元之學說，旨在達成哲科一體之理論，已歷十載，略且概念雖距目的尚遠，所幸芻蕘已備，若待器成全璧，尚需時逾十稔。惟以當今社會，訛傳為迷信，兼因各方友好質問甚迫切，權將

已獲之研究心得，作為全部之立論體系，編成《易經原理》、《合理合法解義》、《知之原理與求知之方法》三書，聊解訛傳之誤會，藉釋質問之追求。茲以印就出版，敢為忱效獻曝，推因倉卒草創，自必缺點難免也。敬請諸位學者，各方賢達，惠予指教，詳加批評，俾免遺誤，而匡不逮。則不因東施之陋，而招致無鹽之譏。不惟著者所深感，亦為讀者之至幸也。著述人丁德隆敬啟（民國三十七年七月十五日書於南京文化會里次）。如蒙惠教，請寄湖北咸寧部第十六綏靖區司令部轉交。

　　◎丁德隆（1904～1996），字冠洲，又名若望。湖南攸縣高槻人。曾任國民革命軍中將，第 37 集團軍總司令。晚年潛研諸教哲理，擅書畫。又注有《大同大道》、《心物一元觀》、《道性真理》、《天人合一》、《自然循環定律》等。

丁鼎時 吳瑞麟 周易本義正解 二十二卷 首一卷 存

　　福建、南京、中科院藏康熙三十二年（1693）賜書堂刻本

　　山東藏康熙三十二年（1693）金閶贈言孝友堂刻本

　　◎孫殿起《販書偶記》卷一：丹陽丁鼎時、吳瑞麟同撰。康熙癸酉賜書堂刊。又名《易經正解》。

　　◎丁鼎時，字九疇，號柯亭。江蘇丹陽人。廩貢生。著有《新硎集》《驪珠集》。

丁家濟 六爻提綱 一卷 佚

　　◎光緒《江都縣續志‧藝文考》第十上：丁家濟《六爻提綱》一卷。

丁杰 周易鄭氏注 三卷 存

　　南京藏稿本（張惠言校）

　　◎丁杰，字升衢。浙江歸安（今湖州）人。乾隆四十六年進士，官寧波府教授。肆力經史，旁及六書音韻算數，長於校讐。于胡渭《禹貢錐指》摘誤甚多。開四庫館，朱筠、戴震皆延之佐校。

丁杰 周易鄭注後定 十二卷 存

　　嘉慶十四年至二十四年（1809～1819）蕭山陳氏湖海樓陳春輯刻湖海樓叢書十二種本

　　嘉慶道光刻張皐文箋易詮全集‧易義別錄本（三卷）

光緒刻鄭學彙函本

◎題漢鄭玄注，宋王應麟撰集，張惠言訂正。

◎翁方綱《復初齋文集》卷十二《送吳生序》：己酉秋，予自江西滿任歸與江西鄉試，行李僕從皆入舟矣，惟魯習之〔註19〕在几側不肯去。適吳興丁小疋來，予曰：「難得此共質經義也。」因舉鄭氏注數條相辨說，至午乃別。

◎邵晉涵《南江文鈔》卷八《周易鄭注跋》：鄭君《易注》在北宋時猶存，《文言》、《說卦》、《序卦》、《雜卦》四篇至南宋盡佚。王厚齋尚書撰集一卷，明胡孝轅刻附李氏《易解》之後，姚叔祥為補錄二十五則。國朝惠松崖復事補正，視厚齋初集之本較詳矣。歸安丁君升衢篤志好古，取胡氏、惠氏本匡正其譌字、補所未備，積歲久始克成書。綴香辨析，用心至勤。持以謜余，余何以益升衢哉。鄭君訓釋經文，胥本雅訓，古文假借舊疏，間有未盡晰者。泰初九「以其彙」，古文作薈，鄭作蒉，勤也。按《爾雅》「薈，勤也」，薈蒉音同，蒉蓁聲之轉。是鄭注本於《爾雅》也。又《釋詁》云：「疌，速也」郭注引《詩》「不疌故也」，是矣。豫九四「朋盍簪」，鄭云：「簪，速也。」疌簪同音，亦可與《爾雅》相證明。其見於《詩》《禮》者更僕未可畢數，略為升衢言之，願升衢有以益我也。

◎阮元《揅經室續集》卷二《擬儒林傳稿》：杰所著有《周易鄭注後定》、《大戴禮記繹》、《小酉山房文集》（許宗彥《丁杰傳》、鰭《丁杰墓誌銘》）。

◎臧庸《拜經堂文集》卷四《丁小疋教授六十序》（嘉慶二年丁巳季春）：鏞堂從故學士盧召弓遊，即知小雅先生。讀學士所錄鄭易極詳審精密，以未獲見手定本為憾。今年春遊浙，相見恨晚。知鏞堂之篤志先師鄭氏學也，款居西湖精舍，執鄭易來讀，且屬為校讐。遂據私定本參之，更檢勘《十三經義疏》，歷旬日成覆挍數十條。先是曲阜孔叢伯讀此書，亦有挍語。鏞堂氣性粗直，有駁正過當處。先生惠書曰：「備件心細如髮，不留遺憾。駁正孔氏各條，辭氣稍直，將來略為改易，付彼一觀，然後知先生之善與人同、大公無我。」而辭氣溫雅，循循善誘，益為心重其人。

◎張惠言《茗柯文編》二編卷上《丁小疋鄭氏易注後定序》：自王弼注興而易晦，自孔穎達《正義》作而易亡。宋之季年，學者爭說性命，莫不以王、孔為本，雜以華山道士之言。王伯厚氏獨盡心鄭注，蒐輯闕佚，彙為一書，可謂偉矣。自是之後蓋五百餘年而得惠定宇氏，始考鄭氏爻辰，增補伯厚集注

〔註19〕魯嗣光。

所未備，然後天下知有鄭易。又數十年，丁君小疋從而定之，正其違錯，補其闕漏，次其篇章，然後鄭氏之易大略具焉。方今士以不習鄭學為恥，其考校鄭書者無慮數十家，而以丁君此書為最善。蓋其始為以至于今二十餘年，不苟成書，有為其學者必咨焉，從而為之校者以十數。惟以傳信為務，而不以臆斷。其為之也勤，其出之也慎，則其獨善宜也。且夫學者所以貴古書者，豈唯其文哉？！將有取其義也。王伯厚氏之序此書，取朱震之言曰多論互體、曰以象為宗。夫易之有互，不始鄭氏。自田何楊叔以來，論互體，不足為鄭學也。易者象也，易而無象，是失其所以為易；數者，所以筮也。聖人倚數以作易，而卦爻之辭數無與焉。漢師之學，謂之言象可，謂之言數不可，象數竝稱者，末學之陋也。吾以知伯厚之于鄭易概乎未有聞也。定宇氏說爻辰是矣，雖然，爻辰者鄭氏之所以求象，而非鄭氏言易之要也。鄭氏之學盡于爻辰而已乎？《記》曰：「夫禮本于太一，分而為天地，轉而為陰陽，變而為四時，其降曰命」，韓宣子見《易象》曰：「周禮在魯矣」，是故易者禮象也。是說也，諸儒莫能言，唯鄭氏言之。故鄭氏之易，其要在禮。若乃本天以求其端，原卦畫以求其變，推象附事以求文王、周公制作之意，文質損益，大小該備，故鄭氏之易，人事也，非天象也。此鄭氏之所以為大而定宇氏未之知也。夫以王、惠二家之學如此，則其所輯，往往有牴牾而不知者，非其學不博識不精，其所涉淺也。丁君此書，余見其櫜本，一字之異，必比附羣書以考其合。往往列數十事，是故于義審。于義審則其分別有序也，無惑爾已。余往嘗疑鄭君箋《詩》以婚期盡仲夏以前于經無所徵驗。及就歸妹之注考之，六五爻辰在卯，二月中，辭曰：「帝乙歸妹，以祉元吉」；九四爻辰在午，五月中，辭曰：「歸妹愆期」，然後知箋義蓋出于此。又嘗疑雷震百里以象諸侯周官制則不合。及讀晉康侯之注，「諸侯有三捷之功，錫以乘馬而廣之」，然後知易有三代之制。其他如此者甚眾，惜乎唐之儒師未有見及此者，遂使禮家微言泯滅而不傳也。然就此書而求之，比類儔物，以合鄭氏禮注，于易之大義未嘗不有考焉。是則小疋之功不可廢也夫！

◎盧文弨《抱經堂文集》卷二《丁小疋（杰）校本鄭注周易序》（庚子）：鄭康成注《周易》九卷，《漢書・藝文志》作十卷。至宋《崇文總目》則僅有一卷而已，晁、陳兩家皆不著錄，南宋說易家所引用已非全文。至於末年，四明王厚齋迺復為之裒輯以成此書。明胡孝轅附梓於李氏《集解》之後，故凡已見《集解》者不錄。姚叔祥更增補二十五則。皇朝東吳惠定宇（棟）復加

審正，蒐其闕遺，理其次第，益加詳焉。蓋說經之道貴於擇善而從，不可以專家自囿。況易含萬象，隨所取資，莫不具足。鄭易多論互體，《繫辭傳》曰：「雜物纂德，辨是與非，則非其中爻不備」，又曰：「物相雜，故曰文」，此即互體之說所自出。王弼學孤行，遂置不講，而此書亦實失傳。王氏蒐羣籍而緝綜之功蓋不細，其不能無誤，則以創始者難為功也。近者歸安丁小疋孝廉，復因胡氏、惠氏兩本重加攷定，舉向來以鄭注《易乾鑿度》之文竄入者為柔去之，以《漢書》注所云鄭氏乃即注《漢書》者，非指康成。又於字之傳訛者如小畜之興說輻當作輹，夬之壯于頄當作頯，一一正之。又王氏次序本多顛錯，胡氏、惠氏雖迭加更定而仍有未盡。今皆案鄭易本文為之整比，復撦補其未備者若干則。扶微振墜，使北海之學大顯於世，此厚齋諸君子之所重有望於後賢者。而丁君實克續之，非相違也，而相成也，豈與夫矜所獨得以訾警前人之所短者之可比哉？余於厚齋所輯，若《詩攷》，若《鄭注古文尚書》及《論語》，若左氏、賈服等義，皆嘗訂正，惟《詩攷》稍加詳。此書雖加瞻涉，然精力不及丁君遠甚。今觀此本，老眼為之谿然增明。歸時攜以詒吾黨之有力者，合梓之為《王氏經學五書》。知必有應者乎？至於字音，鄭氏時未有反語及直音，某字為某者，後人因其義而知其讀，或去其比況之難曉者而易以翻切之法，以便學者。雖非元文，要為根本於鄭，不可廢也夫。此書收拾於佚之餘，復經二三君子之博稽精覈，而後得以完然無憾。百世下，讀是書者，其寶之哉！

◎李慈銘《越縵堂文集》卷五《復王益吾祭酒書》(光緒十三年八月)：辱示《經解續編目錄編》，凡二百一十六部，皆近代經學大師徵言秘籍。然尚有管見小須參酌：宋确山《周禮故書疏證》趁所發明，見聞亦隘，較之金壇段氏《周禮漢讀攷》相去遠甚，似可不刻。邵位西《禮經通論》持議不根，實漢學之大蠹；戴子高《論語注》怪誕謬悠，牽引《公羊》，拾劉申甫遺唾，支離益甚，且多掩舊注以為己說而沒其名，此兩種者宜從刪汰。桂氏《說文義證》書太繁重，又湖北已有刻本，其書亦無甚精義。洪北江《左傳詁》僅存古注之略，無所證成，既刻李次白《賈服解輯述》，則洪書似可不刻。其中宜采補者，茹三樵《周易二閭記》(名敦和，會稽人。乾隆十九年進士，官湖北德安府同知。所著《易學十種》精貫鄭、虞之義，而以《二閭記》為最精。其書仿毛西河《白鷺主客說詩》，作二人問對，詁訓名通穿貫諸經。慈銘有其書)、丁小雅《周易鄭注後定》十二卷(蕭山陳氏《湖海樓叢書》有刻本，張象文訂補即臧在東所輯本)、臧在東輯

《子夏易傳》（已刻。又張介虞澍亦有《子夏易傳》輯本一卷）。

丁景南 讀易 一卷 佚

◎光緒重修《五河縣志》卷十四《人物志》二《文苑》：所學必究其精微，尤嗜易。與人談易終日不倦，嘗言：「吾之講易雖牧豎可曉。」有《讀易》一卷，義多前賢所未發，後學歲貢生王系梁編其書為二集：一曰《景南談易》，一曰《景南易鈔》。

◎丁景南，安徽五河安一里人。性耿介，不偕時俗。

丁景南 談易遺筆 佚

◎光緒重修《五河縣志》卷十七《藝文志・書籍》：《小攄詩草》《簏蕉彙筆》《景南易鈔》《談易遺筆》（以上丁景南著）。

丁景南 景南易鈔 佚

◎光緒重修《五河縣志》卷十七《藝文志・書籍》：《小攄詩草》《簏蕉彙筆》《景南易鈔》《談易遺筆》（以上丁景南著）。

丁理 易經融注 佚

◎光緒《霑化縣志》卷九《人物》三《文學》、咸豐《武定府志》卷二十五《人物志》：潛心易學，著有《易經融註》藏於家。

◎光緒《霑化縣志》卷十六《叢談志》：丁理《易經融註》。

◎孫葆田《山東通志》卷百二十七《藝文志》第十：是書見《府志》。

◎丁理，字季溫，號漫亭。山東霑化人。乾隆辛酉拔貢。善書工詩，為文有根柢。

丁蓮 易經萃解 十二卷 佚

◎乾隆《泉州府志》卷五十三《仕跡》：著有《易經萃解》十二卷。

◎道光《晉江縣志》卷七十《典籍志》：丁蓮《易經萃解》十二卷。

◎丁蓮，字青若。福建晉江陳埭鎮人。回族。康熙癸巳進士，任興化教授。學行淳謹，巡撫陳璸延主鼇峰書院。教士一循白鹿洞規。調臺灣府學，倡明經術，海外化之。秩滿，擢儀徵令，未抵任卒。著有《易經萃解》十二卷及《聚景堂文集》等。

丁啟豫 易疏纂微 佚

◎民國《陽信縣志》第五冊卷五《人物志》：所著有《易疏纂微》《四子秘擬約旨》《半雲堂集》《深柳堂日鈔》《被莎廬雜纂》藏於家。

◎孫葆田《山東通志》卷百二十七《藝文志》第十：《縣志》云有是書藏於家。

◎丁啟豫，字介子。山東陽信人。康熙丁未進士。剛毅嚴肅，磊砢牢騷，志在除蠹匡俗，激為狂疾，齎志以歿，人共惜之。

丁壽昌 讀易會通 八卷 存

上海藏丁氏遺稿六種本（稿本不分卷）

上海藏稿本（存卷一至四）

山東藏 1935 年商務國學基本叢書本

成都古籍書店影印 1935 年商務國學基本叢書本

中州古籍出版社 1992 年影印本（題易經會通）

臺灣文聽閣圖書有限公司 2009 年林慶彰主編民國時期經學叢書本

◎目錄：卷一總論：周易授受源流、易名、重卦、三代易、卦辭爻辭、上下經（序卦）、十翼（《象／象／繫辭／文言傳》）、七八九六（用九用六）、筮法、占法貞悔、易象（互體半象逸象）、元亨利貞、卦氣、爻辰、旁通、升降（之正附）、納甲、焦京易學、康成易注、王輔嗣注易、卦變、太極兩儀四象、先天之學、河圖洛書、程子易傳、朱子本義、易古文、易音、子夏易傳、郭京易舉正。卷二上經一：乾至師。卷三上經二：比至隨。卷四上經三：蠱至離。卷五下經一：咸至蹇。卷六下經二：解至井。卷七下經三：革至旅。卷八下經四：巽至未濟。

◎敘一：《讀易會通》八卷，亡兒壽昌通籍後官戶部時所撰也。兒幼而好學，從余受經，尤篤耆易。余初授以王注、孔疏、程子《傳》、朱子《本義》以導其原。既長，乃綜覽漢唐宋元諸儒之說及清朝惠氏諸書，博觀而約取之，三十以後宦於都中，公餘稍暇即手一編，薈萃漢宋之學，不主一家，擇精語詳，明白曉暢，俾讀者豁然貫通，無有隔閡。此《會通》之所為作也。憶道光初年，同鄉蘇徵君秉國邃於易學，每至余家，昕夕談論。兒甫七八歲，侍側傾聽，徵君極愛之。撫其頂曰：「此兒沈默敏慧，不僅為科第中人，他日必能讀我書。」今書中所引嵩坪說皆是也。徵君年逾七旬，刻有《周易通義》，褒然

成書，吾兒未見及五十，天奪之速，時時痛心。此書僅上下經，屬草甫就，而《繫辭》以下不及焉。余錄副而存之，依王注、程《傳》有經無傳之例，將梓以行。余既葺《臺垣疏稿》並《睦州存稿》、詩賦文集，復繕寫此書，以翼聖經而惠來學。後之人必有知者，奚俟余言？！而余之惓惓於是者，索居之感，庶吾兒之死而不亡也。同治丙寅初秋，父晏年七十三敘。

　　◎敘二：《漢書·儒林傳》云：「孔子晚而好易，讀之韋編三絕而為之傳。」顏師古注云：「傳謂《彖》《象》《爻辭》《文言》《說卦》之屬。」蓋孔子手定羣經，獨為易作傳。故《經解》曰：「潔靜精微，易教也。」以伏羲、文王之經，而孔子為之傳，則凡孔子所已者，後之說易者遵而守之可也。孔子所不言者，後之說易者辭而闢之可也，學者亦仰承孔子而已。自微言既絕，大義亦乖，易未亡于秦火而亂于諸儒。天道幽遠，孔子所不輕言也，而漢儒以爻辰、卦氣、納甲、五行之說亂之；圖書神祕，孔子所未詳言也，而宋儒以九宮、五行、先天、後天之說亂之。宋元以降，舍孔子之傳，人自為書，家自為說，至謂有伏羲之易，有孔子之易，四德非文王之意，十翼非孔子所作。其高者馳騖空虛，入于異端而不知；卑者沈溺象數，入于小道而不悟。非聖疑經，而易學之榛蕪極矣。蒙少而受易于家大人云：「學易必始於十翼，乃孔子所以釋易。熟讀深思而其義自見，此外凡求之十翼而不合者皆曲說也。」且授以《周易註疏》、《伊川易傳》二書，令其潛玩。竊嘗泛濫于漢魏唐宋以下諸家說易之書，其于十翼或離或合，而卒折衷于二書，乃知漢儒以後不言讖緯者惟王輔嗣，宋儒之中不言圖書者惟程子。是以程子教人學易先看王輔嗣，而朱子《本義》每曰《程傳》備矣。誠以二家之書實能闡先聖之精心，掃諸儒之曲說。惟學者未嘗研精覃思，妄有出入，乃謂輔嗣以老／莊說易、程子為不明象數，以致微言大義湮晦不明。蒙竊懼焉，因先以文王之經，次以孔子之傳，溯之王注、孔疏以窮其原，求之《程傳》《朱義》以竟其委，參之《釋文》音訓以攷其異同，稽之《說文》、石經以正其譌誤。《大傳》十篇則取法呂氏，古音十部則旁采亭林，以及歷代諸儒之說。凡有發明，無不取附。大抵訓故宗漢，義理宗宋，而漢儒未嘗不明義理，宋儒未嘗不精訓故，實事求是，不尚專門，融漢宋為一家，合理數為一學，題曰《讀易會通》，以見宋儒之易即漢儒之易，漢儒之易即孔子之易，孔子之易即文王之易，文王之易即伏羲之易，以聖解聖，以經解經，而一切支離附會之說，孔子所不言者，未嘗參焉。其于潔靜精微之旨，誠自知其無當，藏之家塾，以俟有道之就正云爾。同治元年

青龍在遏茂阪月初吉，江蘇山陽丁壽昌自敘於宣南寓舍。

　　◎丁壽昌（1818～1865），字頤伯，號菊泉。江蘇淮安人。丁晏長子。道光二十七年（1847）進士，歷官福建道監察御史、嚴州知府。精通文字音韻。著有《讀易會通》八卷、《說文諧聲略例》、《臺垣疏稿》一卷、《睦州存稿》八卷。

丁壽昌　易經解　一卷　存

　　手稿本

　　◎同治《重修山陽縣志》卷十四《人物》四：居官署如客舍，惟日手書不輟。所著書甚眾，或草韧未竟，時論惜之。

丁廷樞　周易纂要　佚

　　◎光緒《重修安徽通志》卷二百二十三《人物志・文苑》二：著《周易纂要》《明儒纂要》《菜根軒古文》《蒹葭秋水樓詩集》（《桐城縣志》）。

　　◎光緒《重修安徽通志》卷三百三十五《藝文志》：《周易纂要》（丁廷樞著）。

　　◎丁廷樞，字虎臣。安徽桐城人。遍遊天下名山大川，博覽群書。

丁蔚華　周易纂注　十二卷　佚

　　◎光緒《江都縣續志・藝文考》第十上：丁蔚華《周易纂注》十二卷。

丁午　易說存稿　一卷　存

　　臺灣無求備齋藏光緒七年（1881）刻經說存稿本

　　山東藏臺北成文出版社 1976 年無求備齋易經集成影印光緒七年（1881）刻本

丁顯　周易諸家引經異字同聲考　一卷　存

　　光緒刻丁西圃叢書・十三經諸家引經異字同聲考本

　　◎丁顯，又著有《菊花百詠》一卷、《復淮故道圖說》不分卷、《請復河運芻言》一卷、《睢寧金石文字附志》不分卷、《淮北水利說》一卷、《再生經世文存稿》二卷、《遊睢寧諸山記》一卷、《秀才須知》四卷、《寄綠軒類稿》不分卷。

丁敘忠　讀易初稿　八卷　存

國圖、南京、天津、湖北、遼寧藏同治二年（1863）長沙丁氏白芙堂木活字本

◎序：《易》者卜筮之書，窮理盡性至命之書，聖人以通天下之志，以定天下之業，以斷天下之疑，六十四卦三百八十四爻，事不越民生日用之常，而經緯萬端，貫通三極，天地鬼神無以易之。此無他，天下之動，貞夫一事，有失得必見於吉凶。道有君子小人，必形為禍福，始於一心之微，終於家國天下之大。如相應桴，若影附表，而衰世民心疑貳，見邇忘遠，識顯昧微，計利害而遺是非，欲趨避則外道義，求所為彰往察來、履信思順之學，蓋亦微矣。敘忠自蚤歲尋味是書，得聞師友緒論，偶有所得，隨時劄記為家塾課本，雅不欲出以示人。而衰年多疾，大懼久而散軼，即後來者亦無從得其手跡也。乃略加編次，彙為《讀易初稿》八卷，微辭奧旨，悉宗周、邵、程、朱及先儒舊說，其他文藝字句，或閒有異同，要皆證之本經，驗之人事，竊意有合，非敢於古人妄加棄取也。自知淺陋，無益後人，倘得有道之士摘其瑕疵而教誨之，俾無失聖人開物成務以前民用之意，敘忠雖不敏，願執簡從之矣。同治癸亥秋九月，丁敘忠自敘於求忠書院講舍。

◎同治《長沙縣志》卷二十四《人物》二：苦志下帷，於書無所不讀，一以宋五子書辨其得失。有疑義輒終夕危坐，不融貫不釋也。尤邃於易，已著《讀易初稿》八卷行世。晚歲抱病家居，研求益精確，重加訂正，分為十二卷，名曰《讀易通解》，門人彭嘉玉觀察為之付梓。

◎丁敘忠，字秩臣。湖南長沙人。取忠兄。歲貢生。

丁敘忠　讀易通解　十二卷　存

國圖、上海、天津、湖北、北師大、中科院藏同治十年（1871）長沙丁氏白芙堂刻本

臺中文聽閣圖書有限公司 2011 年晚清四部叢刊第六編影印同治十年白英堂刻本

◎同治《長沙縣志》卷三十五《藝文》：《周易通解》十二卷（丁敘忠著。有傳）。

丁晏　易經象類　一卷　存

光緒二十六年（1900）南陵徐乃昌刻鄦齋叢書本

上海藏稿本（田毓璠跋）

續四庫影印光緒二十六年（1900）南陵徐乃昌刻鄦齋叢書本

◎自序：《易》之為書也，比物連類而象類分焉，故傳曰：「本乎天者親上，本乎地者親下，則各從其類也。方以類聚物以羣分，以通神明之德，以類萬物之情。」傳曰：「乃與類行，類族辨物，於稽其類，其稱名也。小其取類也，大引而申之，觸類而長之，天下之能事畢矣。」又言曰：「猶未離其類也。」《雜卦傳》曰：「否泰，反其類。」象傳曰：「絕類上也，行失類也」。類之為義大矣哉。《漢書‧魏相丙吉傳》贊曰：「古之制名必由象類。遠取諸物，近取諸身。」《揚雄傳》云：「關之以休咎，絣之以象類。」《易》也者，象類之書也。漢儒皆言卦象，虞氏易兼取旁通。自王輔嗣出，悉舉而空之，然《說卦傳》皆言卦象，聖人之說如此，象其可廢乎哉？！余取易辭之相類者，比而連之，間附解義，期于文約旨明，而無取穿鑿回穴之說。傳之家塾，以發童蒙。易曰：「蒙以養正，聖功也。」象類非小也，易道之大亦可由是而得其旨也夫！咸豐乙卯秋七月，山陽丁晏自敘。

◎國史館儒林傳：阮元為漕督，以漢易十五家發策，晏條對萬餘言。江藩稱其摭羣籍之精、闡漢易之奧，好學深思，為當世冠。道光元年舉人（《丁晏歷年紀略》）。晏以顧炎武云梅賾偽古文雅密，非賾所能為，考之《家語後序》及《釋文》《正義》而斷為王肅偽作。蓋肅雅才好博，好作偽以難鄭君。鄭君之學昌明於漢，肅偽作《古文孔傳》以駕其上。後儒遂誤信之而皆莫能發其覆，特著論之申辯之，撰《尚書餘論》二卷（《尚書餘論自敘》）。又以胡渭《禹貢錐指》能知古人而不能信好古學，踵謬沿譌，自逞意見，後之學者何所取正，既為《正誤》以匡其失，復采獲古文甄錄舊說，砭俗訂譌，斷以己意，自《史》《漢》《水經注》及許、鄭古學，取其說之確者著之於篇，傳以後儒之解，證以地志，期於發揮經文，無取泥古。其引用前人說各繫姓氏於下，輯《禹貢集釋》三卷（《禹貢集釋自敘》）。生平篤好鄭學，於《詩》箋、《禮》注研討尤深。以毛公之學得聖賢之正傳，其所稱道與周秦諸子相出入。康成申暢毛義，修敬作牋；《孔疏》不能尋繹，誤謂破字改毛，援引疏漏，多失鄭旨，因博稽互考，證之故書雅記，義若合符節，撰《毛鄭詩釋》四卷。康成《詩譜》宋歐陽氏《補亡》今通志堂刊本譌脫踳駮，爰據《正義》排比重編，譔《鄭氏詩譜攷正》一卷。以康成兼采三家詩，王應麟有《三家詩攷》坿刊《玉海》之後，舛謬錯出，世無善本，乃蒐采原書，校讐是正，譔《詩攷補注》二

卷補遺一卷。鄭氏注《禮》至精，去古未遠，不為憑虛臆說，迄今可攷見者，如《儀禮喪服注》多依馬融師說，《士虞》記「中月而禫」注二十七月依《戴禮》，《喪服》變除、《周禮大司樂》鼓鼗注依許叔重說，與先鄭不同；《小胥》懸鐘磬注二八十六枚在一虡，依劉向《五經要義》；《小宗伯》注五精帝依劉向《五經通義》；《射人》注稱今儒家依賈侍中注；《攷工記》山以章注作獐，依馬季長注；《禮記·檀弓》「瓦不成味」注當作沬，依班固《白虎通》；《王制》大綏小綏注當為緌，依劉子政《說苑》；《玉藻》元端朝日鄭讀為冕，依《大戴禮》；朝事義祭法幽宗雩宗鄭讀為禜，依許氏《說文》。鄭君信而好古，原本先儒，確有依據。凡此釋義，補賈、孔之遺闕，皆前人所未發之祕，疏通證明，灿若爛火，撰《三禮釋注》共八卷。又輯《鄭康成年譜》，署其堂曰六藝，取鄭康成《六藝論》以深仰止之思（楊以增《六藝堂詩禮七編序》）。晏早歲治經，復熟於《通鑑》……少多疾病，迨長，讀書養氣，日益強固。治一書畢方治他書。手校書籍極多，必徹終始。卒年八十有二，其著作已刊者，有《頤志齋叢書》（《歷年紀略》）。

◎丁晏（1794～1875），字儉卿，號柘堂，晚號石亭居士。江蘇山陽（今淮安）人。性嗜典籍，勤學不輟。道光元年舉人，官至內閣中書。晚年主講於麗正書院。咸豐十年（1860）因平捻軍賞戴花翎。同治三年（1864）賞二品封典，誥授通奉大夫。又著有《尚書餘論》二卷、《石亭紀事續編》二卷。又編有《頤志齋叢書》二十二種。

丁晏 易林釋文 二卷 存

國圖藏清鈔本

天津藏光緒十六年（1890）廣雅書局刻本

光緒刻南菁書院叢書本

續四庫影印上海辭書出版社藏光緒十四年（1888）刻南菁書院叢書本

◎敘：漢焦延壽《易林》以六十四卦變而之四千九十六卦，班《志》不著錄，《隋志》五行類有焦贛《易林》十六卷，《漢書·儒林傳》：「京房受易梁人焦延壽，云嘗從孟喜問易，房以為延壽易即孟氏學。」《東觀漢記》：「永平五年秋，京師少雨，上御雲臺，召尚席取卦，以《周易卦林》占之，其繇曰：『蟻封穴戶（黃本作蟻封戶穴，與集協韻。此依《永樂大典》引《東觀漢記》），大雨將集。』明日大雨，以詔書問沛獻王輔，今《易林》震之蹇有此文。」漢世甚重

其書。亭林顧氏疑為東漢以後人撰託，非也。亭林謂其時《左氏》未立學官，《易林》引《左氏》語甚多，又往往有《漢書》中事，如「長城既立，四夷賓服。交和結好，昭君是福」，事在元帝竟寧元年。晏按：《左傳》當西漢時未立博士，賈誼已為訓故，河間獻王傳其學。《毛詩》故訓傳多依用之，於《易林》何疑焉？至昭君，不必為元帝時事，或取昭明之義，如《毛詩》平王之類。萃之臨曰：「昭君守國，諸夏蒙德。」此昭君又何以解焉？且元帝之世，延壽固當見之矣。《漢書・京房傳》：「焦延壽字贛，贛貧賤以好學，得幸梁王。王共其資用，令極意學。既成，為郡史，察舉補小黃令。贛嘗曰：得我道以亡身者，必京生也。」房以元帝建昭二年上封事棄市，死時年四十一。《元帝紀》：「建昭五年，明年春正月改元竟寧，賜單于待詔掖庭王檣為閼氏。」《匈奴傳》：「元帝以後宮良家子王檣字昭君賜單于。」延壽生歷昭宣元之時，或猶及見其事。唐王俞序謂：「延壽當西漢元成之間，必有所據。」亭林謂延壽在昭宣之世，亦非也。《易林》學出西京，文義古奧，非東漢諸儒所能依託。流傳既久，沿譌滋多，舊有汲古閣毛子晉本、漢魏叢書何允中本，近有黃丕烈重校宋本。黃本刻工完整，售者為之紙貴，然晏以毛、何本校之，頗有舊本不誤而黃本妄改之者，則宋本亦未盡可據矣。坤之豫曰：「盡我筋力，胝躉為疾。」黃刻宋本誤作「蠒」。比之大過云：「胝繭為疾」，胝即胼胝之胝，躉即足繭之繭，「為疾」與上「堅不可得」合韻，黃刻宋本疾字作侯，尤為誤也。需之兌曰：「牡飛門啟」，同人之夬同。《漢・五行志》、《京房易傳》有「城門牡飛」事，黃刻本皆誤作「杜飛」，其誤甚矣。乾之井云：「黿鳴岐野，鼈應山淵。」《漢書・張衡傳》「黿鳴鼈應」章懷注引《易林》：「黿鳴岐野，鼈應于泉。」唐時古本如此，黃刻宋本作「鷩鳴岐山，龜應幽淵」，臆改無據，不可從也。頤之解云：「箕仁入室，政衰弊極。抱其彝器，奔於他國。」黃刻宋本「箕仁」作「飢人」。據《史記》：「西伯伐飢國滅之，飢即伐耆之耆。」晏按：箕子與微子連舉，故下用「抱器奔國」之事，不必改作「飢人」以合於《殷本紀》也。乾之咸云：「三人求橘，反得大栗。」黃刻宋本作「反得丹穴」。據《史記》巴寡婦清事，宴按：復之大過云：「踰河求橘，并得大栗」，可為確證，不必改作「丹穴」以合於《貨殖傳》也。大畜之訟云：「哀相無極。」黃謂「哀相」當作「衷祖」。晏按毛本原文云：「靈公夏徵，哀禍無極。」言其事可悲，哀禍亂相尋無已。於文自通，不必改作「衷祖」以合於左氏文也。姤之晉云：「販鼠賣卜。」黃謂卜當作朴，周人謂鼠未腊者為朴。晏按：《漢・藝文志》

蓍龜家有《鼠序卜黃》，於文為順，亦不必改為「賣朴」以合於《戰國策》也。略舉一隅，則黃本之失為不少矣。晏燼繹舊文，用相讐校，擇善而從，無所偏主。其有音義不明，證之故書雅記，疏其隱滯。於所不知，概從闕如。仿陸氏《經典釋文》，纂《易林釋文》二卷，附著於後。末學讕陋，聊備遺忘。尚冀有道君子斷而裁之，譖其義焉。咸豐四年歲在閼逢攝提格壯月，山陽丁晏自敘。

◎後序：《易林釋文》何為而作也？因黃氏校刻宋本多所竄改而作也。先是《易林》有汲古閣毛子晉本，自黃蕘圃刻本行世，繕寫清整，鏤刻精工，坊肆盛行，又雕鐫小字本，俗儒耳學不能細心讀書，甚重黃本，而舊本浸湮矣。黃序云諸刻《易林》悉出自明內閣本，而黃氏所刻，據陸敕先傳臨之宋本。蕘圃得之顧千里，千里得之程念鞠，展轉傳鈔，文與毛本大異。夫使鏤板出於宋時，猶可為信，今以影鈔臨寫之本，輕改古書，字句差互，其可據乎？且毛子晉之刻本，即宋黃伯思所校定，序稱字誤以快為快、以羊為手、以喜為嘉、以鶴為鵲，義可兩存。今以毛校黃刻，不應殊異如此之多。凡子晉槧書，悉因其舊，間有舛譌，不敢肊改，得失顯箸，循覽易明，此汲古閣之本所由貴重於書林也。近世士大夫，崇尚宋本，好奇騁異，是古非今。而所謂宋本者，或出於書賈射利、鄉壁虛造之徒，至謂影摹宋鈔，尤不可信。以抱經盧氏之積學，猶或誤从，況其下者乎。蘇氏《志林》云：「近世人輕以意改古書，鄙淺之人，從而和之，遂使古書日就訛舛，深可忿疾。」旨哉斯言，可謂信而好古矣。晏為《釋文》，信古傳舊，守多聞闕疑之恉，懼不知而作之譏，自以炳燭之明，必有不逮，然紬繹舊文，實事求是，庶幾西京故書不至滅沒於後人之手。憯易妄更，貽誤來學，則《釋文》之所為作也。山陽丁晏後敘。

◎跋〔註20〕：山陽丁儉卿先生箸《易林釋文》二卷，自序云：「紬繹舊文，疏其隱滯，實事求是，擇善而從。」統觀全書，無不與序言符合。而其精心卓識尤在於謂《易林》學出西京，非東漢諸儒所能依託。毓崧承命校字，爰據先生所言者，從而引申推廣，以就正焉。按後漢明帝永平五年以《易林》占雨（《東觀漢紀》云：永平五年秋，京師少雨，以《周易卦林》占之，其繇曰：「蟻封戶穴，大雨將集。」今《易林》震之蹇有此二語），明帝諱莊而《易林》不避莊字（坤之觀、泰之豫、否之既濟並云「莊公築館」，豫之家人云「莊姜無子」），則非作於明帝時可知。崔篆之《易林》作於光武帝建武初年（《後漢書·崔駰傳》序其祖篆

〔註20〕又見於劉毓崧《通義堂文集》卷二，題《丁儉卿先生易林釋文跋》。

云：建武初，朝廷多薦言之者。幽州刺史又舉篆賢良，篆自以宗門受莽偽寵，慚愧漢朝，遂辭歸不仕，客居滎陽，閉門潛思，著《周易林》六十四篇），光武帝諱秀而《易林》不避秀字（需之艮、晉之比並云「垂秀方造」，夬之晉云「麥秀傷心」），斷不出自篆手，則非作於光武時可知。更始諱元而《易林》不避元字（屯之大畜云「逢禹巡狩，錫我元珪」），則非作於更始時可知。王莽自言出自田齊，實為陳恒之後裔（《漢書・王莽傳》云：田和有齊國，至王建為秦所滅，項羽起，封建孫安為濟北王。至漢興，安失國，齊人謂之王家，因以為氏。今按以《史記・齊世家》考之，田和乃陳桓之曾孫），當是時，孰敢指斥恒之罪惡，而《易林》則言其弒君（觀之遯云「雍門內崩，賊賢傷仁，暴亂狂悖，簡公失位」。今按：此即斥言恒之弒簡公也），夫篆之屈節莽朝，實以憚其威虐，豈肯觸犯猜忌自蹈誅夷（《後漢書・崔駰傳》云：篆兄發以巧佞幸於莽，位至大司空，母師氏賜號義成夫人，後以篆為建新大尹，篆不得已，乃歎曰：「吾生無妄之世，值澆、羿之君，上有老母，下有兄弟，安得獨潔己而危所生哉！」乃遂單車到官）？況莽未篡立之時，已改禁中為省中以避其祖諱（《獨斷》云：禁中者，門戶有禁。孝元皇后父大司馬陽平侯名禁，當時避之，故曰「省中」。今按：以《漢書・元后傳》及《王莽傳》考之，莽父名曼，禁之次子也），而《易林》不避禁字（坤之否云「謹慎管鑰，結禁毋出」），則非作於莽時可知。孺子諱嬰而《易林》不避嬰字（屯之未濟云「愛我嬰女」，小畜之升云「名曰嬰鬼」），且以子嬰二字連言（謙之蒙云「子嬰兩頭」，中孚之姤云「子嬰失國」），則非作於孺子時可知。平帝舊諱箕子（《漢書・平帝紀》云：元始二年詔曰：「皇帝二名，通於器物，今更名，合於古制。」孟康曰：「平帝本名箕子，更名曰衎。箕，用器也，故云通於器物。」）而《易林》不避箕字（大畜繇詞云「箕伯所保」），且以箕子二字連言（秦之剝云「箕子為奴」，大壯之小過云「箕子佯狂」），則非作於平帝時可知。顧亭林謂《易林》用《漢書・李尋傳》語（《日知錄》云：《易林》曰「火入井口、楊芒生角。犯歷天門，窺見太微，登上玉牀」，似用《李尋傳》語。今按：此鼎之臨繇詞），然考《李尋傳》，其在成帝時，係言月太白入井而不言火入井口，與《易林》所言固異，其在哀帝時但言月入太微，熒惑入天門，而不言火入井口，登上玉牀，與《易林》所言亦殊，況哀帝諱欣而《易林》不避欣字（屯之寒云「不見欣歡」，否之履、復之損並云「欣然嘉喜」），則非作於哀帝時可知。亭林又謂《易林》用成帝起昌陵事（《日知錄》云：《易林》曰「新作初陵，踰陷難登」似用成帝起昌陵事。今按：此明夷之咸繇詞），然考《成帝紀》云昌陵「客土疏惡，終不可成」，《劉向傳》云「始營初陵，其制約小，天下莫不

稱賢明」，是昌陵曾陷而初陵未嘗陷，《易林》所言初陵必非成帝之初陵，更
非成帝之昌陵，況成帝諱驁，其嫌名為獒（《漢書‧藝文志》云：孫卿子三十三
篇。顏師古曰：本曰荀卿，避宣帝諱，故曰孫。今按：宣帝諱詢既兼避荀字，成帝諱
驁亦當兼避獒字，此漢人兼避嫌名之例也），而《易林》不避獒字（鼎之震云「困
於噬獒」），則非作於成帝時可知。亭林又謂《易林》有元帝昭君事（《日知錄》
云：「『長城既立，四夷賓服。交和結好，昭君是福』，事在元帝竟寧元年」。今按：此
萃之益繇詞），先生辨之曰：「昭君或取昭明之義，如《毛詩》平王之類，不必
定指漢宮人也。萃之臨曰『昭君守國，諸夏蒙德』，此昭君又何以解焉？鼎之
噬嗑云『乾侯野井，昭君喪居』，此昭君謂魯昭公，又是一義。」其剖析最為
明顯。毓崧竊謂，《易林》屢言昭君亦屢言文君，所謂文君者，或專言周之文
王（謙之困云「文君降陟」、蠱之益云「文君出獵，姜氏受福」、復之姤云「命絕衰周，
文君乏祀」），或泛言文德之君（咸之既濟云「文君德義，仁聖致福」，歸妹之咸云
「文君之德，養仁致福」），說《易林》者未聞以文君為卓女，何獨以昭君為明妃
乎？況元帝諱奭字而《易林》不避奭字（大畜之小畜、益之謙並云「欣喜奭懌」、
頤之漸云「姬奭姜望」、艮之咸云「旦奭輔王」），則非作於元帝時可知。宣帝諱詢，
其嫌名為荀，而《易林》不避詢字（大畜之家人云「更相咨詢」、明夷之臨云「更
相談詢」、歸妹之泰云「咨詢厥事」），亦不避荀字（蠱之歸妹云「荀伯遇時，憂念周
京」），則非作於宣帝時可知。昌邑王諱賀而《易林》不避賀字（小畜繇詞云「元
賀舉手」、大有之解云「賀喜從福」），則非作於昌邑王時可知。今反覆研究，知
其作於昭帝之時，其證有四。昭帝名弗，荀悅云：「諱弗之字曰不」（《漢書‧
武帝紀》云：「立皇子弗陵為皇太子。」張晏曰：「昭帝也。後但名弗，以二字難諱故」），
《易林》六十四卦四千九十六變，其中用不字者層見疊出，奚啻千餘，而無
一弗字，則作於昭帝即位以後無疑，其證一也（高祖諱邦、惠帝諱盈、文帝諱恆、
景帝諱啟、武帝諱徹，《易林》乾之坤云「害我邦國」、蒙之坤云「常盈不亡」、比之
坎云「恆山浦壽」、需之兌云「牡飛門啟」、大壯之臨云「祿位徹天」，不避諸帝之諱
者，西漢時法制尚為疏闊，惟時主之名避諱甚嚴，若先代之名，有因已祧不諱，有因
臨文不諱，可以隨時變通，故或諱或不諱，非若後世拘於一定之例。此《易林》所以
止避昭帝之名而不避先代之諱也）。太史公卒於昭帝初年（王氏鳴盛《十七史商榷》
云：「遷實卒於昭帝初，觀《景帝本紀》云：『太子即位，是為孝武皇帝。』《衛將軍
驃騎傳》末亦屢稱武帝，按其文義皆非後人附益。間有稱武帝為今上者，《史記》作
非一時，入昭帝未久即卒，不及追改也。惟《賈生傳》末述賈生之孫嘉『與余通書，

至孝昭時列為九卿」，此孝昭二字，則是後人追改，其元本當為今上耳」），而《易林》言「子長忠直，李氏為賊，禍及無嗣，司馬失福」（漸之遯），尋繹其詞，必係身後表章，斷非生前標榜，則作於太史公既卒以後無疑，其證二也。焦延壽之學易，梁敬王助其資用，敬王嗣位在昭帝始元二年（《漢書・京房傳》云：「治易事梁人焦延壽，延壽字贛，以好學得幸梁王，王共其資用，令極意學，既成，為郡史察舉，補小黃令。」《日知錄》云：「按此梁敬王定國也。以昭帝始元二年嗣，四十年薨，當元帝之初元三年」），《易林》言「從我睢陽，可避刀兵」（坎繇詞），又言「彭離濟東，遷之上庸」（升之夬。《日知錄》云：事在武帝元鼎元年），睢陽者梁之國都，當吳楚相攻，得免殘破（《漢書・梁孝王傳》云：梁王城守睢陽，吳楚以梁為限，不敢過而西。今按：以世系考之，敬王乃孝王之元孫）。彭離者，梁之支屬，為有司所奏，自取遷流（《梁孝王傳》云：子彭離為濟東王，殺人取財物，有司請誅，武帝弗忍，廢為庶人，徙上庸）。焦氏以梁人事梁王，故述梁事以勸戒。則作於敬王嗣位以後無疑。其證三也。《漢書・地理志》云：金城郡，昭帝始元六年置，昭帝紀云：始元六年七月置金城郡。《易林》云「金城朔方」（睽之无妄），則作於是年七月以後無疑，其證四也。延壽之弟子京房以元帝建昭二年為石顯誣害，年四十一（據《漢書・元帝紀》及《京房傳》），上溯其初生之歲，當昭帝元鳳四年，其受業延壽至早亦需五六歲，當宣帝本始元年、二年之間，爾時《易林》已成，延壽常曰：「得我道以亡身者，必京生也。」諒早以是書相授矣。房不幸早亡，而延壽無恙，自昭帝始元六年至成帝建始元年，首尾僅五十載。唐王俞序謂延壽當元、成之間，諒非無據；《日知錄》謂延壽在昭、宣之世，更屬有徵。蓋昭帝時《易林》已行，成帝時焦氏猶在，顧氏原其始、王氏要其終耳。昭帝時《左傳》未立學官，亭林因《易林》引左氏語甚多，疑是東漢以後人撰而託之焦延壽者。先生辨之曰：「《左傳》當西漢時雖未立博士，賈誼已為訓故，河間獻王傳其學，《毛詩》故訓傳多依用之，於《易林》何疑焉？」其援證最為確鑿。毓崧竊謂：賈太傅官梁甚久（汪氏中《賈誼年表》云：孝文六年徵拜梁懷王太傅，其年王入朝，十一年再入朝。則賈生自六年以後皆在梁），梁人必有從受《左傳》之學者，故焦氏得以私淑諸人，祇可據此定焦氏為《左傳》先師，不可反謂《易林》非焦氏所作也。若夫高祖字季，而《易林》言劉季發怒，命滅子嬰者（蠱之賁），古人未嘗諱字。《史記》、《漢書》《高祖紀》中言劉季者不一而足，其言劉季猶周人之言王季，其言劉季發怒，猶《大雅》之言王赫斯怒，不得謂非漢人所宜言也（《日知錄》論子孫稱祖父字云：

字為臣子所得而稱，故周公追王其祖曰王季。王而兼字。是亭林之意，固不以稱君父之字為非也。何獨至於《易林》而疑之）。《易林》又言「大蛇當路，使季畏懼」（屯之井、損之比），何本季作我，作我者固統論常人，與高祖無涉，即作季者，亦偶舉行輩與高祖無關（《易林》泛言伯仲叔季者甚多無所專指）。其下文云「湯火之災，切近我膚。賴其天幸，歸於室廬」（損之比作室，是也。屯之井作主，非也），以觀高祖之拔劍斬蛇情境迥別，倘因此附會，遂謂《易林》為王莽時人所作，則莽之曾祖名賀字曰翁孺，而《易林》有「東家翁孺」之語（豫之震），又豈莽之臣所宜言乎？翟氏云升、牟氏庭並謂《易林》為王莽時催篆所作，又以繇詞所言「皇母」為定陶傅太后（節之解云：「皇母多恩，字養孝孫。脫於襁褓，成就為君。」牟云：鄭曉謂此言定陶傅太后也。翟云：事見《漢書‧外戚傳》），不知《易林》言皇母亦言元后，皆係泛詞而無專屬夫。元后既非王太后（艮之訟云「元后貪欲，窮極民力」，旅之姤云「為國妖祥，元后以薨」，所謂元后乃君上之稱，與孝元皇后無涉），則皇母亦非傅太后矣。且傅太后與王太后有隙，莽嫉之如寇仇，既奏奪其尊號之稱，且發掘其墳冢（《漢書‧外戚傳》云：傅太后既尊，後尤驕，與成帝母語，至謂之嫗，崩，合葬渭陵，王莽秉政，奏貶傅太后號為定陶，共王母，既開傅太后棺，掘平故冢。莽又周棘其處，以為世戒云），《易林》果作於莽世催篆，安敢加傅太后以皇母之名耶？翟氏又引同人之豫、鼎之節云「安民呼池」，謂安民縣始於王莽時，在焦氏後，皆是崔非焦之證。先生辨之云：毛本同人之豫曰「按民湖池」，黃本作「按民呼池」，翟本又改「安民」，臆改遷就，不可從也。其駁正詳審，洵足以釋翟氏之疑矣。毓崧竊謂：《易林》所述漢代地名如六安（屯之蠱云「南巴六安」）、蒼梧、鬱林（比之噬嗑云「蒼梧鬱林，道易利通」）、高奴（小畜之剝云「北至高奴」）、合浦（隨之節云「交川合浦」）、金城、朔方（睽之无妄云「金城朔方，外國多羊」）、河間（巽之益云「封君河間」），莽時皆有改易（據《漢書‧地理志》：莽改六安為安風，蒼梧為新廣，鬱林為鬱平，高奴為利平，合浦為桓合，金城為西海，朔方為溝搜，河間為朔定），使謂安民為莽時地名，則六安等處何以仍用漢時舊名而不用莽時所改？亦足見《易林》之作必不在偽新之朝矣。至於費直序謂莽時建信天水焦延壽所撰，鄭瑞簡謂延壽與孟喜高相同時，非王莽時人，費直亦非莽時人，其說是也。牟氏明知費序之偽而猶據此以為莽時，且謂新信聲同、大尹誤為天水、崔形誤為焦，崔篆蓋字延壽。先生辨之云：西漢諸儒未有代人作序者，此費直之序必依託也。徧檢書傳，篆為延壽之字，《東觀漢記》《古周易卦林》詔問沛獻王輔，王厚齋

《漢志考》亦引《東觀記》此文，薛季宣序引同並稱以京氏《易林》占之，後漢沛獻王輔傳善說京氏易，京為延壽弟子，是為焦氏之學確有明徵，其考訂縝密，洵足以正牟氏之失矣。毓崧竊謂：崔篆自有《易林》，其孫駰曾用之以筮（《後漢書・儒林傳》云：孔僖拜臨晉令，崔駰以家《林》筮之。注云：崔篆所撰《易林》也），唐時崔群亦嘗用之以占（趙璘《因話錄》卷六云：崔相國群之鎮徐州，嘗以崔氏《易林》自筮，遇乾之大畜，其繇曰：「典策法書，藏在蘭臺，雖遭亂潰，獨不遇災。」及經王智興之變，果除秘書監也。今按《焦氏易林》潰作漬，此四句係坤之大畜繇詞意者。《崔氏易林》即就焦氏之本而稍加移改歟），是唐代中葉其書尚存，然新舊《唐志》著錄以《崔氏易林》與《焦氏易林》並列，判然為二，焉得以崔氏之書既失遂移焦氏之書補之？試思崔篆客居榮陽而《易林》言「鬥死榮陽」（師之否）又言「敗於榮陽」（噬嗑之旅），篆何必特為此語？且崔杼棠姜之亂乃崔姓所當深諱，而《易林》再四言之（乾之夬云「東郭棠姜，武氏以亡」，需之剝云「東郭棠姜，武氏破亡」，暌之損云「東郭棠姜，武子以亡」，坎之升云「入宮無妻，武子哀悲」，升之剝云「入室無妻，武子悲哀」），篆又何必舉此事以為美談？況篆既濡跡偽朝，內懷慚德，較諸延壽以經師而兼循吏者（《漢書・京房傳》云：贛以候司先知奸邪，盜賊不得發。愛養吏民，化行縣中。舉最當遷，三老官屬上書願留贛，有詔許增秩留），高下懸殊，若必改焦為崔，誠恐以人廢言者將有覆瓿之誚也，後此讀《易林》者，折衷於先生之說，知其真出西漢名賢之手，庶幾因其人以重其書，而益加篤信也夫。咸豐乙卯二月初六日，儀徵劉毓崧謹識。

丁晏 周易解故 一卷 存

山東、山西大學藏光緒十九年（1893）廣雅書局刻廣雅書局叢書本

國圖藏丁氏枕經閣清鈔本

山東藏臺北成文出版社 1976 年無求備齋易經集成影印光緒十九年（1893）廣雅書局刻本

續四庫影印復旦藏廣雅書局叢書本

◎附錄：既濟六四繻有衣袽說荅友人、利執言解荅蘇蒿坪先生、井初六舊井無禽解、辨《隋志》河內女子得說卦之誤及十翼說。

◎周易解故自序〔註21〕：易自孟、京、荀、虞之學亡，王輔嗣出而廓清

〔註21〕此序又見於其子丁壽昌《讀易會通》卷一。

諸家獨標名理，究其流失，不無空言浮虛之獎。於是矯其獎者復倡為漢學，侈談爻辰、卦氣、納甲之說，好奇騁異，大抵惠氏之支流也。夫惠氏當師法當然之後，捃摭殘賸，以扶微學之一線，固不為無功矣。然一惟漢儒之言是從，顓門墨守而不顧其義之安、理之為是，烏能免穿鑿之譏哉？而後之無識者更從而哺其糟魄揚其頹波，輾轉販鬻，無異攘他人之臠篋而有之，余竊笑其偽也。且易自京、焦流為小數，五行占候之言、參同道家之說皆託之於易，漢世之言易者亦雜矣。獨輔嗣起而空之，鑿山開道，上契古人之真詮，使後儒得見名理本乎絜靜精微之教，而不至沒溺於象數之學以岐入異端，未必非輔嗣導其先也。而今之學者，顧輕詆王學，指為空言之罪首，烏得為公論乎？余謂易本象數，象數不可知，以義理知之，數奇而理正也；義理不可見，於訓詁見之，義微而詁顯也。離訓詁而言理，其失也虛；離義理而言數，其失也誕。祛其虛誕之獎，而察之以平心、求之以實事，則無論其為漢易、為魏易、為宋儒之易，觀其會通，探其怙要，門戶之見所以不可存也。余少而讀易，於易義略無所得，惟是區明解故，述其一隅之見以備遺忘。其所言者不過小學之餘緒，以言易義，抑末矣。然世之讀易者必先熟經文，經之訓詁不明則其說糾紛而不定、偏曲而不安。是故本之訓詁以正其文，求之義理以衷其解。訓詁者義理之本根也，義理者訓詁之標準也。顧義理為人心所自具，可以沈潛體驗而得之。而訓詁則非博攷不明，非研究不精，故是正文字，未可以其識小而忽之也。若夫矜言古義，株守舊文，言訓詁而不本於理，與言象數而不本於理，則皆說易者之過也夫，奚取焉。嘉慶二十四年己卯夏四月，淮安山陽丁晏識。

◎蘇廷魁《守柔齋詩鈔續集》卷四《丁儉卿七旬學易圖令子頤伯侍御請題》：達人常樂志，憂患有時攖。端居味無極，夜氣旦逾清。林木挺修幹，瑟瑟秋風生。階庭蘭玉叢，沈怡天所榮。嗟予老務學，三仕蒙虛聲。披圖羨同歲，山陽千載名。

丁晏 周易述傳 二卷 續錄一卷 存

山東藏同治元年（1862）山陽丁儉卿六藝堂輯刻頤志齋叢書二十一種本
續四庫影印復旦藏同治元年（1862）刻頤志齋叢書本
◎續錄一卷僅三條。

◎周易述傳序〔註22〕：易學有二，義理與象數二者而已。專言義理始王弼，至程子而益精，朱子《本義》又補所未盡。專業象數始孟喜，至焦贛、京房滋盛。其後馬融、鄭康成、虞翻、陸績皆沿之。學者輒云漢易與宋異，自輔嗣說行而諸家廢，又自《程傳》出王氏亦微。近世言易喜漢學，尤詆王氏。余攷漢初易家，田本何，守其師說，為章句舉大誼而已。自後有施、孟、梁邱之學。劉向校易亦謂漢初易義略同，獨孟喜稍變古法，候陰陽災異。費、荀、虞三家號為近古，李氏易多采之。輔嗣雖創象解、明指要，頗雜以老。韓康伯、孔穎達遞相傳述，亦同此指。惟程子緣象以明理，因辭以考義，本之天道而察之人事之著，其說由漢儒而推闡之，所謂義理明則象數在其中者也。故呂、魏諸子推重其書。吾友儉卿治易，尤嗜程《傳》。為《述傳》二卷，一本之程子，附以己說。且與治亂消長獨見徵兆，而不雜以孔疏無當之辭，最得漢經師遺意。余嘗謂近人能以漢學而通宋學者，儉卿也。儉卿老矣，又更涉憂患，閱天下之事變多故，退而譔述，篇首述程子之言曰：「進不貪位，退不沽名」，又曰：「守其道不隨世而變，晦其行不求知於人」，於進退之際有戒心矣，獨善處憂患云爾哉。儉卿於《詩》、《禮》皆有釋，然不若嗜易之篤。昔叔子自涪歸，晚年於易猶冀有少進。然則儉卿矻矻丹墨間，殆進而未已也。先儒有言：「萃一生之精力而畢之於易，乃能光明厥功。」余於儉卿亦云。桂林愚弟朱琦謹序。

◎周易述傳自敘：《周易述傳》，述正公程子之傳也。自漢以來言易者習於象數，魏王輔嗣出，廓而清之，發明義理，雖多名言，無俾實用。惟程子一本十翼之傳，暢其旨歸，以明聖人之道。呂東萊稱其理道語精、平易的當。魏了翁稱其明白正大、切於持身用世，可謂知言矣。愚初讀《本義》，專言占筮，於易義未盡詳也。後讀《程傳》，旁通曲鬯，昭若發矇。迺知朱子《本義》以程子義理已備，不復更詳。而後人專習《本義》，不能徧觀《程傳》，豈朱子之意哉？愚於《程傳》反覆紬繹，間有發明。閱歷累年，輒有所得，自以伏處衡茅，衰殘頹廢，無用世之志久矣。然抒其己見，立言以誠，而望後來之取法，則程子之志也。今以《程傳》為主，擇其粹精，以資玩索。先列《程傳》，古誼之龜鑑也；坿箸愚說，末學之芻蕘也。題曰《述傳》，述正公之傳云爾，敢云作哉？咸豐五年歲在乙卯冬十月山陽丁晏敘。

◎書程子易傳後〔註23〕：蒙少而讀易，自漢唐迄宋元明之注解，汎瀾旁

〔註22〕又見於朱琦《怡志堂文初編》卷三。
〔註23〕此篇又見於丁壽昌《讀易會通》卷一。

求，無慮百數十家，驚然無所得。迨年逾六旬，篤耆程子之《傳》。朱墨點勘，日玩一卦，兩閱月而卒業。為之歎絕，以為孔子之後一人而已。夫程子之《傳》，憂患之書也。自序稱元符二年己卯正月，已在紹聖中坐黨論削籍之後，正竄逐涪州之時也。《傳》言未濟「三陽失位」聞之成都隱者，足見《易傳》作於在蜀之時。呂堅中記伊川自涪歸，《易傳》已成，未出示人，門弟子請業，方取書篋身自發之。呂氏謂其潛心甚久，未嘗輕易下一字。馮忠恕記伊川歸自涪，氣貌容色髭髮皆勝平昔，門人問何以得此，曰：「學之力也。」素患難，行乎患難，其得力在於學易，古人所為蒙難艱貞也。竊謂非程子明理之學不能為此《傳》，非程子進講之忠不能為此傳，非程子身罹憂患、遠竄流離亦不能為此《傳》。惟其閱歷既深，造詣益進，洞然於陰陽消長之數、吉凶悔吝之機。其見幾也微，其取旨也遠。言之者無罪，聞之者足以戒。可以立身，可以處事，舉而措之可以治天下國家。此聖人之學也。第視為解經，抑末矣。夫聖人十翼之傳，明白顯易，不煩注言，而後儒之說易者，解愈繁而義愈晦，理愈鑿而道愈歧，即使探賾索隱，抉幽洞微，非聖人易知簡能之學，支離曼衍，庸有當於易乎？程子之學明於政治得失之原，切於身心日用之要。欲學聖人之易，舍程子無由入也。《繫辭》之傳所指者不過十數卦，而大義揭明。聖人之言引而不發，至程子暢發無遺，啟天人之奧祕，所謂體用一源，顯微無閒。其說易一依聖人之傳，不取周子太極無極之說，亦不取邵子河洛先天之說，使學者曉然於平易之旨中正之歸，而不流於術數。得聖人之正傳者，程子也。朱子《本義》每云《程傳》備矣。不讀《程傳》則《本義》仍不能明。由朱子而上契程子，由程子而上契孔子，斯聖人之立教，易傳所以昭示來茲也。然使程子經筵侍講，得志於朝，而其傳之立言或不能如是之痛切。不幸有孔文仲輩忮害而摧抑之，至於阻漢江之渡、觸灩澦之舟，亦云危矣。而其學卒以不朽，又安知天之所以阨之者，非即所以成之也與？易之終也，不曰小人道消而曰小人道憂，蒙於程子《易傳》而知其憂之深也。咸豐乙卯七月，山陽丁晏書後。

◎書後：幽人尋緯編，巖阿此鈞軸。含章利貞馬，退遂懲羝觸。樂天復奚疑，頤志還劬讀。可笑豕負塗，虛漲彭亨腹。交睫不見犯，豈辨九與六？億數純勿貳，晨曦曜由宿。先哲何殷勤，精微論快足。述焉慎求比，孚中反而縮。賾隱原淵淵，探索超錄錄。辭立澂游心，眚瘝豁電目。習稽伊古言，痛窒于今欲。憂患叢我躬，如眾射之鵠。居易盍監茲，白賁自邊幅。

柘唐先生示讀所著《周易述傳》，用昌黎《送諸葛覺隨州讀書》韻書後。
同治元年八月下旬一日，識于淮安蒲葭祠寓舍，鼓山高均儒。

丁晏 周易訟卦淺說 一卷 存

山東藏同治元年（1862）山陽丁儉卿六藝堂輯刻頤志齋叢書二十一種本
新文豐叢書集成續編本

◎自敘：敘曰：余少而居鄉，見夫囂競之俗、告訐之風、譸張詐偽之徒
寖以成俗，心竊非之。及長而應事，凡戚友之涉訟者，必微諷曲諭，曉之以勞
民傷財，期於省事而止。近十餘年來，居是鄉者，此風頓改，力田之家皆知安
業而不敢恃強以凌人，黌舍之子務為筆耕而不屑無文以歟法，向之吏胥牙爪
搏擊侵漁、鮮衣美食，今則無所事事，將不戢而自斂矣。然惟郡城以內風俗
丕變，至於鄉畺則差矣。山邑而外，若附近諸縣，則猶汨於俗染，好為訟爭。
其因訟而失業廢時、破產喪命者蓋不乏人，而卒莫之悔。豈非習尚之異與時
轉移，而無人焉為之砭其愚而箴其頑，迷途不返，怙過不悛，則亦重可憫已。
歲在丙午，三冬學易，竊為《訟卦淺說》。淺說云者，使人人可曉，庶幾黨庠
里塾共相傳播，安民息訟，各遂其生，脫罔羅之苦而登衽席之安，優游寬閒
之歲月，豈不樂與？至若有民社之責者，清心省事，除煩去苛，而不敢以訟
累人，此又仁人君子之用心。或有覽是編而惻然動念者，則余之說亦未為無
裨也。淮安山陽丁晏儉卿父自敘。

◎丁壽恆等《柘唐府君年譜》道光二十六年丙午五十三歲：著《周易訟
卦淺說》一卷（梓入《叢書》）。

◎丁晏《頤志齋感舊詩‧朱伯韓侍御》：余甲辰入都，頌南介紹訂交，
乞假南歸過淮詣余，作竟日談。時余刻《周易訟卦淺說》，伯韓跋尾並留詩
為別。

丁裕彥 周易述傳 十卷 存

國圖、山東、吉林大學藏道光二十二年（1843）家塾刻本
四庫未收書輯刊本影印道光二十二年（1843）家塾刻本

◎民國《濰縣志稿》卷三十七《藝文》著錄八卷，本傳作《周易述義》
十卷。

◎各卷首題：男晏威、吉恕、吉隆、威鳳，孫男永通校字。

◎目錄：卷一上經乾、坤、屯、蒙、需、訟、師、比、小畜、履。卷二上

經泰、否、同人、大有、謙、豫、隨、蠱、臨、觀。卷三上經噬嗑、賁、剝、復、無妄、大畜、頤、大過、坎、離。卷四下經咸、恆、遯、大壯、晉、明夷、家人、睽、蹇、解。卷五下經損、益、夬、姤、萃、升、困、井、革、鼎。卷六下經震、艮、漸、歸妹、豐、旅、巽、兌、渙、節、中孚、小過、既濟、未濟。卷七繫辭上傳。卷八繫辭下傳。卷九說卦傳。卷十序卦傳、雜卦傳。又卷易圖。

◎周易述傳條例：

一、《周易》一書以聖人所作先後為次序，伏羲先畫八卦，重六十四卦；其後文王作《彖辭》；周公作《爻辭》；又後孔子作《十傳》，古易依此為次序。自漢費直始以傳分列於經文之下，即今易之所列也。程子從之，取其讀釋《易觀》，掀閱便宜耳。

一、古易原無易圖，聖人作易，因天地陰陽畫出卦爻陰陽，聖人設卦，觀各卦陰陽作《彖辭》，觀各爻陰陽作《爻辭》，非依圖作易，故《程傳》無易圖。後儒謂不當冠於經前，茲為一冊，列於經後，各有分辨釋義。

一、《易》為卜筮之書，筮儀用筮蓍也，八卦、六十四卦，用求卦也，舊《卦歌》便於記卦也。

一、凡解經，先解伏羲之卦，伏羲之卦即經也，列於經文之前，皆以下卦遇上卦，兩卦相遇，自著其象，因為卦名，卦名即發明卦之象也。文王彖辭、周公爻辭，皆照卦名所指之象立言也。

一、凡解文王《彖辭》皆依孔子傳中所列卦例。「彖者言乎象者也」、「彖者材也」，從此兩語解《彖辭》之義，六十四卦皆如此。惟於乾坤兩卦發明陰陽動靜為元亨利貞，統下眾卦眾爻，各有陰陽動靜之異，為各有元亨利貞之殊。又於乾坤易簡為下眾卦眾爻得易簡與不得易簡，以定吉凶，要以乾坤為易之門，分散為眾卦眾爻，各有所際之分殊也。

一、凡解周公《爻辭》皆依孔子《傳》中所言爻例。「爻者言乎變者也」並「易之為道也屢遷」，至「惟變所適」，從此《傳》說解六爻之變。六爻自下而上移一位則另一物之象，即為變也。六爻陰陽歷歷行於六虛之上，即歷歷變於六虛之上，是爻所言之變也。三百八十四爻皆如此。又爻之取象即本卦中陰陽所際之象，出於自然而然者也。

一、凡解孔子《彖傳》，宜知《彖傳》皆以卦名。彖辭之渾無所不該，天道人道，悉在其中。因以卦中所著之象所聚之體所具之德，指開卦名卦辭之

所該者，顯見其為天道也，顯見其為人道也，天道人道並著之也。

一、凡解孔子《大象傳》，皆兩卦相遇處。為卦之象，即兩卦相合處，盡卦之義。蓋卦既以兩卦聯象，其義亦必兩卦聯說，不可分開兩卦各自說義，即與卦之聯象不對矣。卦之大象，天道也。君子盡之，人道也。

一、凡解孔子《小象傳》，宜知其言之略非為省文，但於《爻辭》中擇其一半語解之，而《爻辭》上下之義已全通也。

一、凡解孔子《文言傳》，觀其惟有於乾坤兩卦，知乾坤兩卦為陰陽之大全，其精奧之蘊藏發現有言之不盡者，故復為此《文言傳》也。皆於《彖傳》之外更有發明，見乾坤之義無窮盡也。又乾坤卦爻為眾卦眾爻之發源，能精通乾坤卦爻之所為，則眾卦眾爻可倣此為發明，而自知其所為也。

一、凡解《繫辭》上下傳，見孔子於釋經文之外，又闡易之所為，皆天地陰陽動靜，為氣化人事，自然而然之奧，未易曉也。祇得就其字義，順其白文，使白文中所含精蘊隨白文而見，雖多指陳極力發揮，皆白文中自具之義，不於白文之外另生枝蔓。

一、凡解《說卦傳》，見卦在天地之間，觸目皆是，言其大則肖天地之化，言其該則盡人物之悉。至廣八卦之象，不為浮解，單窺本卦化象，出於陰陽動靜自然而然之化，現為此象，始見八卦之真際也。

一、凡解《序卦傳》，見人遇於世，如此序卦，隨便遞下去也。《雜卦傳》亦人遇於世，如此雜卦各自盡其理也。皆緣白文順下，不強發以異義。

一、是經之註以從朱註為主，以朱子善體經文字義，語脈口氣恰合其分際，不稍溢於白文之外也。亦兼從《程傳》，說義理處，並先儒之解，參酌其義而用之。

一、是經之註多敷衍朱註。朱註於《彖傳》皆言以卦象、卦體、卦德、卦變釋卦名義釋卦辭，指開徑路，而皆渾言之，未詳衍其義而說之。茲從其渾處敷衍其義，使朱註所指悉得暢發。惟所言卦變原是舊說，後儒多以其言卦變，不過為卦中往來起見。其實卦中自具往來之象，不用卦變專用卦中自具往來之象，更省事分明。

一、凡經傳辭下所列音義皆從朱註音義，以朱子善體經傳文義，故所立音義無有差也。

一、是經之註全以孔子之傳解經，以朱子善體字義語氣。解白文如是用功，可得易之正路、入易之門也。

◎周易述傳序：《易》之為書，廣大悉備：康節學以數象，發明圖象；伊川《易傳》則主義理；朱子《本義》以《周易》原為卜筮之書，發明卦辭爻辭皆言象言占，恰合《傳》中所言「觀象玩辭、觀變玩占」，深得易旨。傳之後，世無易言矣。故後之闡發亦有多家，而皆以遵朱註為得易之正路也。濰陽丁君毓清，天資高邁，深於經學，鍵戶著書，不求聞達，蓋積數十年之力，沉潛思索，涵養醞釀，悠然有得於心，振筆直書，樂而忘倦。余聞名久矣。癸卯仲夏，年家子陳翊思以君所著《洪範宗經》、《周易述傳》二書寄示。其發明九疇五行，精於推衍，窮本以知變，極深以探微，縷析條分，明體達用，於邵子《皇極經世》所未發者，言之而皆有理焉。是書已早為刊布，至《周易述傳》，君自序曰：「伏羲畫卦，文王作彖，周公繫爻，皆經也。孔子為傳曰十翼，傳亦經也。」是書俱本《繫辭傳》通例以釋卦象彖爻之義。述傳以解經，即以經解經也。其所見與紫陽《本義》有相似者，而於陰陽動靜盈虛消息之機推闡曲盡，殆無餘蘊焉。濰之同學為出資刊之以廣其傳，復請余一言。夫易，變易也，交易也，而歸於不易。五行一陰陽也，陰陽一太極也。惟健故易，惟順故簡，易簡而天下之理得。乾之健坤之順即誠也、神也。彖爻象變，要於中而順乎時，天道人事俱備。余識淺，向有《解易》一書，而未免簡畧。今老矣，未能有進。讀君之書，汪洋浩博，曲暢旁通，卦爻森列，陰陽各趣其時。即時所宜之理，知險知阻；闡出造化之神，於穆不已。直可使人見天下之動皆貞夫一。其學乃深造自得者。他日相過，仍望有以教我矣。道光二十三年歲次癸卯孟秋之月，賜同進士出身中憲大夫南汝光道署河南按察使樂陵弟賈聲槐拜序。

◎周易述傳序：《易》之為書，歷四聖人而大備，故欲知易之真解，在觀聖人之歷次發明。而聖人必歷次發明乎易，何也？天地開闢以來，陰陽動靜化生萬物，其間消息盈虛御乎萬物所適，適於動靜之宜則吉，適於動靜之不宜則凶。人為萬物之靈，其行己涉世，尤宜洞見其幾，為吉凶之趨避。而吉凶趨避之理盈天地之間，隨在流露其跡。明者自覩，愚者昧焉。聖人欲人人皆知，不能不即陰陽動靜隨在流露之跡立象以明其理，著辭以揆其方，使吉凶趨避盡人得喻，乃四聖人歷次發明之心也。伏羲氏仰觀俯察，見天地陰陽化生之際，即萬物所宜之理，畫出八卦，重為六十四卦，易之大原於此開焉。文王以卦空空懸象不易洞其象之所著，於是觀卦之象作《彖辭》，使卦象有發明矣。周公以爻屢屢更變，不易諳其變之所適，於是觀爻之變作爻辭，使闡出

天地交變有發明矣。凡皆謂之經也。孔子則於三聖人之經全為發明。原伏羲卦爻開天地之始，文王彖辭之渾闢出天地之奧，周公爻辭之異著出天地之變，更為筮著以極其數，觀變以定其趨，擬議所遇以通神化之所為。極之三才所發現者，悉使發現於易之中。易至此湊大備矣。凡皆謂之傳也。傳亦經也，以傳解經，即以經解經也。茲冊即以孔子《傳》中所列通例發明經義，指明解經門路，欲人不他求也。故名是冊為《周易述傳》，述傳以解經，仍以經解經，不於經文之中攙一臆說，即不於經文之中混以枝詞，誤四聖人之真傳，夫然後知四聖人之易一脈流通，挨次發明，歷益其說以求其極，將天地陰陽動靜化生萬物、適於陰陽動靜之宜為吉之當趨，適於陰陽動靜之不宜為凶之當避，無不豁然於目前。而因可與天下之人皆有以明之於心而著之於倫理綱常，適乎天地化育自然而然之理。至趨吉避凶，亹亹不已，莫知其然而然之神，乃易之極功也。而四聖人並亟亟於易之心亦緣乎此常昭於天地之間，人人曉然於易之旨歸矣。道光十二年歲次壬辰三月初五日清明午前，山東萊州濰水丁裕彥序。

◎丁裕彥，字毓清。山東濰陽人。又著有《洪範宗經》三卷。

丁毓淇 易理精研詳解 佚

◎光緒《增修諸城縣續志》著錄。

◎丁毓淇，字右泉，號漪園居士。山東諸城人。丁錫齡子。咸豐廩貢。選費縣訓導，改東昌教授，晚歸鄉里。

丁澤安 易學附圖 一卷 存

貴州藏咸豐九年（1859）丁氏自得齋刻自得齋易學四種本

貴州藏光緒八年（1882）刻本

貴州藏光緒十七年（1891）貴陽刻本

貴州藏光緒十八年（1892）貴州刻本

◎子目：第一章論圖書，第二章論著數，第三章論易學。

◎可與丁氏《易學三編》互參。

◎丁澤安，字勉初。貴陽人。同治六年舉人。光緒二年任內閣中書，六年大挑一等以知縣用，署湖南常寧知縣。十三年丁憂返里不復出仕。主講貴山書院。清廷嘉獎其學術成就，特予內閣侍讀銜。民國初年病逝，卒年八十七。又著有《自得齋老學編》兩卷。

丁澤安　易學彙說　一卷　存

　　貴州藏咸豐九年（1859）丁氏自得齋刻自得齋易學四種本

　　貴州藏光緒八年（1882）刻本

　　貴州藏光緒十七年（1891）貴陽刻本

　　貴州藏光緒十八年（1892）貴州刻本

　　◎自序：自漢儒以五行解《大傳》，或即以解河圖。朱子《啟蒙》一書雖取其說，而終疑卦與圖不相著。此外言河圖者，莫深於陳圖南，似與著數合矣，然於天數去一、地數去六，殊非理數之全；莫辨於江慎修，似與卦畫合矣，然以橫列為陽、縱列為陰，尤為法象之舛。是欲求合而反離、求明而反晦也。故不信者既詆為怪妄，而信者究少所發明。竊不自揣，沉潛反復，蓋亦有年。一旦恍然，似有見夫象數自然之妙、聖人取則之精，舉不外《大傳》「五位相得，而各有合」二語。既為《河圖解》以推明《大傳》之旨，茲復集《易學彙說》一編，以期旁通曲暢。與先儒說特異，誠不免於僭逾，然於聖人則圖畫卦生著之意，雖未足以盡其妙，要之不離乎《大傳》者近是。

丁澤安　易學節解　五卷　存

　　貴州藏咸豐九年（1859）丁氏自得齋刻自得齋易學四種本

　　貴州藏光緒八年（1882）刻本

　　貴州藏光緒十七年（1891）貴陽刻本

　　貴州藏光緒十八年（1892）貴州刻本

　　◎各卷卷首題：貴陽丁澤安勉初甫著。

　　◎卷一、卷四末題：姪樹枏受業陳田、燦、椠，壻阮崇德，男樹廉、銘、範校字。

　　◎易學節解凡例：

　　一、易理惟聖人為能盡，自聖人以下，所見不無多寡大小之差，須是合諸儒之長。《折中》於《本義》《程傳》之後，繼以《集說》，上自漢晉，下迄元明，博採兼收，旁通曲暢，使二千年易道淵源皆可覽見，誠觀止矣。而義例於諸家解但取其是不辨其非，有志正學者果究心於此，其諸家解雖不能盡讀其全書，而精粹大略已具。故解之已詳者無煩再解，惟其間或有未盡而猶有可商者，竊節取而解之，故謂之節解云。

　　一、經傳本各行，朱子曾正之，先儒復析《小象》附各爻之後，不惟失

卻韻語，並其義而並失者有之矣。合《小象》熟讀玩味，互相發明，最為易見。必欲便於初學，竊謂六十四卦當從今讀本乾卦之例，似不可分析《小象》也。

一、夫子於六經惟《周易》有傳，逐卦逐爻解釋而又有《大象》、《文言》、《繫辭》上下傳、《說卦》、《序卦》、《雜卦》，如此其詳，應有者盡有矣。豈有不盡之義？故說易者總期不背於《大傳》之旨，《大傳》所不及者，不可另生枝節。

一、易理本皆易簡，竊觀《彖傳》及《小象》片言居要，經雖奇闢，解極平正，理初不外是也。其當解者亦既解之，其不解者不必解也。乃或任意穿鑿究之，與《大傳》無涉。既與《大傳》無涉，豈得以是為經義而見出聖人上哉？故凡穿鑿者概不敢從也。

一、朱子謂大概看易須謹守《彖傳》之言，聖人自解得精密平易，此《本義》所由作也。今觀《彖傳》較詳，爻、象少，或只一二字，皆從反復玩味中自然流出，非徒備文已也。須於看似無解處索解，方能得解。又張子謂《中庸》文字直須句句理會，使其言互相發明。朱子亟稱之，謂不獨《中庸》，凡讀他經皆然。竊於經文《大傳》頗以是有會於心，故間有與舊說異者，非敢求異於先賢也，亦竊取朱子之意云爾。

一、凡看經傳語有極平易而極精括者，往往以易而失之，如「天一地二」兩節，語最平易，舊解「五位相得」二語謂相得如兄弟、有合如夫婦，義甚顯然，頗為切當矣。然究於易理無涉。須知此二語乃陰陽老少互藏其宅，所以成變化而行鬼神者，聖人則圖畫卦生蓍，舉不外乎此。如舊解則與「成變化」句不相應，且不知此義而所謂「成變化行鬼神」者，雖費辭說，終不能明其所以然。竊於此解亦凡幾易一解，謂一得五而合六，一位也；二得五而合七，二位也；三得五而合八，三位也；四得五而合九，四位也；五自得五而合十，五位也。相得則同統體一太極也，有合則異各具一太極也。自以為得解。又見陳定齋先生解亦是此意，益以自信。即定為今解，則又爽然自失矣。

一、凡解經必欲自為一說以求立異者，固無足取，卻亦有卓然定見而與舊說異者，須反復求其所以異之故，識得解者意思，然後可定棄取，未可遽為是非也。竊於「精氣為物」二語，初見《觀象》別為一解，頗疑其說而實未能曉其意。及定為今解，復取《觀象》之說觀之，竊幸其有相發明處。又再取

《折中》《集說》觀之，東坡解語尤簡明，《集說》已翻閱數次，然先時看不出者，以心未用到故也。他多類此。

一、孔子生知而每云好學，非虛語也。惟顏子尚聞一知十，況聖人乎？聖人生平學力具見於《易傳》一書。自伏羲以下，凡有關於易理者無不備述。如《記》曰「吾得乾坤」，而於泰之《大象》發明後以裁成之義，則乾坤可知矣。不特此也，即《彖傳》專言《周易》，而於釋經之外每多推論之辭，皆有所為而言，非格外說理也。如姤與歸妹在《周易》卦義均未善，而姤言天地相遇品歸妹為名，與泰卦相發，是亦坤乾義也。而歸妹獨先推論而後釋辭，意尤可見矣。由是求之，易學其有窮乎？

一、觀先天方圓諸圖，雖得其序不得其用、雖得其用而有不用者，紛然交錯，未嘗不歎六十四卦安得逐卦逐爻分析而皆得其用乎？而《周易》固逐卦逐爻分析，皆得其用者也。惟是天道，民故各有所主：先天卦圖所以明天道也，而天道無有弗明；後天卦爻所以察民故也，而民故無有弗察。要其大旨，必中必正，乃亨乃吉，是則天人合一之道。易為君子謀，亦為小人憂。雖以陽為君子陰為小人，然不中不正，雖陽亦小人矣，得中得正，雖陰亦君子矣，知其不中不正能變而歸於中正則小人亦君子矣。此易之教思無窮也，故曰「又明於憂患與故。無有師保，如臨父母」。

◎易學節解自序：易本難言，而學者類喜譚易，大抵悅于苟難，固學人之通病乎？然自常人言之，不勝其繁難；自聖人言之，獨以為易簡。《大傳》言易簡者四：再言天地之易簡也，一言易書之易簡也，一言聖人之易簡也。此正所謂如天之於眾形，匪物物刻而雕之也。自言易者率多穿鑿，不幾於物物刻而雕之乎？此所以不見其易而見其難也。夫聖人之於彖爻傳則每言中正，於上下傳則每言易簡，二者盡言易之大端矣。六十四卦三百八十四爻舉不外乎中正，豈不誠為易簡？故先儒言易有四義：曰不易、曰交易、曰變易、曰易簡。竊以為不易、交易、變易之皆易簡也。然不揣固陋而妄意推測，亦有年矣。往往自以為得解者，後數易其稿，而猶未敢必其說之是否，抑又何難哉！蓋惟其至易所以至難也。因解說所及，錄之以備善忘，非敢謂有當於理之易簡也，明者正之。

丁澤安 易學又編 二卷 存

光緒刻自得齋易學四種本

丁澤安 易學三編 三卷 存

貴州藏咸豐九年（1859）丁氏自得齋刻自得齋易學四種本

貴州藏光緒八年（1882）刻本

貴州藏光緒十七年（1891）貴陽刻本

貴州藏光緒十八年（1892）貴州刻本

◎子目：圖書第一，蓍卦第二，三易第三。

◎周按：計三十七則。

丁澤安 自得齋易學四種 十卷 存

貴州藏咸豐九年（1859）丁氏自得齋刻本

貴州藏光緒八年（1882）刻本

貴州藏光緒十七年（1891）貴陽刻本

◎子目：易學節解五卷、易學三編三卷、易學彙說一卷、易學附圖一卷。

丁豸佳 周易述擬 四卷 佚

◎乾隆《諸城縣志‧藝文考》第十、咸豐《青州府志》卷三十三《藝文考》：丁豸佳《周易述擬》四卷、《鳴鶴集》七冊。

◎孫葆田《山東通志》卷百二十七《藝文志》第十：是書見《府志》。

◎丁豸佳，字夢白。山東諸城人。丁耀亢兄子。又著有《鳴鶴後集》一冊。

東涵 易門 十二卷 存

山東藏道光八年（1828）息亭刻本

◎附義略一卷圖說一卷。

董楚材 周易彙參 佚

◎劉毓崧《通義堂文集》卷六《歲貢生董君家傳》（代先君子作）：生平邃於經學，著有《周易彙參》《詩經會要》，而最有功於世教者尤在《左氏淫箴》。

◎董楚材（1789～1854），原名之錕，字冶田，號晉卿。江蘇高郵人。道光壬寅歲貢生。鄉闈五薦不售，處之恬然。

董德寧 周易參同契正義 三卷 存

乾隆嘉慶刻道貫真源本

清末鉛印本

◎目錄：

◎凡例：

一、《參同契》者，原為儒道兼行之書也，儒者用之可以治國御政，道家行之可以養性修身。奈諸家之注此書者，俱指為丹道，而略其易理，所以儒者置之而不察也。惟朱子知其本源，且謂易中先天之學，後世失其傳，至邵子始發明之。其邵子乃得於陳希夷，而希夷之源流實本於《參同契》也。故朱子嘗與蔡西山反復辨論《參同》之旨，而且為之考異注義。今二賢之書，具在儒林，歷歷可據，非誣。

一、《參同契》之書乃漢人之語，其文辭古奧，加之易理深微，丹道玄妙，故在諸書之中尤為難曉。後人讀此書者，不但不能達其玄理，而於文義亦是難明。以致人人各見，而紛紛多歧。此道之不行，其由於不明也。所以注此者，宜詳考其文義，深究其易道，而後研窮其丹學，庶幾內外兼融，功侔造化，而道可期矣！

一、朱子謂《參同契》文章極好，其用字皆根據古書。又謂其做得極妙極精緻，故此契中引用之典故。予乃晚學，何能盡曉，且又限於尺輻，亦不能具載，惟出於易者，皆一一標出，兼稍解其義，以明其契，為繼易而作也。

　　一、自來注述丹書者，皆不反切其字音並不解其字義，此未知其故何也。夫四子六經固聖人經天緯地之文，是應通達博洽者方可窺其門戶。而先賢注之者猶恐其未明，乃先詳其字之音義，而後釋其辭之義理也。下至於諸子百家之注，無不皆然。今之丹書者，既丹法之玄奧難明，又於字句之音義或有未達，而並不為之解釋，豈學道之輩，皆是通達文義而盡識字音者乎？無怪乎讀之者少而學之者寡也。故余注此書，寧得其鄙陋，乃切其字音，解其字義，然後詳釋其玄理，庶使智愚皆可共由，此亦道之自然歟。

　　一、注是書者，無慮數十家。而余藏書既寡，且又心目慵懶，不耐搜羅，故所見者不過六七種，而是注出於鄙意為多，此誠孤見寡聞，其中闊略之處是所不免，然不敢杜撰，亦有所受之也，諒明者知之。

　　一、前人之言，其有失於義理之當者，本應逐條論辨，以歸於其正，但立言著書原為開發道德，若紛紛指斥謬誤，是乃聚訟之書，非達道之學也。故向來有差誤之處者，而余注中但倍加詳明，使讀者了然心目，則自不為他說所搖奪耳。

　　一、天地之轉運造化、日月之升沉晦明，乃陰陽之至廣大而至高明者也。無論治國修身，皆宜深究，所謂乾坤運施，天下然後治。又謂學道須洞曉陰陽，深達造化，方能追二氣於黃道、會三性於元宮。故是注於天地七政之道頗為詳悉，以證夫天人合發之機也。

　　一、注中引用儒道之書，皆取其切當者，以證其義。不敢妄扯經典，及攙入邪偽之說，以獲罪於天，而貽譏於大雅也。倘同志者，能修德行仁，精研熟究，斷有心靈神悟之妙，以造真玄之大道焉！

　　一、予自束髮時即慕養生之學，而每讀丹經，儼如嚼蠟。因嘗有言曰：「倘予得明此道，當無隱以告學人，而償其宿願。」今蒙天佑，獲其真詮，故注中雖不敢盡泄天秘，然較之於從前諸書，其品節詳明，真機透露，則大相徑庭矣。有志於道者，自可循流以達其源耳。

　　一、是注者，其分章之處略同舊本，而更為裁訂以定其章旨。至於分節之體，大與舊說不同，乃仿先儒注經書之法，詳其義理，考其文辭，可分則分之，可合則合之，而注中務使其脈絡貫串，不敢妄為割裂，且每章之後又加總結數語，以明其一章之大旨。此乃余之愚魯，每苦於讀書之難，故注是書不厭其言之頻繁也。然又有期望之心，欲其人人知道個個談玄，而使志士仁人登峰造極以躋無為之聖域，此亦予之深願也夫。

元真子識。

◎再識：按《參同契》三篇，自來以為魏公所作，彭真一亦嘗言之矣。或有謂魏公與徐從事、淳于叔通而三人各述一篇，然總之世遠年湮，固不免於舛誤，而終難究其本源，未便擅為改易。奈後人有以上篇為正文，以中下兩篇俱作為注者。又有將四言五言及散文乃各集成章，以為經注者。且紛更不一，而錯亂實多也。殊不思其書中之四言五言以及散文，有斷不可分之處，比比皆然，不能枚舉。且上中下三篇之書各有義理，如何可分作經注？此明眼人自能知之。予亦不暇細述，但三篇之作，總敘大易、內養、爐火之三道。是以上篇言易道為多，而次之以內養，其爐火則間及之；中篇則內養為多，而易道次之，爐火則又次之；下篇乃爐火為多，而內養為次，易道更為次也。此三篇之中，其三道之詳簡有不同也如此，故魏公之三篇者，以象三才之體也。今予注分上篇為十六章，以象二八之權也。中篇十二章，以象歲月之度也。下篇八章，以象八卦之用也。總之為三十六章，以象老陽之數也。合而言之為《參同契》，以象太極函三之至理，此謂正義之道云爾。元真子再識。

◎徐立純序：萬卷丹書，《參同》第一，其文古，其辭奧，而義理幽深、包羅廣大。以言乎易，則變化陰陽，天人合法。以言乎丹，則火候藥物，內外兼明。實儒道並行之至文，此誠與經史諸書媲美，千古而不朽者哉。奈何拘曲之人少學之輩，不能精究其義深悉其玄，僉指為修丹之書，而遺其儒教之旨，致使大道沉淪至言晦暗，是深可痛惜者也。間有一二之士，欲思闡發其道，羽翼其書，無如真師未遇口訣未逢，不過出自己之臆度，安能探魏公之元機。遂至紛紛遝遝，謬誤者實多。嗚呼，如此之箋注，即或汗牛充棟，有何益於是書。而既無其益，豈不反有損乎？此道之所以常不行也。僕素慕玄修，乃從事斯道亦有年矣，而滯於案牘之勞世事之鞅，未獲專志行持，深造堂室，以匡正是書之誤，殊有愧焉。今四峯山元真先生，棄利名如敝蹝，視身世如浮泡，曾受至人之要訣，得大道之玄微。不忍使真經煙沒，遂為分章細解，逐句精詳，盡洗諸家陋習，乃獨開生面。使大易、內養、爐火之三者，無不鉤深致遠，合一窮源，真機透露，燦若日星，是所謂道明而義正者也。其有功於前修，加惠於後學，誠非淺鮮。先生異日功圓沖舉，晤諸真於蓬壺瓊苑中，魏公必曰：子真能參吾之元、同吾之真、契吾之書者矣。斯時焉，豈不快哉！俊傑之士，夙有靈根，能得覩是書，乃三生之大幸。務須專心致志，勤

久精研，庶幾學歸正道，不惑多歧，而升堂入室達妙登玄，是所厚望於諸君子者也。敬為之序！乾隆五十四年孟春之望，上虞後學平陽道人徐立純書於括蒼山房。

◎自序：古人學道之出處，在仕隱兩端：其先隱而後仕者，伊尹、太公也；先仕而後隱者，微子、箕子也；有全仕者，皋、夔、周、召也；全隱者，巢、許、夷、齊也；有半仕半隱，可以仕則仕，可以止則止者，孔子也；又有仕隱無定而行藏莫測者，老子也。此皆古之聖賢，其出處雖不同，而所同者道德。故或仕或隱，與時消息，乃達則兼善天下，而窮則獨善其身。聖賢未嘗有固必之心以先定其行止，但聽天以順其命焉耳。今夫神仙之學，其殆隱者之事乎？同巢、許而遁世避人，效夷、齊而采芝食蔬，行倫常以崇聖學，修性命以達真源，積精累氣養志存神，及其道成德就而施功於世者，雖未及聖教之廣大，然亦隨時匡濟而澤被斯民。其於治道豈小補之哉？所以夫子與老子講禮，並無支吾之言。而孟子距楊墨，未聞有非老子之語，此足明其道之同而德之合也。不然，孟子肯緘默而不闢之哉！故自三代以及秦漢，皆無彼此之別。殆至唐宋，而儒者始以佛老並稱之。於是儒則為儒道則為道，不能合一而同歸。此其故何也？蓋斯時佛教大盛於世，而學仙之流，往往以釋氏為引證，且間有議及於儒者，又其居止觀宇，並出處行蹤，皆有類於佛氏，其所不同者僅不髡其髮，而有姓氏為稍別耳。故令儒者目之為異學，此皆後人不善奉道之過，豈昔日之本來如是乎哉？而道之不達道之不行職此之由焉。然其道授受之由而出於上古者，是難深悉。第自老子傳關尹子以來，代不乏人，指不勝屈。至漢有伯陽魏公、盧陽董公、青霞楊公，又有正陽鍾離公，而唐有純陽呂公，呂則授道於遼之劉海蟾，而劉復授於宋之張紫陽，張則傳於石杏林，石傳薛紫賢，薛傳陳泥丸，陳傳白紫清。此十餘公者，皆能與儒道合一而同歸，故名列青編，身登碧落，而稱述人口。雖女子小兒亦曉其姓氏出處，是誠神仙中之錚錚者也。又有陶貞白、陳希夷二先生者，儒乃真儒，仙為真仙，而能並行不悖，此又儒道二教中之矯矯也。至於道書之來，自《道德經》《關尹子》二書以後，雖代有所作，而究未能暢發其玄妙。迨伯陽魏公乃發明《周易》先天之學，並日月為易之義，以乾坤坎離四卦為陰陽之體用，而作眾卦之綱領，其餘六十卦，皆由此變化而出，以達其吉凶消長之理藏時氣節之數，而闡大易御政為曆之治道也。又以陰陽交合之道日月往來之機，用乾坤為鼎爐坎離為藥物、以眾卦作火符剛柔作運用，而明黃老修悚之丹道也。此誠為

儒道並行之書，實繼夫《周易》而作者，故其命名曰《周易參同契》，良有以也。而後世注解此書者數十餘家，除邪偽之說姑置不論外，其有指為內丹之學者，又有指為爐火之術者，乃竟將本源之易道皆不深究，而丹法之真機奧義亦總未明。且謂其言卦爻易象者，不過借之以發揮丹道耳。噫！此《參同契》之書所以求明而實反晦焉。殊不思其書乃大易、內養、爐火之三者俱備，故下篇第六章曰「三道由一，俱出徑路」，而第七章曰「同出異名，皆由一門」，此二章曆敘三道之功效，以總結其三篇之大旨。夫子所謂同歸而殊塗一致而百慮者，其《參同契》之謂也。今余山陬陋質，樸野無文，然家本業儒，於聖賢之書雖未能入其堂室，而亦稍涉其門牆。且幼慕修養、性命之道，乃不獲遇其傳。荏苒二十餘載，至乾隆壬辰歲，仰賴天佑，始得真詮，而朝夕闡發行持。又十有餘年，雖沖舉之羽翮尚猶待也，其修煉之元機業已得之，安可隱默有負天心？因不揣鄙俚，而注解是書。其草本成於甲辰之首夏，迄今五稔，而稿凡十易。本擬秘之山中不欲問世，復蒙真師囑以流布，於是付之梨棗，顏之曰《正義》，蓋有取於董子「正其義，不謀其利」之意。又義者人之正路也，欲使後來之士，俱歸於正道而不入於曲徑旁門，此區區之心也。用贅數語弁諸簡首，以質夫有道者正之焉。乾隆五十三年歲次戊申二月朔旦，會稽後學元真子董德寧靜遠序於四峰山居之集陽樓。

◎董德寧，號元真子。浙江會稽人。

董桂新 易圖駁議 一卷 存

上海藏稿本

◎道光《徽州府志》卷十五《藝文志‧婺源》：董桂新《易圖駁義》一卷。

◎光緒《重修安徽通志》卷二百二《人物志‧文苑》四：所著有《毛詩多識錄》《讀書偶筆／續筆／三筆》《爾雅古注合存》《埤雅物異記言》《孟子生卒年月考辨證》《易圖駁議論》。

◎董桂新（1773～1804），字茂文，號柳江，學者稱柳江先生。安徽婺源（今屬江西）人。嘉慶七年（1802）進士，入翰林。年三十二病卒。少承家學，又從董煉金遊。後慕江永學行，研精名物訓詁。著有《易圖駁義》一卷、《爾雅古注合存》二十卷、《埤雅物異記言》八卷、《毛詩多識錄》十六卷、《孟子生卒年月考辨證》一卷、《讀書隨筆彙編》三十二卷。

董漢策 易原 佚

◎董漢策，字惟（帷）儒，號芝筠。浙江烏程（今湖州）南潯人。康熙十一年（1672）特薦賢良方正，奉旨以科道員缺試用，後被誣下獄，已而放歸，益肆力羣書。咸豐三年（1853）以孝子題旌。又著有《春秋傳匯》十二卷、《四書全解》四十卷、《六書原》、《諸家篆韻纂要》五卷、《歷朝孝紀傳贊》三十卷、《資治通鑒評》附《宋元通鑒評》、《榴龕年譜》、《聖門直指頌》二卷、《功過錄》、《易外聖書》、《蘇庵家乘》三卷、《補計然子》一卷、《道德經注》、《攝身元秘》、《祭煉書》一卷、《褓文雜著》一卷、《蘆窗信筆》一卷、《從好編》一卷、《攬勝文集》六卷、《帯園集》、《蘇庵外錄》、《乍浣居詩草》、《詠曇集》、《芝筠詩集》一卷、《詠史詩》、《巢軒詩稿》、《榴龕詩稿》一卷、《且吟》、《窺園雜泳》一卷、《和陳白沙詩》、《渭雲堂詩》一卷、《四載詩存》一卷、《蓮閣詩草》一卷、《自在吟》一卷、《夏五遊》一卷、《煙艇吟》一卷、《寓庵詩》、《怡顏集》、《醉漚吟》、《行舸漫錄》、《養素軒詩》一卷附《天目放歌》、《羨門軼句》一卷、《吟諾》一卷、《蒓水遊》一卷附《夢遊春詩》、《百詠詩》、《雲岩嘯詠》、《章江集》、《攬勝詩集》、《九宜集》二卷附《孤山感詠》、《鷗盟集》一卷、《漱玉編》、《時適編》一卷、《蘭珍詞》一卷、《董詞》一卷、《董詞二集》、《雪香譜》一卷、《讀古定本》十七卷、《蓮漪集》一卷、《笠翁內篇》一卷、《笠翁內篇二集》一卷、《朝元閣詩刻》、《采真詩選》。

董漢策 周易大成 一百二十卷 佚

◎乾隆《烏程縣志》卷之十四《經籍》：董漢策《周易大成》一百卷、《春秋傳匯》十二卷、《四書全解》四十卷、《歷朝古文選》十七卷、《褓父雜著》一卷、《蓮漪集》一卷、《笠翁內篇》一卷二集一卷、《從好編》一卷、《攀勝集》六卷、《芝筠詩》一卷、《窺園雜泳》一卷、《渭雲堂詩》一卷、《四載詩存》一卷、《自在吟》一卷、《蓮閣詩草》一卷、《鷗盟集》一卷、《時適編》一卷、《吟諾》一卷、《九宜集》二卷、《蘭珍詞》一卷、《羨門軼句》一卷。

董宏度 周易纂要 佚

◎光緒《南匯縣志》卷十八《人物志》六：著有《村居雜詠》。其《周易纂要》尤為後學津梁。

◎董宏度，字君節。江蘇南匯（今屬上海）諸生。董中行子。博學多文，兼通醫理。嘗設教周浦，進士王鎬、詩人蔡湘皆出其門。上邑令史彩聘修邑

志。後依門人黃嗣憲以終。

董洪度 易翼注 佚

◎光緒《嘉定縣志》卷二十四《藝文志》一：《易翼注》（董洪度著）。

◎董洪度，嘉定（今屬上海）人。著有《易翼注》。

董明德 易經象意詳解 六卷 存

臺灣藏舊鈔本

董期生 周易末義 二卷 佚

◎朱彝尊《經義考》卷六十四著錄存：曰《末義》者，以朱子有《本義》而謙其辭，然其說易不盡以朱子為歸也。

◎董期生，字伯善。浙江紹興會稽人。崇禎癸酉舉人。歷官淮安知府。

董起予 易講便覽 佚

◎道光《徽州府志》卷十一之三《人物志·儒林》：著有《學庸要旨》《易講便覽》《雜記彙纂》若干卷。

◎董起予，字卜公。安徽婺源（今屬江西）城東人。順治甲午選拔，康熙丙午考授州同知。

董守諭 讀易一鈔 十卷 存

湖北藏稿本（佚名批校）

上海藏清鈔本（五卷）

國圖藏清末民初鈔本（四卷）

民國刻四明叢書本（□卷）

◎《讀易一鈔》又為董氏《讀易一鈔》十卷、《易廣》四卷、《易餘》四卷之總名。

◎自序略謂：吾殫心專氣，博極而求，深惋鄭註九卷不傳，間得之李鼎祚《易解》及漢書文選註者，猶之不見鄭註也，失於鄭，幸得其似鄭者而讀焉。因而是書推廣卦氣、直日、飛伏、六日七分之說，以考亭為外道、鄭學為內道，略其所短，揚其所長，編類成書。於是鈔上下經六卷、上下繫四卷，叢及《易廣》四卷、《易餘》四卷。從野文逸篆外，冗逿兼收，奇離共報。

◎雍正《寧波府志》卷三十五《藝文》：董守諭《擊蘭集》《讀易一抄／二抄》《卦變考略》。

◎是書成於明崇禎十五年（1642），擷取鄭玄、荀爽、王弼、孔穎達、崔銑諸家精要，隨文詮釋，以朱子《本義》為主，與《本義》互異者則別抒己意以明之。

◎董守諭（1596～1664），字次公，學者稱長嘯先生。浙江鄞縣人。諸生世登子。少受業黃道周之門。天啟四年（1624）舉人，七上公車不第。魯王時官戶部貴州司主事，與翁鴻業、姜思睿稱「浙東三俊」。入清杜門著書以終。苦心易學，聚古今言易數十家，考其異同，著述頗豐。又著有《春秋簡秀集》《董戶部集》等。

董守諭 卦變考略 二卷 存

四庫本（一卷）

上海藏民國廬江劉氏遠碧樓鈔本

浙江藏清末鈔本

臺北商務印書館 1983 年影印國立故宮博物院藏文淵閣四庫全書本

◎卦變考畧原序：讀易不知卦變，猶曰唔啩不知六書也。以易變喻變之不知變，不若以六書自喻之可達於變也；以六書自喻愚，其類於瞽之不知日，譬以盆不知盆擊銅以示喻者，不已遠乎？或曰不然，顧喻之以其近者耳。一曰變在象形。形苟在健，何必馬乎？形苟在順，何必牛乎？正如書與畫同出，畫取形，書取象，形變而象，象安窮？象變而形，形安寄？易也者，變之寄乎？變也者，象形之寄乎？夫八索生，鸑鷟之所被；六甲出，靈龜之所負。故虎豹蔚文，飛鳥遺音，鉉成金玉，耕厥菑畬，鼫鼠虤虎，巫閭釜石，細若谷鮒，大若丘陵，不可枚縷，寓於象者全也。二曰變在指事。書之所可象者曰象形，非形不可象者，指其事易之，所可象者曰像象，非象所得像者，實其事。故夫同井握奇，八卦虛中之體也；公侯岳牧，一右八體之材也，衡軸抗其外內，賓甸列其四維，起一終十，在譜冊之中矣。師居需後，五兵衛則八政修；比在畜先，大邦藩則小腆熄。指事之鉅者，坎奠冀州，乾殿雍位，子亥定而玄圭告成；臨以立君，漸以立相，典教章則六服承德。水土容於畜，荊岐之界無沴陽；陳常前於蒙，貫魚之宮無匿陰。指事之又鉅者，訟在卷舌，豐在貫索，蠱前六甲，巽後六庚，同以合愛，暌則異文，益為黃鍾，隨為大呂，必

此也亶厥指者。若乃大往小來，辰火經營於后稷；利用賓王，風土昌卜於姜齊。箕文用夷而後永終，湯武用革而身大介。下而書契、居食、弓弧、佃漁，簪盍知冠，妹歸知婚，大臺嗟而冬喪，西隣禴而夏祭。書之事古今殊文，變之事大荒莫殫也。三曰變在會意。文有子母，二母合為一意；變有正反，子母別為九宮。其有同母之變，如臨、觀、剝、復、坎、離、遯、大壯皆自乾、坤來是也。有異母之變，需利用恆，需之恆也；乾道乃革，乾之革也。蒙曰困蒙，履曰夬履，鼎曰鼎耳，革咸曰執其隨，夬曰壯趾，兌曰孚剝是也。極其異而廣之，行師必坤，會眾意也；國邑必坤，章地意也。震長男也，會為師五之帥師；艮少男也，會為漸初之小子。坎為水，則四爻之樽酒、屯上之泣血；兌為澤，則萃上之涕洟、困二之酒食。巽雞會恆四之無禽，離雉會明夷之飛翼。蒙三男之克家，豐三女之蔀屋。離居南方則明夷之南狩，兌為西方則隨上之西山。巧曆不能定其算數，聖明不能定其典要，其主意則一也。四曰變在轉注。書有互體別聲之轉注，卦亦有互體別母之轉變：剝比師復可互坤，夬有同姤可互乾，互兌離者鼎訟，互坎震者泰謙，互巽艮者升萃，凡此之例，充棟難稽，此轉變異體矣，故別母。書有互體別義之轉注，卦亦有互體別子之轉變：需五之酒食互離，坎水之上火也；豐三之折肱互兌，兌金之銷艮也。履之眇跛互有離巽，離為目，巽為股，俱非正體，視履宜艱。萃之假廟互有艮巽，巽為木，艮為闕，木在闕上，宮室是建，又此之例。海嶽譬其高深，毫毛類其孔竅，轉變轉異而離母矣，故別子。五曰變在諧聲。天下有無窮之義而有無窮之聲，易有無窮之聲而因有無窮之變：擬而後言、議而後動者，變也；不疾而速、不行而至者，聲也。變有正聲叶於聖彖：需之聲須也、離之聲麗也、咸之聲感也、晉之聲進也、坎之聲陷也、剝之聲剝也、蹇之聲難也、比之聲輔也，按譜而歌，音出金石；聲有變聲散在百家：混之為屯、鴻之為蒙、貝之為賁、瀸之為漸，怪怪奇奇，可以自娛，難以時施。雖使靈書八會，侯岡紛其天粟；玉券十華，岣嶁披其斗薤，亦不能罄聲之變者也。六曰變在假借。因借而僭者書之變，因變極變者變之宗。故欲觀其變則精乎僭矣，欲假其借曷亦通於變乎？稽之一奇貫五偶中借曰盍簪，一奇據五偶上借曰剝牀，一奇貫二偶借曰黃矢，一奇橫一偶借曰何校，此以名借也。類以無名之借，則委宛輸奇、石倉擬富，予得而畧言之矣。震之赤匕不可以挹酒漿，巽之直繩不可以縫衣裳，莧為山羊而非水草，柅為絡絲而非金輪，箕子豈紂之父師乎？萬物方荄滋，鬼方非殷之蠻夷也。坤、坎處北隅，乾為大赤朱紱，象其有

輝；兌為南剛金車，假其若齒。龜麗火以焚其身，馬曳輿而下其首。卂夕為夙，假夕惕乎？曰辰為農，借日乾也。夫孰知蕃庶之為藩遮禽也夫？孰知剸刞之為舭甀器也夫？孰知小罍謂之坎、大琴謂之離也，豐之為大屋，漸之為天漢也，草棘曰沛而非幡幔，斗檠曰沬而非小星乎？又孰知盧蠪之為易乎？茅犀之為彖乎？先儒所以顛沛淪酣於經籍之中，如汎一葦於溟渤靡所底止，為假借之變所窮也。嗚呼，六書明則六經如指掌，六變明則大易如日星。昔虞仲翔夢道士布六爻，虞欲吞盡，道士曰：「三爻足矣。」吾願與天下之善易者撓其六以飲之，毋曰予誕！愚之授於零陵、平輿、日南者，素也。董守諭序。

◎四庫提要：是書成於崇禎癸未，大旨以卦變之說出於漢學，程子始廢斥之，朱子謂伊川不信卦變，故於柔來文剛等處無依據，於是兼采其說。又以意變之，凡十九卦，今《本義》第九圖是也。然朱子上經釋變卦者九，唯訟卦與變卦圖同。餘則如隨自困噬嗑未濟來，據圖則自否泰來。下經釋變卦者十，唯晉卦與圖同，餘則如復變師姤變同人之類，例以復初上為師之二，復二下為師之初，姤初上為同人之二，姤二下為同人之初，及與初九變為初爻之八，初六變為初爻之七，皆不免前後異例。於是上考郎顗、京房、蜀才、虞翻諸家之說，定為此圖，每卦皆參列古法，斷以己意，宋元諸儒以及明來知德之屬亦參考焉。其言率有根據，不同他家之穿鑿，其證以象文雖不免有所附會，然如謂屯本坎卦，初六升二，九二降初，是為剛柔始交，比本師卦，一陽居二，則為師眾所宗，故為師。變而居五，則為天下所附，故為比。謙卦幹之上九來居坤三，是天道下濟而光明，坤之六三上升乾位，是地道卑而上行。豫卦復初變五體比象，故利建侯。復初升二體師象，故利行師。於經文亦往往巧合。惟其篇末有曰：「或謂變乃易中之一義，非畫卦作易之本旨，愚獨以為不然」，則主持未免太過。夫乾坤之生六子猶陰陽之生五行也，其配而為六十四卦猶干支之配為甲子也，其因卦而推奇偶之變猶干支相配而推沖合制化也。駁卦變者，謂不應先有某卦後有某卦，是猶談五行者謂水生於庚辛不化於丙辛、火生於甲乙不化於戊癸也。主卦變者以此為作易之本。六十四卦皆自此來，是又猶以化氣為本氣，亦乖五行相生之旨矣。故卦變之說不可謂非易之一義，亦不可謂為本義。漢以來儒者相傳，要必有取，並存以備參考可矣。

董守諭 易廣 四卷 存

湖北藏稿本

董守諭 易經筍中利試題旨秘訣 四卷 存

中科院藏清鄭氏奎壁堂刻本

董守諭 易餘 四卷 存

湖北藏稿本（佚名批校）

民國刻四明叢書本（題讀易一鈔易餘）

上海書店叢書集成續編影四明叢書本

國圖藏鈔本

◎條目：

卷第一：上經卦字解。卦爻名義。乾坤。潛龍六龍。潛龍履霜。潛龍惕躍。乾乾蹇蹇夬夬坎坎。乾乾夬夬謙謙坎坎蹇蹇。乾乾坎坎。夕惕若厲。夕惕日乾。無咎。無字。亢龍有悔。見羣龍。彖。彖象。統天御天。雲行雨施。天行健地勢坤。利者義之和利用安身。四德。子曰。誠敬仁義。誠敬。括囊。六五黃裳六四包承。十月為陽純坤稱龍。積善之家。屯蒙二卦。利建侯。坎為雲雨女子貞不字。象曰泣血漣如何可長也。初筮原筮。蒙養正頤養正。蒙泉履霜。用蒙。包蒙包荒豕牙枯楊蕃庶甲坼剝刖一握道濟至頤乾卦。童蒙童觀。利涉大川。訟中孚賁旅噬嗑豐。健訟之誤。密雲不雨。復道牽復。月幾望。上天下澤雷出地奮。上天下澤山上有澤。自泰至否自否至泰。拔茅進正。無往有命。帝乙歸妹。城復于隍其命亂也。包承。包桑金柅。于野艮背。出門。謙。謙家人。鳴謙鳴豫。雷出地雷復歸。冥豫冥升。弗兼與也。孚嘉孚厲。有事不事。天行。浸長。觀。觀風設教居德善俗。刑罰四卦。刑。筮賁。自賁素履。碩果。朋來朋亡。朋來朋至朋盍。復初乾元。頻復頻巽。迷復。不耕獲不菑畲括囊无咎无譽。畜學賁文。童牛之牿。何天之衢。觀頤。慎言語節飲食。頤初九。舍爾靈龜觀我朵頤。坎離。設險思患。樽酒需于酒食困于酒食有孚于飲酒。兩作洊至。下經咸恆為夫婦。无心之感无言。遯尾。大壯。文王箕子。文王明夷仲尼旅人。家人嗃嗃婦子嘻嘻。蹇解之險。朋來渙羣。田獲三狐。損益。天施地生。莫益之或擊之。繫于金柅。羸豕左腹。升元亨用見大人勿恤南征吉。困而不失其所亨。致命遂志。困于石據于蒺藜入于其宮不見其妻凶。鼎。艮趾艮輔艮恭。艮其限列其夤厲薰心。艮身復心。艮其輔言有序。

日中則昃。甘節甘臨。中孚傳。翰音登天。高宗箕子。小狐汔濟濡其尾。狐涉濡尾。上繫易簡而天下之理得矣。吉凶。陰陽。智水禮火。易立乎中行乎中。君子居室。地四天一。卜筮。極深研機。亂之生也則言語以為階。太極。蓍龜。河圖洛書。存乎其人。下繫內外。庖犧。天皇伏羲氏皇策。伏羲神農。神農。人皇神農氏政典。黃帝。黃帝堯舜。堯舜。服牛乘馬。上古結繩而治後世易之以書契。易者象也。盛德精義。男女構精。衰世之意。日月雷風山。巽為魚。巽為雞。兌為羊。賁受以剝。序卦雜卦。

　　卷第二：女媧氏占詞（《淮南子》、《路史》）。帝癸伐唐兆辭（《歸藏》）。羿妻筮此（《歸藏》）。連山繇。歸藏繇辭。歸藏齊經辭。文王卜田兆。周公卜曲阜命辭。太卜祝龜文。又。又。大橫占辭。嘉林龜左脅書文。姜后卜兆辭。桓公卜生成季兆（魯）。筮辭。獻公伐驪繇。驪姬繇。伯姬繇。孫林父卜追鄭師繇。秦穆公筮伐晉辭。易古辭。易逸語。引易。亢龍有悔。引易之異。漢碑引經語。引易。引經之異。文王八卦。八卦八索。卦。易始八卦。八卦。始畫八卦。易大傳。繇辭。重卦。重易。卦畫。八卦。乾坤八卦。卦畫。重交。八卦字義。八卦。經卦別卦。太極太易。易无從體。繫表。小象有聲韻。象數。五行八卦。理數。易占。本隱之顯。曆象係革。孔易。坎離陰陽。陽大陰小。應位承乘主。六卦皆有坎。六卦有坎。筮。八卦。諸爻。始一終十。卜筮。易卜。互體。一而大二而小。易有三象。貞元爻象。卦爻之辭。利貞貞吉。易注誤字。參伍以變注引韓非子參之以比物伍之以合參據。易卦四德。辭變象占。象占貞悔。卦變。亨龍潛升。地上之木。象。卦變。不解易七字。易。又曰易以道化。易總論。三代易名。三易。三易之名。連山歸藏。古歸藏易。殷易周易。周易。易。因重乃伏羲而非周文。論易之三名。論重卦之人。論三代易名。論卦辭爻辭誰作。論分上下二篇。論夫子十翼。論誰加經字。卦辭傳。繫辭。論傳易之人。易本末。荀九家。輔嗣之注。

　　卷第三：經籍考。

　　卷第四：荀爽對策。劉勰原道。阮籍通易論。虞翻上易注奏。又奏。淳于俊經傳論（高貴鄉公）。王輔嗣易論節略。明象。明卦適變通爻。明爻通變。明象。辨位。四德。象象。孔穎達易論節略。柳宗元與劉禹錫論周易九六說書。呂陶易論略。歐陽修傳易圖序。歐陽永叔易或問。蘇洵易論。蘇轍易說。蘇軾物不可以苟合論。程伊川上下篇義。王安石九卦論。王安石易象論解。楊簡易論。

◎序:《易》之為書,理哲而事該,三古聖人所盡心,歷秦火而不絕,視他經為獨完。自漢以來,講明傳釋之者無慮千百家,而經旨猶未大明于世,何也?易有聖人之道四,曰象辭占變。而諸儒或各主其一端,又或持易以通己之說。漢易家則務象數,象數誠易之本也,其流為讖緯、蔽于支誕,則失之遠矣。王輔嗣出,倡言忘象。伊川本之,遂開義理說易之風。易雖卜筮書,實寓憂患之思教戒之旨,人事固不得而略,於是李光、楊萬里諸氏又務以人事說易。夫象數、義理、人事皆易之蘊也,必究明象數、根極義理而證以人事,然後為得易之全。余論易向持此說。讀古人說易之書,必據此以斷其得失。當明之末,有董次公先生受業黃石齋先生之門,以儒學起吾鄉,尤邃于易。所著有《讀易一鈔易餘》四卷,余求而讀之,乃頗能兼究象數、義理、人事三者之旨。又往往采古逸說著之,尤深致意易理,分析象辭變占,而會之象數、義理、人事,雖無意于著書,第就其所聞見者筆錄焉,為學易者之津逮。而深思好學,于此已得一斑。其後謝山所著《讀易別錄》,多所取資,是豈可不傳乎?亟取此書刊之。其二鈔猶未得也。至先生所著《春秋簡秀集》,余得其鈔本,藏之久矣。其傳深得體要,其論則非先生筆也。意者門弟子集合而成者乎?文辭愴陋,無當大雅,猶未敢遽付剞劂也。因竝及之。是為序。民國二十年八月,後學張壽鏞序。

◎全祖望撰《董戶部守論傳》:先生精於易,所著有《讀易一鈔/二鈔》《卦變考略》《易韻補遺》《春秋簡秀集》《公車錄》。晚年取江陰黃介子《圍中讀史詩》箋之。其《寧蘭》諸集手書裝潢成帖,極精。所作樂府即《匪風集》也。

董說 易發 八卷 存

浙江藏清初刻本

四庫存目影印清初刻本

◎子目:

卷一:出震圖說、天易圖、地易圖、人易圖、出震圖、出震西北乾變圖、出震西南坤變圖、周易渾元符、黃鸝河洛圖、河洛證物篇、洛書發微圖一、洛書發微圖二、河圖順運圖、洛書順運圖、河圖一六釋、洛書有五無十釋、八卦生滅圖、八卦離明用九圖、八卦用六誠明圖、八卦遊魂為變圖、洛書具河圖體數、河圖具洛書用數、易有太極說、地易屯蒙時位略、地易八卦原始、天易

八卦律呂徵、地易八卦律呂徵、天易八卦三際略、地易八卦時位略、八卦原始反終圖一、八卦原始反終圖二、八卦原始反終圖三、八卦原始反終圖四、八卦原始反終圖五、八卦原始反終圖六、地易內外二體時位略、用九重卦圖一、用九重卦圖二、用九重卦圖三、用九重卦圖四、用九重卦圖五、用九重卦圖六、用九重卦圖七、用九重卦圖八、剛柔始終解。

卷二：□□〔註24〕、徵曜圖、降宿記、十二宮定度、堯典中星八卦紀、堯典仲春圖、堯典仲夏圖、堯典仲秋圖、堯典仲冬圖。

卷三：律會、爻律徵、乾坤表、闔闢徵、卦律圖、左律表、右律表、卦律總表、卦律旋宮紀、卦律天符紀、卦律納音圖例一（左律）、卦律納音圖例二、卦律納音圖例三、卦律納音圖例四、卦律納音圖例五（右律）、卦律納音圖例六、卦律納音圖例七、卦律納音圖例八、既濟徵、周易卦裁徵、既濟卦變圖、既濟歸爻圖。

卷四：周易卦序釋、周易序卦徵、周易得位表、周易爻位圖、卦氣起中孚解、屯蒙飛龍略、飛龍訓、杏葉飛龍表、周易首尾徵、屯蒙飛龍略例一（此以本時飛龍為易之正際。子丑二時）、屯蒙飛龍略例二（寅卯二時）、屯蒙飛龍略例三、屯蒙飛龍略例四（午未二時）、屯蒙飛龍略例五（申酉二時）、屯蒙飛龍略例六（戌亥二時）、屯蒙成物略例、卦律三際表、爻本、爻本圖、原六子、原乾坤。

卷五：貞悔署、十二爻轉物徵、卦體順逆徵、周易十二爻通卦徵、周易上下交限圖、周易貞位圖、周易會限圖、周易交限圖、七十二卦定限圖、七十二卦貞位圖例、七十二卦上下交限圖、七十二卦交限圖例、卦限圖、卦律圖、卦命三成圖例、卦律貞悔圖、七十二卦經度圖、七十二卦範圍圖、函卦徵、函卦圖。

卷六：卦變說、占變徵、論卦變、卦變圖例、卦氣略、卦氣圖、論本義、三易策卦圖、京房易辨、演古不變易、古易納甲正譌〔註25〕（今時傳世應、歸遊之法乃古占不變之易也）、日神占變例、古易占不變法、出震黃庭納甲解、律呂納甲符、出震黃庭納甲左律圖、出震黃庭納甲右律圖、成都易隱志。

卷七：籌問、屯蒙貞悔圖、兩濟貞悔圖、乾卦貞悔圖、頤卦貞悔圖、復姤律呂圖、泰否律呂圖、卦律左契本位圖、卦律右契本位圖、復姤律呂左契圖、

〔註24〕第一頁原闕，故此頁子目不知。
〔註25〕子目：納甲例、八卦體用例、卦枝例、八卦甲子總例。

復姤律呂右契圖、屯卦朝夕貞悔圖、蒙卦朝夕貞悔圖、屯鼎顯伏圖、屯鼎顯伏圖、蒙革顯伏圖、卦律十二辰轉式第一圖（屯鼎為例）、卦律十二辰轉式第二圖、卦律十二辰轉式第三圖、卦律十二辰轉式第四圖、卦律十二辰轉式第五圖、卦律十二辰轉式第六圖、卦律十二辰轉式第七圖、卦律十二辰轉式第八圖、卦律十二辰轉式第九圖、卦律十二辰轉式第十圖、卦律十二辰轉式第十一圖、卦律十二辰轉式第十二圖、甲巳日卦律左契圖（兩濟為例）、甲巳日卦律右契圖、乙庚日卦律左契圖、乙庚日卦律右契圖、丙辛日卦律左契圖、丙辛日卦律右契圖、丁壬日卦律左契圖、丁壬日卦律右契圖、戊癸日卦律左契圖、戊癸日卦律右契圖、貴神轉式左契第一圖（以日在星紀時加卯位為例）、貴神轉式右契第一圖（以日在星紀時加酉位為例）、貴神轉式左契第二圖、貴神轉式右契第二圖、貴神轉式左契第三圖、貴神轉式右契第三圖、貴神轉式左契第四圖、貴神轉式右契第四圖、貴神轉式左契第五圖、貴神轉式右契第五圖、貴神轉式左契第六圖、貴神轉式右契第六圖、貴神轉式左契第七圖、貴神轉式右契第七圖、貴神轉式左契第八圖、貴神轉式右契第八圖、貴神轉式左契第九圖、貴神轉式右契第九圖、貴神轉式左契第十圖、貴神轉式右契第十圖、河圖生剋左契第一圖（日在星紀時加卯位為例）、河圖生剋左契第二圖、河圖生剋左契第三圖、河圖生剋左契第四圖、河圖生剋左契第五圖、河圖生剋左契第六圖、河圖生剋左契第七圖、河圖生剋左契第八圖、河圖生剋左契第九圖、河圖生剋左契第十圖、五行生旺第一圖（日在星紀時加卯位為例）、五行生旺第二圖、五行生旺第三圖、五行生旺第四圖、五行生旺第五圖、五行生旺第六圖、五行生旺第七圖、五行生旺第八圖、日陰占略第一圖（日在星紀時加卯位為例）、日陰占略第二圖、日陰占略第三圖、日陰占略第四圖、日陰占略第五圖、日陰占略第六圖、日陰占略第七圖、日陰占略第八圖、日陰占略第九圖、日陰占略第十圖、日陰占略第十一圖、日陰占略第十二圖、卦變左契第一圖（日在星紀時加卯位為例）、卦變右契第一圖（日在星紀時加酉位為例）、卦變左契第二圖（日在星紀時加卯位為例）、卦變右契第二圖（日在星紀時加酉位為例）、卦變左契第三圖（日在星紀時加卯位為例）、卦變右契第三圖（日在星紀時加酉位為例）、卦變左契第四圖（日在星紀時加卯位為例）、卦變右契第四圖（日在星紀時加酉位為例）、卦變左契第五圖（日在星紀時加卯位為例）、卦變右契第五圖（日在星紀時加酉位為例）、卦變左契第六圖（日在星紀時加卯位為例）、卦變右契第六圖（日在星紀時加酉位為例）、卦變左契第七圖（日在星紀時加卯位為例）、

卦變右契第七圖（日在星紀時加酉位為例）、降宿第一圖（日在箕五度時加巳正）、降宿第二圖（日在斗十度時加巳正）、降宿第三圖（日在斗二十五度時加巳正）、降宿第四圖（日在女八度時加巳正）、降宿第五圖（日在危二度時加巳正）、降宿第六圖（日在室一度時加巳正）、降宿第七圖（日在室十六度時加巳正）、降宿第八圖（日在奎六度時加巳正）、降宿第九圖（日在婁五度時加巳正）、降宿第十圖（日在胃八度時加巳正）、降宿第十一圖（日在昴八度時加巳正）、降宿第十二圖（日在壁十二度時加巳正）、七政治卦圖（日在奎六度時加寅正）。

卷八：五德解、五德廣訓、河圖五行生旺圖、古二十四位圖、世俗二十四方位之謬、甲乙旺卯圖、丙丁旺午圖、庚辛旺酉圖、壬癸旺子圖、春三月戊巳旺辰圖、夏三月戊巳旺未圖、秋三月戊巳旺戌圖、冬三月戊巳旺丑圖、三刑發、三刑古義圖、東字說、外字說、六書易象廣、三易交卦徵、咸臨圖、觀象圖、三易經綸圖、策卦三成略、既濟策卦三成圖例、既濟成卦圖（以賁之恆為例）、三成重卦圖例（左律）、三成重卦貞悔例、黃庭人位圖、周易方位圖、夬履圖、出震夬履圖。

◎易發自序：神人高棲嶽頂，聞下界霹靂鬮則嬰兒啼也，□□兒遇瓦石相擊輒掩耳而走。余著《易發》而人駭其圖繁。余告之曰：「夫易固伏犧氏之圖也，以圖釋圖，何駭為？余且為《史記圖》。」聞者益大駭曰：「子何以圖《史記》也？」余乃拂素和墨顧座中人曰：「請為君作《秦本紀圖》。」於是走筆畫，中峯雄起特立，限若天闕，自山已前水勢溢，自山以後水止不流，其水有支流絕奇。圖成，顧座中人曰：「更請為君作一圖」，則畫三峯插漢，其主峯起勢潛伏，其一客峯隆起，展翼若垂天之雲，若俯而視主峯；又一客峯差狹矣，然寒峭不可犯。水穿客峯從主峯間回環而流，其末流激悍注射，踴躍飛越。投筆而起曰：「此《宋微子世家圖》也。我為此二圖，則亦《史記》之圖例也。文之拔地而起者山也，其間流動而奔赴者水也。夫《秦本紀》孝公元年河山以東彊國六，與齊威、楚宣、魏惠、燕悼、韓哀、趙成侯並，淮泗之間小國十餘楚秦接界，魏築長城，自鄭濱洛以北有上郡，楚自漢中，南有巴黔，中周室微，諸侯力政爭相併。秦僻在雍州，不與中國諸侯之會盟。夷翟遇之，此中峯也。其水源發于息馬，五羝大夫，一枝流也。其枝流之中又有枝流焉，則王子穨好牛也。岐下食善馬者三百人，一枝流逆行而奇也。鄭販賣賈人弦高，又一枝流也。襄公用騮駒黃牛羝羊各三祠上帝西畤；文公十年初為鄜畤，用三牢；十九年得陳寶；二十七年伐南山，大梓特；德公元年以犧三百牢祠鄜

時，卜居雍，後子孫飲馬於河；二年初伏以狗御蠱，皆中峯已前水脈之微露者也，故我畫中峯雄起特立，限若天闕，自山已前水勢溢，自山以後水止不流，其水有支流絕奇也。夫《宋微子世家》箕子一客峯也，載象箸之歎，載《箕子操》。隔二峯而續載《洪範》陳天道，載《麥秀》之詩。王子比干一客峯也，與微子主峯而三。君偃十一年自立為王，東敗〔註26〕齊，取五城；南敗楚，取地三百里；西敗魏軍，乃與齊〔註27〕、魏為敵國。盛血以韋囊，縣而射之，命曰射天。滛於酒婦人，羣臣諫者輒射之，於是諸侯皆曰桀宋。宋其復為紂所為，不可不誅。其水源遠自《殷本紀》來也。《宋微子世家》以天道為水脈，貫穿客峯，霣星如雨，熒惑守心，皆枝流，故我畫三峯插漢，其主峯起勢潛伏，其一客峯隆起，展翼若垂天之雲，若俯而視主峯；又一客峯差狹，寒峭不可犯。水穿客峯從主峯間回環而流，其末流激悍注射，踊躍飛越也。」座中人相視無語，余告之曰：「君等第駭所未見，君第讀太史公《自序》『遷生龍門，耕牧河山之陽；年十歲則誦古文；二十而南遊江淮，上會稽，探禹穴，窺九疑，浮於沅湘，北涉汶泗，講業齊魯之都，觀孔子之遺風，鄉射鄒嶧，戹困鄱、薛、彭城，過梁、楚以歸；於是遷仕為郎中，奉使西征巴蜀以南，南略邛筰、昆明，還報命。』故遷採江山秀氣，發為文章，□□〔註28〕一書有五嶽四瀆之象，高高下下，誠可按迹□□〔註29〕也。夫司馬遷曠世奇才，然以視伏犧氏則百不如矣。今世人讀百不如伏犧氏之書且茫不知其形勢，割裂其脈絡，況伏犧氏之書哉？」項猶子帷孺甚嗜余狂言也，則為余刻《易發》。余語帷孺曰：「我方論定《史記》，則第言《史記》。讀易者欲如程嬰，程嬰曰：『昔下宮之難皆能死，我非不能死，我思立趙氏之後。今趙武既立，為成人，復故位，我將下報宣孟與公孫杵臼。』讀易者法之，捐身心其若遺，存卦律于垂絕。讀易者欲如趙毋卹，簡子告諸子曰：『吾藏寶符於常山上，先得者賞。』諸子馳之常山上，求無所得。毋卹還，曰：『已得符矣。』簡子曰：『奏之。』毋卹曰：『從常山上臨代，代可取也。』讀易者法之，獲象表之微言，超見聞而上馳。讀易者欲如留侯，留侯曰：『家世相韓，及韓滅，不愛萬金之資，為韓報讎彊秦，天下振動。今以三寸舌為帝者師，封萬戶，位列侯，

〔註26〕「東敗」二字原空，據《史記》補。
〔註27〕「與齊」二字原空，據《史記》補。
〔註28〕原文即闕二字。
〔註29〕原文即闕二字。

此布衣之極，於良足矣。願棄人間事，欲從赤松子游耳。』讀易者法之，翼聖學而除邪，成勳勞而不居。」

◎摘錄卷七《籤問》首：卜籤之晷見於《周禮》太卜掌三易之灋：一曰連山、二曰歸藏、三曰周易。其經卦皆八，其別皆六十有四。占人以八籤，占八頌以八卦。其占籤之八故以眡吉凶，籤人掌三易以辨九籤之名：一曰巫更，二曰巫咸，三曰巫式，四曰巫目，五曰巫易，六曰巫比，七曰巫祠，八曰巫參，九曰巫環，以辨吉凶。凡國之大事，先籤而後卜。上春相籤國事共籤。迨六藝荒蕪，有司失守，分著畫版，徒擁空文，繪馬摹龍，群迷幻設，落實取材，巧擬山風之象；焚旗說輻，鈎連歸妹之辭。易書雖以卜籤僅存，漏於秦網，東周以後，占法無傳久矣，作《籤問》。

◎四庫提要：其論易專主數學，兼取焦、京、陳、邵之法，參互為一而推闡以己意，其根柢則黃氏《三易洞璣》也。其研索具有苦心，而究不免失之雜。如《飛龍訓》一篇歷引堯、禹、周、孔，謂皆以飛龍治萬世，而復舉《圓覺》、《道德》二經以為釋迦、老子亦然，未免援儒入墨。又《黃鸝河洛征》謂黃鸝一聲即河洛之全機大用，《杏葉飛龍表》謂黃鐘之律為杏葉之正位，其說皆近於怪誕。極其博辨之才洸漾自喜則可矣，謂易之精奧在是，則殊不然也。

◎董說（1620～？），字若雨〔註30〕，號西庵，又號鷓鴣生、漏霜。浙江湖州人，黃道周弟子。明亡後，隱居豐草庵，改姓林，名蹇，字遠遊，號南村，又號林胡子，自稱槁木林。中年出家蘇州靈岩寺，法名南潛，字月涵（一作月岩）。精經史、天文、象數、地志、律呂、醫卜、方言、音韻、釋老等。又著有《運氣定論》、《天官翼》，《西遊補》、《昭陽夢史》、《夢鄉志》等。

董養性 易學啟蒙訂疑 四卷 存

山東藏清正誼堂刻本（杜名齊校正）

◎凡例：

一、《啟蒙》所載易辭則頂格書之，《啟蒙》及諸儒之說則低一字書之，乃定體也。

一、《啟蒙》及諸儒所論著，有去留而無改竄。間有改竄者，圖則另載於左，說則小書於下，防僭妄也。

〔註30〕《四庫提要》作雨若，誤。

一、揲蓍初卦之一，不當合之左右所扐之策，而當合之第一變過揲策中以為第二變之用，至第二變畢則又取卦一之策，合之第二變過揲策中以為第三變之用。三變畢然後除其所卦之一，以為方圓所圍之徑一，詳《繫辭訂疑》。

一、考《變占篇》三爻變者共二十八卦，《啟蒙》雖云前十卦主貞後十卦主悔，然孰為前十卦孰為後十卦，學者未易知也。今謂初爻變者為前十卦，初爻不變者為後十卦，於《啟蒙》不無小補，即此可類推云。

樂陵後學董養性謹識。

◎易學啟蒙訂疑序：易之圖變象占肇於天地之自然而周於人事之確然者，朱子概言之於《本義》而備言之於《啟蒙》，總欲初學無疑於其說也，亦既不遺餘力矣。性玩習年久，漫有發揮，非敢謂爝火之微輒能增光日月，蓋朱子心羲、文、周、孔之心，性亦心朱子之心，俾學者無疑更無誤也，故於其中諸儒之說間亦有所刪正焉。康熙己酉陽月下浣，樂陵董養性書。

◎董養性（1614～1672），字邁公，號毓初。山東樂陵董家村人。人稱「江北第一才子董禿子」。崇禎五年（1632）補邑博士，順治五年（1648）拔貢。潛心理學，四書五經均有釋解，考訂詳明。康熙六年（1667）授承德郎，官寧國府通判，知南陵、太平兩縣，以廉潔著。後任教職。

董養性 周易本義原本 十二卷 存

清正誼堂刻本

◎孫葆田《山東通志》卷百二十七《藝文志》第十：董養性撰。養性字邁公，號毓初，樂陵人，順治戊子拔貢，官寧國府通判。《縣志》載張敬撰《傳》，稱三書均已鏤版。按此與《四庫提要》所載之元末董養性字及籍貫並同，《訂疑》卷數亦與《四庫》本相符。《縣志》修於乾隆壬午，距修《四庫書》時已成書十稔。不識何以不據《縣志》，而以為元末人之書。姑兩存以誌疑。

董養性 周易訂疑 十五卷 序例一卷 存

清正誼堂刻本

◎卷首：統論述古、古今本辯、大全凡例、易說綱領、四明洪常初刻本義序、易學四同、汪氏占例、周易圖說、訂疑釋例。

◎四庫提要：舊本題董養性撰，不著時代。考元末有董養性，字邁公，樂陵人。至正中嘗官昭化令，攝劍州事，入明不仕，終於家。所著有《高閑云

集》，或即其人歟？是書前有自序謂「用力三十餘年乃成」。其說皆以朱子為宗，不容一字之出入，蓋亦胡一桂、陳櫟之末派也。

◎嘉慶《太平縣志》卷六《遺愛》：董養性字邁公，山東樂陵人，以府判兩攝邑篆。著有《四書訂疑》《易經訂疑》行於世。

董正台 易解合纂 佚

◎一名《易合纂》。

◎道光《徽州府志》卷十一之三《人物志・儒林》：著有《易解合纂》《堪輿闢謬》行世。

◎道光《徽州府志》卷十五《藝文志・婺源》：董正台《易合纂》。

◎董正台，字列三。安徽婺源（今屬江西）城東人。董起予子。邑學生。康熙辛未董修文廟。著有《易合纂》。

竇容邃 易卦箴 佚

◎《河南通志藝文志稿》著錄。

◎竇容邃，字聞子，號槀村。河南柘域人。康熙四十四年（1705）舉人，官至山西忻州知州。

竇振起 易說 佚

◎《中州藝文錄》《河南通志藝文志稿》著錄。

◎竇振起，字檢庵。河南柘城人。康熙二十三年武舉。

都昌明 易學大義 佚

◎道光《續修桐城縣志》卷二十一《藝文志》：《易學大義》（都昌明撰）。

◎都昌明，安徽桐城人。

杜峰 圖書疑問 二十卷 存

江西藏道光五年（1825）刻本（存三卷）

◎同治《都昌縣志》卷九《人物志》：晚年課子讀書，猶手不釋卷。著有《圖書疑問》《五經集解》諸書，雖付梓，不以問世。

◎光緒《江西通志》卷一百五《藝文略》三：《圖書疑問》二十卷，杜峰撰。

◎杜峰，字六堂。江西都昌二都西田坂人。性英挺高曠，浸淫卷軸，別有會心，不樂攻制舉業。

杜桂 勉德堂讀易直解 四卷 存

山東博物館、山東藏 1944 年七世孫杜明甫鈔本（杜煥斗〔註31〕注）

◎光緒《增修登州府志》卷之六十一《藝文》：《勉德堂讀易直解》四卷，黃縣杜桂著……此本惟即坊刻《本義》於其邊際附著所見，但詮理解，不及象數，亦為清慎。

◎孫葆田《山東通志》卷百二十七《藝文志》第十：《府志》載是書云：即坊刻《本義》，於其邊際附著所見。但詮理解，不及象數。

◎徐泳《山東通志藝文志訂補》卷一：此書原稿本係桂與其次子煥斗合注於朱熹《周易本義》之書眉及行間，桂七世孫明甫迻錄於別本之上。附錄黃縣杜氏長支宗譜，內有桂及煥斗傳略。明甫手跋略云：「右之《勉德堂讀易直解》四卷，余七世伯祖岩仙公所撰也。稿藏余族叔立齋處，不輕示人。今春吾族議修族譜，與立齋叔恒相見，承發筐出示，請允攜歸。思過錄成卷，以作副本，藉便保藏。徒以家藏諸書無與此板式相同者，過鈔非易，爰亦置之。嗣於冷攤得此書，襄與原著所用底本相同，特非同一刻本而已。因即依照迻鈔原著，先後歷十五日方得竣事。迻鈔時，於各注所在之地，悉依原書，絲毫未敢改易。惟因此本簡端稍高，故每行字數較多，不與原著相符耳。」

◎杜桂，字丹崖，號岩仙。山東黃縣人。乾隆十七年舉人。歷官遵義知縣。

杜句 易經便閱解 五卷 佚

◎乾隆《樂陵縣志》卷之六《人物志》：通易理，集古今名儒易解，苦思力索，擇其明白簡要、符合本義者，手錄成帙，為《易經便閱解》。

◎乾隆《樂陵縣志》卷之八《藝文》：杜句《易經便閱解》，五卷。

◎孫葆田《山東通志》卷百二十七《藝文志》第十：是書集古今名儒易解，苦思力索，擇其明白簡要、符合本義者，手錄成帙。見《縣志》。

◎杜句，字濟美。山東樂陵人。諸生。

〔註31〕杜煥斗，字瑤光，號酌元，別號西溪。嘉慶元年（1796）恩貢。

杜榮申 易義藏書 佚

◎民國《齊河縣志》卷三十二《藝文》：生平研精理學，著有《理學精義》
《易義藏書》《嶽峰文集》各若干卷，子崇琦字景韓方擬梓行於世。

◎民國《齊河縣志》卷三十四《雜著》：《理學精義》《易義藏書》《嶽峰文
集》，右俱杜榮申著。

◎杜榮申，字佑之，號嶽峰。山東齊河人。光緒甲午舉人，司鐸博興。丁
未會考獲雋，以知縣分安徽補用，委辦盧州府學，後委充安慶救生局局長。
以治河勞卒。

杜文亮 周易象繹 十卷 首一卷 存

中科院藏乾隆五十三年（1788）寶田堂刻本

◎或題《周易象義》。

◎同治《建昌府志・人物志》卷八：著有《周易象繹》已刊行，又有《左
傳貫珠》若干卷。

◎光緒《江西通志》卷九十九《藝文略》一《國朝》：《周易象繹》，杜文
亮撰（《南豐縣志》）。

◎杜文亮，字斐忱，號月峰。江西南豐人。歲貢生。贈奉政大夫。

杜應成 周易竊揆 佚

◎嘉慶《寧國府志》卷二十《藝文志・書目》：《周易竊揆》，杜應成著（太
平）。

◎嘉慶《寧國府志》卷二十九《人物志・文苑》：著有《四書／周易竊揆》
數種。

◎嘉慶《太平縣志》卷八《著述》：《周易竊揆》（杜應成著）。

◎杜應成，字曰人。安徽太平（今黃山）人。庠生。博學多識，與族兄應
理互相切劘，於陵陽、五松、九龍、天柱諸會所尤諄諄以講明為事。

杜竹溪 周易注略 三卷 首一卷附一卷 存

南京藏刻本

杜宗嶽 周易用初 六卷 存

國圖、北大、中科院、上海、浙江、遼寧、齊齊哈爾藏道光二十二年

（1842）寶孺堂刻本

四庫未收書輯刊影印道光二十二年（1842）寶孺堂刻本

◎卷一首題：四明余國文、受業蕭培甸、弟杜宗銓、姪杜沆、男杜霖全校。

◎周易用初目錄：義例十條。讀易約解。上經卷之一乾、坤、屯、蒙、需、訟、師、比、小畜、履。上經卷之二泰、否、同人、大有、謙、豫、隨、蠱、臨、觀、噬嗑、賁、剝、復、無妄、大畜、頤、大過、坎、離。下經卷之三咸、恆、遯、大壯、晉、明夷、家人、睽、蹇、解、損、益、夬、姤。下經卷之四萃、升、困、井、革、鼎、震、艮、漸、歸妹、豐、旅、巽、兌、渙、節、中孚、小過、既濟、未濟。繫辭上下傳卷之五（繫辭上傳、繫辭下傳）。說卦序卦雜卦傳卷之六（說卦傳、序卦傳、雜卦傳）。

◎周易用初義例：

一、易自商瞿親受於孔子，而歷代始有傳家可見。易之所以能傳者，傳於十翼也。至齊田何《古易》十二篇以上下經合十翼，費直以《彖》《象》《文言》入卦，至後漢而古本已亡，是古本已失傳久矣。自鄭康成、王輔嗣合《彖》《象》《文言》於經，孔穎達成之，呂東萊復定為古本十二篇，篇目卷帙一以古為斷，惟朱子《本義》篇第與呂汲公成都舊本吻合，即功令所頒今本是也。竊以古本、今本之分不過十翼之分合而已，其經文字句《本義》仍從古本，而以衍文當作何字附註於下，亦以經文不可易也。至分經合傳，其中蓋有深意，以《彖》《爻》中有似吉而凶、似凶而吉，若無十翼，則學者必不得其解。即以《小象》而論，後世註解諸家多詳於爻而略於象，不知《小象》不明則爻詞無由得悉，分置數處，或竟昧大旨者有之。雖六爻皆從卦畫而出，知畫則可知爻，然深於此道之人，天下必不可多，此分經合傳，鄭、王所以有功於後學不少也。今是刻悉照《本義》，一以遵同文之制，一以見一知半解俱從傳象中悟來，不敢忘我夫子作翼之本意云爾。

一、卦必有主者，揭大旨也。但卦有成卦主有主卦，主卦既有主，則全卦意注於此，其精神命脈亦無不統貫於此。而彖辭爻傳並藉此可以愈明，此卦之所以不可無主也。惟陰陽原無一定，則卦主即不得偏執，須看卦意所在，孰重孰輕、尤重尤輕，纔得主此一卦，不論卦之上下體之陰陽也。然其中又有無卦主者，惟乾坤咸恆四卦，一以見乾坤無可偏主，一以見咸恆不得偏主也。此上下經天人之分，與其餘六十卦迥然不同。

一、卦本有互者，便取象也。易中取象最奇亦最雜，或從本卦取之，或從互卦取之，皆有一定義意，惟不可互而又變。蓋卦是一定之畫，互亦一定之畫，若象在正互卦外，闕疑可也，用變則不可矣。然其中又有意在互卦者，變體也。如咸恆取互既濟取互未濟、未濟取互既濟之類，尤當分別觀之。

一、易自乾坤外皆六子用事，或用三男或用三女，或以乾統女或以坤統男，又或男女各自相配，皆重卦中必有之義，但與卦意無甚關係，祇可於卦外求之，故是本概未標出。至卦內頤肖離、大過肖坎、臨象疊震、遯象疊巽等類，爻中往往取象則隨爻註之而已，亦不必特為標出也。

一、易本變化不測，而有不變者，存其卦畫一定故也。惟筮不能不用變，若不是筮，則卦無由變，故舊說用變者一概從刪，為本卦自有本卦道理，原不俟變而後有也。然《彖傳》中往往有自外來之說疑於變矣，而不知為卦氣然也。蓋文王次卦之意本是對待而成，如邵子所謂泰到盛時方是蠱、否從傾處即成隨之類，故以卦氣從何而來則可，以是卦從何而變則不可。以易中諸卦無不可變而成此可變，則本卦究當何從乎？此不可執一以論者也。

一、比應不可全拘，全拘則膠滯不明也。蓋各卦皆有六爻，六爻皆有比應。其爻象中明言比應者，不比應則爻義不見；其未經明言者即當從本爻起義，不得再牽比應之說。況爻是人位，卦中隔一畫必有一畫間之。若人則非畫所能隔也，如泥於比應而以為中有所隔，或有所爭，拘矣，似不如放或看為妥。

一、君臣之位經文全無定在，如泥五君四臣之說，則泰之君位在二、明夷之君位在上，不得以一例拘也。即如臣位，三與四為大臣，一近君，一在下卦上也，然屯之磐桓在初，明夷之箕子在五，亦不得以一例拘也。總之，卦有卦義，義係君臣，不能不從君臣入想以立萬世之大防。若卦卦俱是君臣，則易專為在上位者設，其不在上位者均可以卸其責矣。故是本概從懸空說法，自天子以至庶人，都有這個道理在內，使人人可以用得，則因懼生悔，因悔生悟，庶不失四聖諄諄教世之苦心而已。

一、卦內陰陽原不必陽是君子陰是小人，蓋君子有君子之用，小人亦有小人之用，用之不當則君子便是小人，用之得當則小人亦稱君子。此等深心就是後天所以變先天的來歷。若人有一定的流品，則君子有垂成之敗，小人無改悔之機，非所以昭法戒警賢愚也，故聖人每遇陽畫責備偏覺其嚴，每遇陰畫往往痛惜之而婉商之，其用意蓋獨深矣，此作易者之所以有憂患歟？

一、是本所引諸書多未見全本，惟從成本擇而出之。其中前後次第都無年代先後，取其發明經旨而已。至前賢前儒之說，或全錄或不全錄，或刪繁就簡，內中加以承接，未免有割裂之罪。但意取切要，便於付梓，非敢僭妄別有佗意也，識者諒之。至書內所加圈點，為便於省覽，使閱者一觸於目即可得其命意之所在，至是非自有公論，如有不合，看書者不妨重加批駁，則余所禱祀而求者也，敢自是哉？

一、彖爻傳象俱從伏羲畫卦而出，不明畫卦則文王以後之易必不能知其所以然。是本從《彖傳》、大小《象》中體貼出來，仍是因流溯源，字句間學問。至其中有卦外之意，則從卦畫中冥想而出，與先天卦意似有幾希萬一之合，然可惜祇有數段，未能卦卦如此，是吾恨也。倘此後稍有餘閒，再加研究，則先天無辭之卦尚可續補，願與天下後世共勉之也。

◎周易用初自敘：《周易》何以用初也？為乾坤之潛龍勿用而作也。余自束髮受書，惟讀易竟未成誦。至成童後，因禮有潔淨精微一語，又云孔子假年學易，乃益信為非人間可解之書。第以正習舉業，不得不加掇拾目為辭章之用。故自四書以至《詩》、《禮》、《春秋》諸經，皆手抄成帙，往往頗有心得，而易乃茫乎未之聞也。辛丑夏，偶与吾友余小禪及蕭棫園縱談及此，余甚惡焉。小禪因舉《易或》中所解「潛龍勿用」一句，視《本義》更為精闢。余聞之躍然，不覺有動于中。嗣後每日一聚，諸凡有疑義，小禪必家進而冥搜之，余無以應也，乃取儒先舊解以支吾之。而小禪尤善疑，其所疑必有關於物理人情，而非隱僻之為。余無奈，則取卦畫經文潛思而默會焉，一有所得立即渙然，然所得常與儒先不同，乃大懼。以為古人之資，學力精於此道，歷數十百年，後世皆宗其說，余何人斯，敢自信其不蹈狂妄僭竊之誅耶？然天地間道理無窮，人心中道理亦無窮。古人不註之於先，則後人之疑並無從而起；後人不疑之於後，則古人之註亦無從而明。且古人尊聞行知，其體易不專在文字，故文字常簡約而弗詳；後人讀書求理，其學易亦不專在文字。然文字不詳明而有要，蓋道理祇期無悖前聖，即思議有不盡同於前賢也。余自十八九歲時即喜讀欽定諸書而《詳鑑闡要》尤為一生得力之處。自丙申賦閒青門，讀《近思錄》而有得焉。後又得李二曲夫子《反身錄》及王豐川夫子文集，然後知儒先讀書，不論同異，通是一脈之傳。今作是書，雖與古人不合者什常八九，然發源處仍從古人得來，因是書必不得罪於名教也。小禪、棫園亦深以為然。因勸余隨卦註之，目備一解。乃自七月中旬，逐句詳

加注釋，其舊說已明者備錄前人成解，約有五六卦。其餘或《彖傳》合《爻》、《象》不合，或《爻》、《象》合《彖傳》不合，又或通卦不合，皆就本卦道理所應有者尋其義旨、通其脈絡，第其次序斷不敢穿鑿附會、故立異同。由是每二三日即註一卦，至壬寅正月十五日全卦告竣。余、蕭二公勸余付梓目公同好，余以草創甫脫，未及詳定，且其中年代先後都無次第，擬再質高明，並註《繫辭》以成全書。乃以俗務倥傯，不克如願。又因他事忙迫，竟付剞劂。至《繫辭》舊說極為詳備，故僅擇而錄之以當全經。余生也晚，不獲炙古人、承大旨，故十餘年來惟求漢唐宋元明及本朝諸大儒語錄、文集，朝夕質對，以期補過於將來。今因講「潛龍勿用」一句，感發證明，率爾成書，自知罅漏不多，遺譏難免。然心之所觸、筆之所達，不敢夾雜一毫人私，不敢添出一毫意見，雖於四聖作易本心未必能測其義一，而初學人人可明，則願與天下有志之士，或因此以復其初而達諸用，是亦乾元勿用之用也。夫用初豈特易道為然哉？！道光歲次壬寅春仲上浣，古睢杜宗嶽謹識於池陽官署之求可軒。

◎周易用初序：《周易用初》，吾友杜愚谷所手著也。愚谷與予交最早，每目不得久處為憾。及愚谷任池陽，遂得朝夕考稽，質辨疑難，始知講章之學不可謂通經，文詞之工無當於稽古，故每於聖經賢傳潛心揣摩，務期窮其歸宿而後已。奈自少廢學，識見卑淺，往往不得其門。惟愚谷一經剖晰，胸中便無窒碍，教思無窮，非親炙者斷不能知也。辛丑夏，偶談及《周易》一書，愚谷亦茫然不解，不敢強以為知，但此書要旨應無異於諸經。君論聖賢之道切中肯綮，獨於此書未能擴充而詳述之，豈非缺事？因閱《易或》所解乾卦初爻，愚谷躍然勃然始欲以解積年之疑，遂與予及蕭棨園晝夜講求，遇有疑竇，則就本文思之，即有妙義層出，迥非尋常思議所及，然猶未嘗筆之於書也。予因之有請矣，與其空談于一時，曷若留遺于身後；與其啟發一二人，曷若公諸千百世？于是每講一卦，予即隨筆錄之，不半載而全書告竣。細校諸解，俱從天理人情日用常行處下筆，主理而不主數，務實而不務虛，凡象爻傳象融會貫通，都如一線穿成，發明聖人救世苦心，親切而有味，人人可解，人人可學，亦人人所不能離。誠斯世不可無之書也。至其中感慨勸勉，有流溢於筆墨之外，非言語所能形容者，此又愚谷不得已之苦衷也。予亟勸付梓公諸同好，使讀是書者或因是以復其初，則受益良多，當不止一二人已也夫！四明悔初弟余國文拜撰。

◎周易用初跋後：《周易》為古聖傳心之書，孔子作十翼，欲傳道統於萬世，是孔子手澤所僅存，較《春秋》《大學》《論語》尤為親切也。自周子《太極圖說》及《通書》出而易道愈明，然皆理博而辭約，意深而指遠，學者開卷茫然，終無以窺其要領，則易因以不明於天下。吾師鏡泉夫子談易，至「潛龍勿用」一爻，嘅然有志於全經，遂取講家諸解以求其中，細繹經傳本文以探其蘊，然後知六十四卦三百八十四爻無一語不關於世教、不切乎人事，此《周易用初》所不能已於作也。雖其中多有異同，然皆《彖傳》爻象內應有之義，何嘗稍執己見以任意而悖經哉？句句踏實而理不蹈空，筆筆凌虛而道皆可據，庶幾乎古聖心傳、孔子道統可於是本中覓之，周子之說、程朱之傳可於是本中識之。其所以望天下後世者至矣切矣。旬謬執校字之役，爰誌數語以附於篇末，亦願讀是編者勿泥於字句辭章而忘作書之本意云爾。受業蕭培甸謹跋。

◎摘錄卷前《讀易約解》：伏羲畫卦本河圖也，因數以設象，即象以寓理，而神已遊於圖外矣。圖為有數之太極，太極為無數之圖，圖有數而理無數也。有數故自一至十可概千百萬億，人人所見也；無數故自百千萬億無非是一，非人人所見也。聖人從不可見中卻欲人人見之，故畫卦非祇以解圖，而圖之五十居中者貴矣。其生數則一至四，其成數則六至九，用四而不用五、用九而不用十者，留一也。五用四而一居中，五居中而十環外，十偶而五奇，合五為十猶之分十為五也。五居中以為樞，一又居四中以為主，而太極之默運可想見矣。由是而分陰陽、分四象、分五行，無非太極之運動，而八卦即由此出焉。畫一以象天，畫二以象地，天地合而人生，一二合而三成，此卦之全體也。或曰河圖用四而卦止用三者，亦留一以函三，三才之道也。然則卦必重三者何？河圖之數不重則不生，不重則不變，故五居中而十環之，重五也。二三以重而五，一四以重而五，推之三七、四六、二八、一九莫不皆然。有不變者以主於中，有至變者以運於外，故卦象之也。或又曰凡卦之畫必起於下者何？河圖之位，天上而地下，而天一之生位在下，由下而上，其生氣然也。蓋太極之理無時不有、無地不有、無人不有，天欲人人知太極之理，故出河圖以示之，而人不覺也。惟聖人由圖觀理，而知其理之即圖而具，並非由圖而拘也。不惟河有圖，人亦有圖；不惟河圖中有太極，人心中亦有太極。若果能超於圖外，得其環中，則人心與天默合，原不假圖象以為擬議也。由是推之，而文王之繫彖、周公之繫爻、孔子之作十翼，皆從一心所本具而象之、而

爻之、而翼之，非盡假天寶以為符契也。後世學易率驚於潔靜精微，以為非聖不能作不能解也，則視易為天下第一天書，而不知其為至切至要之人書，從人心中打掃乾淨，先得我所本有之太極，則易之千變萬化不過是我心中本有之理，自然與之脗合。若不從自己心上求易，縱洞徹元奧、究極天人，祇是圖書上學問，與四聖作易之本心毫無干涉也。且伏羲藉圖以畫卦，文王即卦畫以繫彖，至周、孔二聖本未見所謂河圖，後世觀河圖者亦不止周、孔二聖。聖人學之而並忘其年，後人學之而竟難其解，此豈盡聰明固不如哉？亦其心中自有之易理先昏蔽了，所以萬萬不能相合。然則居今日而言易，亦惟於世味中用廓清功夫，先覓這一點良知，定為正鵠，從此再加擴充，積漸既久，纔能見先天的景象，而後天始可得言矣。夫易安得有先後哉？或曰時代為之，或曰有辭無辭為之，或又曰先天是象，至後天始入用位，不知文之演易，註卦畫也。卦畫一定而不可易，非顛倒出之即可變易其義理也。即以方位論之，邵子所分先天四圖，圖中是乾南坤北，而其實是乾上而坤下也。若乾定在南而方圖又在西北，不顯與圓圖差謬乎？縱之天與地無所不在，乾與坤亦無所不在。文王易乾於西北者，象人身之有乾坤也。《皇極經世》有人身全圖，以為面南而立，命門正在西北，是也。至方圖坤居東南而後天列於西南者，從乾也，即後天首乾坤之意。且八卦分配五行，坤與艮對，坤陰土，艮陽土，圖中有東北二方，而其實即土居中央，所謂王於四時者也。至先天以離坎象日月，後天以離坎象水火，代乾坤位，亦各從其本生處言之，一以見六子用事；一以見水火之用，為人生所不能離，即《論語》「甚於水火」之義。惟先天以乾始以坤終，而人事即行乎其中，是以流行而寓對待；文王以乾坤始以既未濟終，以對待而寓流行。理以對勘而愈明，人以對觀而易見也。古之學者大抵從先天去討消息，然離後天則卦義不明，故自漢費直以《彖》《象》《文言》入卦中，王輔嗣又以《彖傳》宜繫彖詞後、《象傳》宜附當爻後，唐孔沖遠始合經傳為一，然此時尚無先天後天之說。至宋邵子康節以理學巨儒分為先後，程朱皆宗其說，則欲人因流以窮源、因顯以洞微，仍是文王演易本意。若有詞尚不能明而妄欲憑空設想、深通元奧，是欲入而閉之門也，豈四聖垂教萬世之苦心哉？

◎馬國翰《玉函山房藏書簿錄》：《周易用初》六卷（寶孺堂本），國朝醴泉知縣福山杜宗嶽愚谷撰。止六十四卦，與朱子《本義》多有異同，而說甚精切。

◎民國《福山縣志稿·藝文志》第六：杜宗嶽《周易用初》六卷（據採訪原刻本錄入）。

◎杜宗嶽，號愚谷。山東福山人。嘉慶戊寅舉人。道光十一年署任書院。又著有《論語困教錄》二卷、《四書未了錄》四卷、《史記節選》二卷、《朱子古文節選》二卷。

端木國瑚 周易葬說 一卷 存

國圖藏道光刻楊曾地理元文四種本

◎姚光晉《瓶山草堂集》卷五《瑣譚》上：工詩文，善易，兼精堪輿學。秉鐸吳興時，注易於尊經閣下。於漢宋諸儒外獨辟新義，以先後天八卦方向為主……後以薦官中書，登上第。澹於進取，日以著書為事。予入都，與鶴田同厲寄園，時相過從。出《易注》與《是石》示余索詩。予作《太鶴洞天歌》，今留集中。《易註》刊成，朝鮮使者購一部去。

◎端木國瑚（1773～1837），字子彝、鶴田、井伯，晚號太鶴山人。浙江青田人。嘉慶三年舉人。十三年授知縣。潛心學業，呈請改任教職。道光十三年取進士，仍以知縣任用，再呈請註銷，改任內閣中書。道光十七年三月告歸，遷居瑞安。八月赴處州，遊遂昌。九月感嗽疾，病故。又著有《太鶴山人詩集》十三卷、《太鶴山人文集》四卷、《太鶴山館初稿》一卷、《太鶴山人詩選》一卷、《地理元文注》。

端木國瑚 周易指 三十八卷 易例一卷 易圖五卷 易斷辭一卷 附錄一卷 存

瑞安玉海樓藏稿本（存四十三卷）

上海藏稿本（不分卷。存上下經）

國圖、北大、上海、南京、山東、湖北、遼寧、四川、北師大、中科院藏道光自刻本

上海、浙江、湖北藏同治東甌郭文元刻本

四庫未收書輯刊影印道光自刻本

◎卷目：易例一卷，易上下經及十翼三十八卷（從費氏、鄭氏、王氏分十翼象象辭連經下易說經），易圖五卷（《尚書》《周官》《詩經》《春秋》等，易圖列第五卷），易斷辭一卷（不能就一卦一爻說者歸說者，歸斷辭，說之已上共四十五卷），易往來卦、八卦世位、卦候、六日七分六十卦、逸象（共五篇十頁，不列

卷，附後）。

◎卷末云：易有象而後有數，有數而後有理，而其象數之間乃有氣。氣者，十二卦候消息之氣為六十四卦往來者也，故《虞氏易》言氣，其言消息，謂姤復遯臨否泰等是皆卦候十二辟卦主卦消息，中孚迄頤等即消息卦，天地氣候陰陽上下始末以中孚頤等卦義明之，不在卦畫，以卦畫陰陽上下已在十二辟卦也。後人復強以十二卦畫上下為卦六十四消息，其卦于易氣候不應，其畫上下所自，皆例窮不通，不可視為消息，故消息即十二辟卦中孚頤等出通卦驗以驗卦氣者，是易六十四卦言象即言氣，而以言數言理易于言象言氣。言數不有可指而言而以言理，皆非易理矣。是以易皆乾天行日月象斗象、晝夜寒暑氣、天地萬物數卦往來，乾天行以驗消息盈虛而知人事，皆此而已。易指言天行，卦畫準象數，推而以備氣與理，此于卷末具上下經、往來卦、八卦世位、十二卦候及虞氏所傳逸象以為說易者考驗，而說易本原則在《易例》，出十翼者是。

◎自識後：余家世業易，先大父雲友府君（大父諱木旁會）隱居青田乾乙峯下，日觀卦象，歲久欲有所撰述，歎年老，每謂且待後人。余于諸孫生晚，生三日，抱見大父，見右胛赤誌、左手掌握大方井文，大父喜曰：「此兒能成吾易。」乃字之鶴田，名之瑚。故余名字乃從始生時大父命也。六歲七歲授《易經》、《孝經》，九歲即大父辭世，為年七十有三。及余少長，十四五方有知識，先父樸山府君（大父用易取父名，故易「六位」而下二字父諱）始以大父遺言進而命之曰：「易者象而已，言天地萬物，象得，理得之。」又曰：「易卦氣六十四卦起中孚，九二是起乾九二，易全部歸之大過顛下歸妹一卦，為天地終始。此汝祖言易，命以告汝者。」余聞茫然。退而觀易卦爻，中孚九二是乾九二，中孚鶴鳴乾在田，恍然悟大父字余鶴田于始生時，取象在此，即知卦觀象法在此，而其時思之不通，且亦謂待後日，于是二十三十走聲譽途，涉獵傳記，求工詩古文辭，百氏皆從事，學盡龐雜。至三十六歲，先父辭世，終喪，乃念先大父遺言及父所以重命余者，廢然反之易。易家言世人謂漢謂宋，各究心病，其于聖人言皆無左驗，又廢然返之易，惟十翼是問。何謂象告、情言？聖人不欺余，辭指所之，可也。易六爻文始終具，六爻質易，一卦質之諸卦，易一經質之聖人諸經及古微言大義，同乃敢信諸心、明諸掌，如是十年。然後起道光元年歲在辛巳，撰《易指》始，閱四年六十四卦具，又二年十翼及圖象具，其于易，在在求言有據行有效，聖人不盡言不盡意，求至聖人無文

字易，反復七于天地萬物，思盡後止。迄道光十六年，歲在丙申，撰《易指》畢，而易卦畫六十四卦井井，于易性命理得，乃象而已；易全部本末終始歸之大過顛下歸妹一卦而已，皆不出先大父所以命余者。余易草本前後若干束，皆歸而藏之乾乙峯下，此青田大鶴山，混元峯居其上，先大父易廬也。書成具以告。兒子輩百祿、百禮及百穀，使長大得知先代隱澤，以業易為家世，俾長勿忘。至余研思易所在地為山長青田正誼書院二年、處州蓮城書院二年、為教官歸安學堂十四年、官中書浙會館紫藤精舍七年，于易共二十六年，成書四十五卷。今剖劂告成，余亦且老矣。自歎此生無裨益于世，其勤苦不過學子職分，但庶幾用竟先志云爾。國瑚自識後。

◎《沈氏玄空學》四十八《論諸家得失》：胡煦、江慎修、張惠言、紀大奎、端木國瑚，皆精於易，胡、江二氏，雖未著地理專書，其所引者皆卑卑不足道，張紀與端木皆有著述，其書無一句可讀，蓋方技之學，無書可供參考，未得其訣，終日在故書堆中搜求，人愈聰明，讀蔣大鴻之書，愈覺沉悶，一入岐途，便不可救藥矣。

段昌綸 大易集解 佚

◎嘉慶《常寧縣志》卷二十二《藝文志・經籍》：《大易集解》，段昌綸撰。

◎同治《常寧志》卷九《藝文・經類・國朝》：段昌綸《大易集解》（嘉慶《縣志》）。

◎段昌綸，字熙之。湖南常寧人。段廷袞三子。

段諤廷 易經字詁 十二卷 存

山東藏道光二十九年（1849）黔陽楊氏長沙刻羣經字詁本

安徽教育出版社中華漢語工具書庫影印道光二十九年（1849）黔陽楊氏刻羣經字詁本

◎各卷前題：湖南黔陽縣歲貢生段諤廷訒庵原稿、本縣教諭寧鄉黃本驥虎癡編訂。

◎目錄：易一上經一計二十三字、易二上經二計二十二字、易三上經三計二十一字、易四上經四計二十五字、易五上經五計二十八字、易六下經一計二十五字、易七下經二計三十一字、易八下經三計二十二字、易九下經四計十九字、易十傳一計二十三字、易十一傳二計二十五字、易十二傳三計三十字。

◎段諤廷，字訒庵。湖南黔陽人。歲貢生。博學工詞章。著有《十三經集字音訓》、《四書字詁》七十八卷、《群經字詁》七十二卷、《儒粹》。

段復昌 周易補注 四十一卷 存

國圖、中科院藏光緒十五年（1889）船山書院刻本

續四庫影印中科院藏光緒十五年（1889）船山書院刻本

◎周易補注卷目錄：上經五卷，下經五卷，上彖五卷，下彖五卷，上象五卷，下象五卷，上繫二卷，下繫二卷，文言二卷，說卦二卷，雜卦一卷，共四十一卷。

◎細目：上經第一卷乾坤，第二卷屯至小畜，第三卷履至豫。第四卷隨至剝，第五卷復至離。下經第六卷咸至明夷，第七卷家人至夬，第八卷遯至鼎，第九卷震至巽，第十卷兌至未濟。上彖第十一卷乾坤，第十二卷屯至小畜，第十三卷履至豫，第十四卷隨至剝，第十五卷復至離。下彖第十六卷咸至明夷，第十七卷家人二夬〔註32〕，第十八卷遯至鼎，第十九卷震至巽，第二十卷兌至未濟。上象第二十一卷乾坤，第二十二卷屯至小畜，第二十三卷履至豫。第二十四卷隨至剝，第二十五卷復至離。下象第二十六卷咸至明夷，第二十七卷家人至夬，第二十八卷遯至鼎，第二十九卷震至巽，第三十卷兌至未濟。上繫第三十一卷天尊至其知神之所為乎，第三十二卷易有聖人之道至存乎德行。下繫第三十三卷八卦成列至立心勿恆凶，第三十四卷子曰乾坤其易之門邪至其辭詘。文言第三十五卷乾，第三十六卷坤。說卦第三十七卷昔者聖人之作易也至故謂之少女，第三十八卷乾為天至為羔。序卦第三十九卷乾至離，第四十卷咸至未濟。雜卦第四十一卷乾剛至小人道消也。

◎衡陽程崇信撰《清故銓選訓導段君嶰峷公傳》：時湘潭王壬秋先生隱居石門，聞知，徒步訪焉。造其廬，則蓬戶蕭條。而君方結茅補宅簷下，塵案破書堆積。與語，悅之甚。凡所啟發，皆能領悟。於是慨然有述作之志，恆就王先生問難辨疑。與同縣賀淇子泌、王積儲伯戎為友。子泌治孫氏今古文《尚書》，與君同志經術。延君課子，君就其家，撰成《尚書孫疏攷》三十餘卷。旋以經學高等補博士弟子員，攝齋上庠，諸生無與為偶。俄爾賀、王相繼物故，故君痛良友云亡，家居鬱鬱……專志圖學，尤精於易，作《周易義證》十

〔註32〕原目如此。

八卷、《漢魏易學署》十八卷。又采秦漢以來迄唐宋諸家軼說補李鼎祚《集解》，乃大綜古義，比附經傳，廣《虞氏例》意為《易補註》及《例表》並四十四卷，稿凡數十易。自言當大疑難時思不可通，夢寐寐中若有鬼神牖啟而豁然開解。恒言聖人微言奧義，本無秘藏，惟奈後儒不自探索耳。書成，頗自喜，以為起羲、文、周、孔而問之，當不甚相刺謬也。晚時更治《儀禮》，亦著書尺餘。丹鉛雜揉，寒暑無間……今所著之《周易補註》及《例表》並他著均藏於家；其《儀體注表》藁本沒後見遺，或曰忠州幕友匿之，或曰吳公異而私之……贊曰：余少時識段先生，見其容貌樸拙，言訥訥如不出，以為謹厚君子也。其後讀書慕之，從問經義，先生改容曰：「通經所以致用，經學者萬世之圭臬也。天下競競興言夷務，儒者苟求富貴，必枉道以求合道術，將為天下裂。《傳》曰：亂之興也，惟禮可已。羣言淆亂，折衷聖經，吾子勉焉。」後十年而有新學之敗，由今觀之，可謂識微見遠者也。

◎自識：易道廣大，囊括靡遺。宣聖傳外，莫獲厥宗。嘗于李、孫先後集解外采入各經緯書及子史集說，目為誼證，又廣蒐入自漢訖唐諸儒遺注。然綜厥家法言皆質誼兼例者唯虞氏校多耳。夫誼見于十翼，後儒各執所志，雖論說紛紛，尟能入其範圍，徒目多口取憎有道。言易者唯言其例足耳！不揆樗昧，因更屬辭比類，援傳合經，補虞氏暨諸家言例之所不及，間亦揚推訓詁違忘刺謬，竝舉近儒數說，微申厥誼，祇以著心力之竭。為書凡四十一卷，唯企同志者匡所不逮焉。時光緒十有五年歲在屠維赤奮若陬月望日，衡陽段復昌識。

◎郭嵩燾《郭嵩燾全集‧日記》光緒七年七月十二日：衡陽段復昌見示《易解補集》（四冊），蓋合李氏鼎祚《周易集解》、孫氏宗彝《易宗集注》二書，徵引諸家說而補其餘義，又自為說發明之，而名曰宗，吾於《周易》不樂漢說，為跋數語歸之。李子茂見示《毛詩餘義》二冊，於《說文》之學深有所得，為稍加批注。後來可畏，吾楚經學之昌，庶有冀乎！

◎周按：《詩》部著錄郭氏《毛詩餘義》，可與此條互參核。

◎段復昌（1838～1895），派名平傑，字嶰塝。湖南衡陽人。王闓運弟子。曾館湖北崇陽令署。赴四川學政吳樹棻幕，主文衡。湖南提學朱逌然重其經學，調入湘水校經堂。曹鴻勳補為廩膳生，將舉優貢而未與。先後主衡州西湖書院、桂陽州龍潭書院，皆以經學講授。

段復昌 周易例表 十卷 存

國圖、中科院藏光緒十五年（1849）船山書院刻本

續四庫影印中科院藏光緒十五年（1849）船山書院刻本

◎周易例表目錄：第一卷五十八卦有元亨利貞及吉凶悔無咎。第二卷六卦無元亨利貞及悔。第三卷六陽爻有元亨利貞及吉凶悔吝無咎。第四卷六陽爻無元亨利貞及吉凶悔吝無咎。第五卷四陽爻祗有厲孚往來。第六卷六陰爻有元亨利貞及吉凶悔吝無咎。第七卷六陰爻無元亨利貞及吉凶悔吝無咎。第八卷六陰爻祗有厲孚往來。第九卷彖例六子及十消長往來。第十卷繫例及傳中八卦相盪。

◎卷首識云：易道廣大，莫測津涯，惟即其例以求其卦例者何？以元亨利貞為德、吉凶得失悔吝為憂虞、無咎為補過，外此則猶有譽艱厲孚往來大川見於卦辭、爻辭焉。卦辭有言元言亨言利言貞（例詳乾與坤注）、言吉言凶言悔言無咎（例詳乾初注）及艱（例詳泰三注）、厲（例詳乾三注）、孚（例詳需注）、往（例詳坤注）、來（例詳需上）、大川者（例詳需注），有不言元亨利貞與悔及艱厲大川而祗言吉言凶言無咎言孚言往來者，《爻辭》六陽六陰有言元言亨言利言貞與吉凶悔吝（各例亦詳乾初注）、無咎及譽、艱、厲、孚、往來、大川者，亦有不言元亨利貞與吉凶悔吝無咎及艱、大川而祗言譽言厲言孚言往言來者，均見經例之變也，至象象傳之例亦不一致焉（詳各注）。合《文言》及《繫》、《說／序／襍傳》均坿之以備一覽。各卦爻取例之由則比類以觀，神而明之，存乎其人。若各句字例，先儒所取亦各有異同，不暇及焉。

段簡生 易經註釋 佚

◎同治《常寧志》卷九《藝文・經類・國朝》：段簡生《易經註釋》（嘉慶《通志》）。

◎段簡生，湖南常寧人。著有《易經註釋》《雙田文集》。

段巘生 太極圖說解 佚

◎嘉慶《常寧縣志》卷十八《人物志・文苑》：所著有《太極圖說》《易經纂義》《菉竹園文集／詩集》，制藝前後兩刻。

◎嘉慶《新安縣志》卷二十四《藝文志》著錄。

◎段巘生，字相山，號柱湖。湖南常寧人。康熙四十五年（1706）進士。考授中書，五十六年（1717）轉知上杭縣。雍正二年（1724）遷知廣東新安縣

（今屬深圳），創文岡書院。雍正三年（1725）以獲罪上官去職。晚卜居菜竹園，寄情山水。與陳滄州友善。又著有《相山文集》三卷、《菜竹園文集》、《粵中集》、《閩中集》、《三山集》、《中洲集》、《京華集》、《吳下集》、《三楚集》、《柱湖詩草》、《靖變紀略》。

段爔生 易經纂義 佚

◎嘉慶《新安縣志》卷二十四《藝文志》著錄。

◎嘉慶《常寧縣志》卷二十二《藝文志‧經籍》：《易經纂義》，段爔生撰。

◎同治《常寧縣志》卷九《藝文‧經類‧國朝》：段爔生《易經纂義》（嘉慶《通志》）。

段玉裁 段氏說文引易 十三卷 存

仲軒群書雜著稿本

◎焦廷琥輯。

◎段玉裁（1735～1815），字若膺，號懋堂、僑吳老人、硯北居士、長塘湖居士。江蘇金壇人。師事戴震。乾隆二十四年舉人。歷知貴州玉屏、四川巫山等縣。引疾歸，居蘇州楓橋，閉戶讀書。又著有《古文尚書撰異》《毛詩故訓傳定本》《說文解字注》《六書音均表》《經韻樓集》等。

敦厚老人注 明道易經 十二卷 存

山東藏光緒二年（1876）濟南府三教堂刻本

山東藏光緒二十一年（1895）四川彭縣刻本

國圖藏 1925 年合川會善堂刻本

山東藏 1928 年濟南三教堂刻本

1976 年臺灣中國孔學會鄭燦訂正本

◎以十二地支分卷。

◎明道易經總目錄〔註33〕：

子集卷之一：始終原序凡例條目二篇。混沌鴻蒙象先天無極圖、混沌鴻蒙象先天無極註。太極變化象動靜陰陽圖、太極變化象動靜陰陽註。皇極發生象五行歸宗圖、皇極發生象五行歸宗註。先天河圖象造化形跡圖、先天河

〔註33〕各卷前另有散目錄，文同不列。

圖象造化形跡註。先天羲皇河圖象發生根宗圖、先天羲皇河圖象發生根宗
註。河圖發生象天干地支圖、河圖發生象天干地支註。河圖天文象五斗七
政圖、河圖天文象五斗七政註。河圖地理象山海發源圖、河圖地理象山海發
源註。

　　丑集卷之二：河圖生人象明道希象〔註34〕圖、河圖生人象明道希聖註。
先天洛書象造化形跡圖、先天洛書象造化形跡註。羲皇洛書象發生根宗圖、
羲皇洛書象發生根宗註。洛書天文象風雲雷雨圖、洛書天文象風雲雷雨註。
洛書地理象中外九州圖、洛書地理象中外九州註。洛書生人象明道希聖圖、
洛書生人象明道希聖註。太極兩儀象四象八卦圖、太極兩儀象四象八卦註。
兩儀四象象天地人物圖、兩儀四象象天地人物註。羲皇八卦象先天根宗圖、
羲皇八卦象先天根宗註。無極先天象八卦天名圖、無極先天象八卦天名註。
太極中天象八卦天名圖、太極中天象八卦天名註。皇極後天象八卦天名圖、
皇極後天象八卦天名註。先天八卦象發生地名圖、先天八卦象發生地名註。

　　寅集卷之三：先天八卦象干支納音圖、先天八卦象干支納音註。先天八
卦象發生人元圖、先天八卦象發生人元註。先天八卦象六十四神圖、先天八
卦象六十四神註。先天變後抽爻換象圖、先天變後抽爻換象註。後天八卦象
天文顯象圖、後天八卦象天文顯象註。後天八卦象日月璇璣圖、後天八卦象
日月璇璣註。四時中星象斗柄定時圖、四時中星象斗柄定時註。日月出入象
百刻消長圖、日月出入象百刻消長註。天帝天將象行度過宮圖、天帝天將象
行度過宮註。四正四隅象節氣卦爻圖、四正四隅象節氣卦爻註。日月合朔象
盈虛消長圖、日月合朔象盈虛消長註。後天地理象宿度分野圖、後天地理象
宿度分野註。後天人元象壽數卦氣圖、後天人元象壽數卦氣註。後天生物象
四生萬物圖、後天生物象四生萬物註。

　　卯集卷之四：一本萬殊象自然卦體圖、一本萬殊象自然卦體註。卦爻陰
陽相六十四總圖、卦爻陰陽相六十四總註。一卦變八象八八六十四圖、一卦
變八象八八六十四註。八卦相綜象三十六卦圖、八卦相綜象三十六卦註。八
卦摩盪象天圓地方圖、八卦摩盪象天圓地方註。八卦相錯象陰陽變化圖、八
卦相錯象陰陽變化註。渾天甲子象納甲根宗圖、渾天甲子象納甲根宗註。六
四卦名象變化次序圖、六四卦名象變化次序註。天地卦氣象陰陽昇降圖、天
地卦氣象陰陽昇降註。乾坤二策象陰陽定數圖、乾坤二策象陰陽定數註。三

〔註34〕卷一前散目錄「象」作「聖」，無誤，此處應為誤字，當作「聖」。

十六宮象七十二候圖、三十六宮象七十二候註。五運六氣象太過不及圖、五運六氣象太過不及註。皇極經世象卦氣周流圖、皇極經世象卦氣周流註。元會運世象周天卦爻圖、元會運世象周天卦爻註。

　　辰集卷之五：年月日時象陰陽消長圖、年月日時象陰陽消長註。天運流行象三元八卦圖、天運流行象三元八卦註。九疇天運象年月日時圖、九疇天運象年月日時註。八卦九宮象箕子洪範圖、八卦九宮象箕子洪範註。太極河洛象大衍之數圖、太極河洛象大衍之數註。律呂配月象隔八相生圖、律呂配月象隔八相生註。乾道變化象各正性命圖、乾道變化象各正性命註。天人合法象呼吸氣數圖、天人合法象呼吸氣數註。魂魄生死象得朋喪朋圖、魂魄生死象得朋喪朋註。黃中通理象正位居體圖、黃中通理象正位居體註。艮背行庭象周天卦爻圖、艮背行庭象周天卦爻註。乾道成男象坤道成女圖、乾道成男象坤道成女註。後天返先象復初還原圖、後天返先象復初還原註。原始返終象超凡入聖圖、原始返終象超凡入聖註。

　　巳集卷之六：周易上經乾卦六爻道註。周易上經坤卦六爻道註。周易上經屯卦六爻道註。周易上經蒙卦六爻道註。周易上經需卦六爻道註。周易上經訟卦六爻道註。周易上經師卦六爻道註。周易上經比卦六爻道註。周易上經小畜六爻道註。周易上經履卦六爻道註。周易上經泰卦六爻道註。周易上經否卦六爻道註。

　　午集卷之七：周易上經同人六爻道註。周易上經大有六爻道註。周易上經謙卦六爻道註。周易上經豫卦六爻道註。周易上經隨卦六爻道註。周易上經蠱卦六爻道註。周易上經臨卦六爻道註。周易上經觀卦六爻道註。周易上經噬嗑六爻道註。周易上經賁卦六爻道註。周易上經剝卦六爻道註。周易上經復卦六爻道註。周易上經无妄六爻道註。

　　未集卷之八：周易上經大畜六爻道註。周易上經頤卦六爻道註。周易上經大過六爻道註。周易上經坎卦六爻道註。周易上經離卦六爻道註。周易下經咸卦六爻道註。周易下經恒卦六爻道註。周易下經遁卦六爻道註。周易下經大壯六爻道註。周易下經晉卦六爻道註。周易下經明夷六爻道註。周易下經家人六爻道註。周易下經睽卦六爻道註。

　　申集卷之九：周易下經蹇卦六爻道註。周易下經解卦六爻道註。周易下經損卦六爻道註。周易下經益卦六爻道註。周易下經夬卦六爻道註。周易下經姤卦六爻道註。周易下經萃卦六爻道註。周易下經升卦六爻道註。周易下

經困卦六爻道註。周易下經井卦六爻道註。周易下經革卦六爻道註。周易下經鼎卦六爻道註。周易下經震卦六爻道註。

酉集卷之十：周易下經艮卦六爻道註。周易下經漸卦六爻道註。周易下經歸妹六爻道註。周易下經豐卦六爻道註。周易下經旅卦六爻道註。周易下經巽卦六爻道註。周易下經兌卦六爻道註。周易下經渙卦六爻道註。周易下經節卦六爻道註。周易下經中孚六爻道註。周易下經小過六爻道註。周易下經既濟六爻道註。周易下經未濟六爻道註。

戌集卷十一：孔易繫辭傳第一章道註。孔易繫辭傳第二章道註。孔易繫辭傳第三章道註。孔易繫辭傳第四章道註。孔易繫辭傳第五章道註。孔易繫辭傳第六章道註。孔易繫辭傳第七章道註。孔易繫辭傳第八章道註。孔易繫辭傳第九章道註。孔易繫辭傳第十章道註。孔易繫辭傳第十一章道註。孔易繫辭傳第十二章道註。孔易繫辭傳第十三章道註。孔易繫辭傳第十四章道註。孔易繫辭傳第十五章道註。孔易繫辭傳第十六章道註。孔易繫辭傳第十七章道註。孔易繫辭傳第十八章道註。孔易繫辭傳第十九章道註。孔易繫辭傳第二十章道註。孔易繫辭傳第二十一章道註。孔易繫辭傳第二十二章道註。孔易繫辭傳第二十三章道註。孔易繫辭傳第二十四章道註。

亥集卷十二：孔易說卦傳第一章道註。孔易說卦傳第二章道註。孔易說卦傳第三章道註。孔易說卦傳第四章道註。孔易說卦傳第五章道註。孔易說卦傳第六章道註。孔易說卦傳第七章道註。孔易說卦傳第八章道註。孔易說卦傳第九章道註。孔易說卦傳第十章道註。孔易說卦傳十一章道註。孔易序卦傳第一篇道註。孔易序卦傳第二篇道註。孔易雜卦傳六十四卦註。

◎明道易經凡例：

一、《易經》非吆異矜奇而註也，圖列天地之名目，雖未出於儒書之典，乃發釋道之經，故爾註焉。

一、《易經》非道聽途說而註也，實係窮源返本，追尋始末源頭，使學易之士有把有柄，故爾註焉。

一、《易經》非違聖背賢而註也，見古聖辭奧理深，下愚難明，辜負聖心，余從淺俗發明，故爾註焉。

一、《易經》非捨本求末而註也，乃除欲究本，明善復初，返身求於內，望人人成聖成賢，故爾註焉。

◎明道易經序：大哉《易經》，由來久矣。從三皇察陰陽而遺後世，自五

老造圖書以負馬龜，午會以當離明，羲皇而王天下。龍馬呈圖，靈龜獻書，觀奇偶以分陰陽，相對待而辨爻象。羲皇畫先天之卦，文王列後天之位，周公孔聖，繫辭演傳。朱子賢儒，立說示註。經四聖以成易，歷數賢而明經。《易》為書，本卦爻象象之義；聖傳道，體太極陰陽之情。所以易有太極，是生兩儀。原來道有易經以明性命。太極者，大道也；兩儀者，陰陽也。八八六十四卦，皆所以順性命之道；三百八十四爻，本然是盡變化之理。統之在道則無二致，而天文地理修身，莫不備焉；散之在理以有萬殊，而治國齊家數學，亦莫由此而全焉。遠在六合之外，近在一身之中，故得之於精神之運，可使之於身心之修。備而三才，全而萬物，至哉易乎？其道極大而無物不包，大哉聖乎？其理極精而無義不貫，易理之明，大道性命，如此其極且盡焉。聖人之憂天下人物，無往弗屆，習於內可以希聖希賢，務於外可以判吉判凶。以窮理盡性為體，以治國齊家為用，非僅卜筮而已矣。今觀世道，悟理悟數者極多，而修身修命者寥寥無幾，果何故也？蓋由理數之學，雖精微而言淺，性命之旨，最奧妙而幽深耳。況乎大道，至尊至貴，非時不洩；又因前聖，半隱半露，非人不傳。上智之士讀易，如同見日；中智之士讀易，如同見月；下智之才讀易，如同見星也。是故習世者多，而修道者寡矣。不時不傳，天心豈有私乎？獨不見帝出乎震，而相見乎離也？半隱半露，聖意豈有私乎？獨不見細出乎龘，而微至乎顯也？嗚呼，道之不明矣，良由細未出也；道之不明矣，良抑以時未至也。今當午會之中，正值離明之令，時已至矣，道當明矣。是故上天命清朝聖君治世，臨御萬方，賢相輔弼，闡明三教，遵聖經，重道德，濟濟多士，野無遺賢，堯舜之會，不過是矣。是以大道當明，而《周易》所由註也。余幼年家貧性魯，資斧無方，不能多讀。及壯，酷嗜易理，尤好丹經，而每有所得，欲筆之於書，以圖後遇知己。無奈詞不達意，每欲註而中止，迄今年近古稀，精研之學未嘗稍廢，覺理數天文概出《易經》之體，丹經子書都由圖象之源，始知天道即大道，《易經》即丹經。雖然，道本在易，不知道是何修，積德感天，乃夢孔聖，以授大道，方明《易經》奧妙之理。於是照經修煉，不計春秋，而童顏鶴髮，精神更健，雖不敢云性體圓明，似覺心花開放。於是更培其德，勉力加修，於丙子年冬，夜將半，恍惚時，見童子來前引余上朝，長跪帝側，帝曰：「《周易》一書即天地之心、大道之理也。爾知之乎？自唐堯中興以後，流行宇宙，迄今數千餘年，聖賢挺生，迭相註釋，因時未至，未敢發明道之淵源。上智之士，亦間有悟其理，未有得其精；而中下一

流，莫名其端倪也。今茲普度時至，大道將明，《周易》當究，子其於前聖之
未發者發之，前聖之未明者明之。子其勿荒勿怠，子其勉之。」余乃奉命而
退。時已雞鳴，東方漸白。乃下榻凝思半晌，莫可如何。我何人斯，敢當此重
任也！欲盡心力，自慚才力不及；欲置之不顧，恐獲上天之譴。乃不惜鄙
陋，註河圖洛書之奧，釋卦象爻象之精，俱係窮源反本、明善復初也。以天
道、地道、人道，串連三才同一體，將儒教、釋教、道教貫通，三家共一途，
使盡性致命而最易，成聖希賢有何難？發明前聖之婆心，顯出先賢之妙義。
列圖六十有四，以應六十四卦。分卷一十有二，而合十二周天，名為《明道易
經》。後待有緣官長，廣發慈悲，請旨頒行，流傳天下，望人人忠君孝親，正
心修身，而登聖域；願個個窮理盡性，誠意悟道，共上慈航。不負古聖先賢傳
易之苦心也矣。是為序。旹大清丙子年梅月望日，敦厚老人薰沐序於朝陽仙
硐之中。

多隆阿 易原 十六卷 存

1931～1934年鉛印遼海叢書本

◎目錄：卷一上經乾、坤。卷二上經屯、蒙、需、訟、師。卷三上經比、
小畜、履、泰、否、同人。卷四上經大有、謙、豫、隨、蠱、臨。卷五上經
觀、噬嗑、賁、剝、復、無妄。卷六上經大畜、頤、大過、坎、離。卷七下經
咸、恆、遯、大壯、晉、明夷。卷八下經家人、睽、蹇、解、損。卷九下經益、
夬、姤、萃、升。卷十下經困、井、革、鼎、震、艮。卷十一下經漸、歸妹、
豐、旅、巽、兌。卷十二下經渙、節、中孚、小過、既濟、未濟。卷十三繫辭
上傳。卷十四繫辭下傳。卷十五說卦傳、序卦傳、雜卦傳。卷十六易例、移
易、變易、反易、交易、陰陽、消息、卦名、卦德、卦象、卦位、卦體、卦時、
卦氣、卦義、卦主、往來左右、大小體、互體、數目、承、乘、敵、應、八卦
次序圖、八卦方位圖、八卦德象圖、八卦分配五行圖、十二辟卦圖、八卦納甲
圖、文王序卦圖、文王孔子演易圖、八純卦、十二類聚卦、乾坤分體卦、乾坤
兼六子體卦、重畫震卦、重畫艮卦、重畫巽卦、重畫坎卦、重畫離卦、自泰來
者凡九卦、自否來者凡九卦、自夬姤來者凡四卦、自剝復來者凡四卦、自臨
來者凡三卦、自觀來者凡三卦、自遯來者凡三卦、自大壯來者凡三卦、自小
過來者凡二卦、自中孚來者凡二卦、互卦圖。

◎自序：古者庖犧氏觀象於天地鳥獸，近取諸身，遠取諸物，以畫八卦。

文王觀六十四卦三百八十四爻，繫之以辭，以明吉凶。孔子作十翼推闡義理，而有大小《象傳》。則贊易亦有取夫象。至於《說卦傳》所云天地風雷耳目手足馬牛龍雉金玉布釜草木果蓏之類，尤為言象之祖。雖及門弟子學易者僅有商子木，而橋庇子庸諸人遞相授受，正賴此一線之延。嬴秦焚書，則以易為卜筮用獨免災毀，此漢儒田氏、楊氏、費氏、孟氏等所以能得淵源相傳於不絕也。縱京君明、焦延壽輩用納甲、飛伏、五行生克作《易傳》《易林》，旁生枝節，不足羽翼聖經，而鄭傳費學、虞傳孟學，精深渾涵，實有非後學所易窺測者。雖用爻辰、旁通、卦時、卦變詮解象象，近於穿鑿，為王輔嗣所譏，而試質之孔子十傳以及《左氏春秋傳》所占繇辭，往往悉合。惟其師承有自，故與古不相戾也。迨夫兩晉六朝，去古漸遠，而漢儒易注多有存者。郭景純、干令升諸人占筮卦辭猶能得周史遺意。至於有唐，易學兩歧，言象言理，各分門戶。則侯行果、李鼎祚猶嘗稽求漢魏注疏，詳究象說，匯為成書，以傳後世。《周易集解》今茲盛行，其廣輯博取，不必盡醇，然而古注之一斑，僅賴有此，則李氏之功巨矣。宋元以還惟遵王注，力駁言象之失，而前儒易學乃因以漸微。夫易有聖人之道四焉，辭象變占相為表裏，使黜象數而言義理，是於聖人之道去其三而僅餘其一也。且於易中所言龍馬鬼神詘伸往來之文，半歸惝怳，無所依據，又何怪釋道二氏課虛無者，剽竊其宗旨以為參悟書哉。漢魏至今，年代愈遠，前儒著述，大半淪亡。雖荀慈明、鄭康成、虞仲翔、范長生輩遺文尚在，鮮有完璧。今試廣為纂輯，其見於他書者，亦摭拾之，有疑則姑從闕如。而唐宋以後諸儒言象者，亦兼取之以備參考。余固不敢言學易獨有心得，但期古學未墜，欲求易象，則斯編或有萬一之小補云。歲在強圉大淵獻相月初吉自序。

　◎又序：古者聖王傳心，曰性命、曰道德、曰仁義禮知，而孔子繫易曰「一陰一陽之謂道，繼之者善，成之者性」，曰「知崇禮卑。崇效天，卑法地」，曰「成性存存，道義之門」，曰「閑邪存誠，忠信進德」，曰「敬以直內，義以方外」，聖王傳心之要，咸於易中備言之。則是易兼通卜筮，而實為傳心之書也。蓋自商子受易，五傳而至田子莊。子莊轉受東武王丁將軍等，支流愈遠，門戶漸分。如京氏之《易傳》、焦氏之《易林》，僅可為玩占用。而馬、鄭、荀、虞各有疏解，如以卦氣、卦候、卦位、卦變、爻辰、旁通、納甲、飛伏立說，不無穿鑿之失。王輔嗣忽倡得言忘象之議，於眾口紛雜之餘，亦可謂不囿流俗矣。然而獨憑臆見，援引莊、老，悖畔聖經，其非固不待辨，至於將眾

儒師承之說一掃而空之，後人詆為罪浮桀紂，良有以也。嘗讀《漢書‧藝文志》，彼時注易者十有三家，施、孟、梁邱之易皆列學官。費高之學，民間私相授，受今其書多不傳。所傳者惟馬、鄭、荀、虞諸子，而簡斷編殘，文義缺略，僅存梗槩。則其說卦曰辟、曰互、曰陰陽消息，實得三聖之心學者。加意玩索，從此類推，注疏之精，仿佛可得。儻必因其不純而一例廢之，是懼噎廢食、懼覆廢車也，奚可哉。夫《詩》言風雅而義歸無邪，《書》言政事而義歸執中，《禮》《樂》言儀文詠歌而義歸陶情淑性，是古人立言未有窮高極遠，恍惚難據者。易雖極陰陽之變、窮物類之微，而大旨在震無咎者存乎悔、無咎者善補過也。人非聖賢，不能無過。有過能補，轉凶為吉。則補過兩言，與《詩》之無邪、《書》之執中、《禮》《樂》之陶情淑性，一而二，二而一者也。故曰《易》為聖王傳心之書也。唐宋以還，注易者代有其人，而惟《程傳》《本義》盛行於世。朱子《本義》雖本《程傳》，而多用卦變，與程子已不能強同。程子注損三爻亦曰：「三陽同行則損九三以益上，三陰同行則損上六以益三」，仍不廢損自泰來之說。一卦如是，他卦亦宜如是。漢儒注經，實有依據，即此可見一斑也，是宜因一斑窺全豹矣。余自弱齡讀易，僅能記誦。少而習焉，稍長，粗能解釋。成童以後，就學遼瀋，得見學校藏書，參以師友講論，不揣固陋，僭為折衷，輯成篇帙。私藏於篋已十數年，草凡五易，釐為十六卷，名之曰《易原》。原者本原也，推原也。言漢儒學有本原，余因漢說而推原之。原古字作原，亦作源，是水之源也。余以漢說為源，漢以施、孟、梁邱、費氏等為源，而此諸子又以田氏為源，實以虞氏子乘、周氏子家、馯氏子弓、橋氏子庸、商氏子木為源也。疏導其源，冀使中無壅塞，流庶孔長云爾。時道光丁酉白山滿洲舒穆祿氏多隆阿又序。

◎金毓黻《遼海叢書總目》：張玉綸氏為先生志墓，稱著有《易原》十五卷、《易圖說》一卷、《易蠡》十五卷，今惟《易原》有清本，為岫巖李慶彰所鈔藏，舉以貽遼陽袁氏，茲故據以付印。其作十六卷者，合《易圖說》一卷併計之也。《易蠡》亦有稿本，惟塗乙太多，不易整理，容俟異日續印。

◎多隆阿（1794～1853），一名廷鼎，字文（雯）溪，另字任之，號文希。舒穆祿氏，先世長白琿春人，隸滿洲正白旗，生於遼寧省岫岩縣南孫家堡。人稱遼東名士。

E

恩年　易成　二卷　存

　　國圖、山東藏光緒十三年（1887）積善堂重刻本
　　◎以易解醫之作。

恩年　易成方　二卷　存

　　國圖、山東藏光緒十三年（1887）積善堂重刻本
　　◎以易解醫之作。

F

樊錫貴 讀易入門便鈔 一卷 存

國圖、湖北藏道光十年（1830）陽邑曹氏近思堂刻本

◎一名《讀易入門》。

◎《山西大學圖書館線裝書目錄》作《讀易入門便》。

范爾梅 大易劄記 五卷 存

上海、中科院藏康熙二年（1662）濠上存古堂刻本

國圖、北師大、南京、南大藏雍正七年（1729）敬恕堂刻讀書小記本

◎序：六經皆載道之書也，而其示聖人之精、發聖人之蘊、冒天下之道、為五經之源、盡天地鬼神之奧者，則莫如《易》。《易》其至矣乎！當夫一畫未畫之前，易理自在天地而人不知也。迨夫剛柔摩盪而後天地悉具易中，而人終未知也。知之者其惟包犧、文王、周公、孔子乎？包犧氏觀天察地、取身取物而作八卦，以通德而類情，蓋有无俟辭說而其理自昭然若揭者，然卒不可以責之大賢以下之人也，此《彖》《爻》《象》《繫》文、周、孔子所以不能无辭焉。然則人之學易者果能率辭揆方，深明乎參伍錯綜之義、相得有合之數，則于易思過半矣。奈何近今之業是經者，類多擬題集文，以為取青紫之終南，曾弗取全經而讀之，又何責乎其明經？即間有明達之士素號通經者，亦不過晰其卦爻、辨其象象而止，至詢以无方无體之妙、至精至變之義則括囊而已矣，无惑乎象立卦設而聖人之精終不可得而見、聖人之蘊終不可悉得而聞也。吾鄉雪菴范先生，聰慧天授，理學家傳，才不歉於八斗，胸寔富乎五車。生平

著述汗牛充棟，四子五經咸有札記，其于《周易》尤究心焉。觀其卦變三圖、六圖、十二輪，不惟遠越剽切者之所為，抑且高超僅晰卦爻、辨象象者之涉獵，而直有以見聖人之精、發聖人之蘊，而使天地鬼神之奧不終藏也，則茲集猶其淺焉者也。雖然，自世之學易者視之，則已茫乎莫測其畔岸、浩乎不知其津涯已，寧淺也乎哉？！康熙癸卯季夏，同井世晚生范季隨頓首拜題於竹林之潛古山房。

◎周按：是書卷一論朱熹《周易本義》卷首九圖及附歌，卷二至卷五詮釋經文，不全載經文，不字解句釋，祗標舉某卦某爻某節，總論其大義，大體引史事以推闡心性理氣之學。

◎范爾梅，字梅臣，號雪庵。山西洪洞人。雍正貢生。又著有《讀書小記》三十一卷、《中庸札記》一卷、《論語札記》一卷、《雪庵文集》。

范爾梅 婁山易輪 一卷 存

中科院藏康熙二年（1662）濠上存古堂刻本

國圖、北師大、南京、南京大學、湖南藏雍正七年（1729）敬恕堂刻讀書小記本

◎一名《易輪》。

◎易輪引：易輪者，羲易之變也。羲易極天下之至變，而周易反變實以發明羲易之變，有非漢唐以下諸子所能盡其變者。愚嘗思而衍之十餘年，乃為此圖。其法止于一闢一闔而惟變所適，足以撥轉六十四卦，使之周流六虛，往來不窮。而旋轉如輪，所謂成變化而行鬼神，不疾而速，不行而至，莫之為而為者，雖其變其象多先儒之未發，而揆之先天之易、中天之易、後天之易及《繫辭》《說卦》之旨，百慮而一致，殊途而同歸，是故始于生生，成于相得有合，終于窮上反下，可以見易之至精至變至神。而其為方，則山農野老、兒童走卒之與知與能而已矣。顧其縱橫六變，迥異宋儒，未足徵信于世。然六變之一上一下，與三百八十四爻之一奇一偶有奇合焉；六變之窮上反下，與乾坤六子之三索、序卦雜卦之反對，又有奇合焉。庶幾可以自信矣夫！康熙甲申日在尾，婁山范爾梅書。

◎周按：是書為范氏《讀書小記》之一，鈔撮未定，故與《易卦考》等書多有重複之處，宗旨亦大同小異。

◎摘錄卷首：世傳離艮乾巽震坤兌坎之八卦，四陽居上，四陰居下，一

合一分，一緯一經，三變而復初，不知出于何人何書。一日，以羲卦坐洛書旋轉求之，凡八轉而得離一艮二乾三巽四震六坤七兌八坎九之數，適與前卦相符，獨惜其不能因而重之以成六十四卦，且非羲易之本然，不可以示學者。予乃以其法施之羲易，移左行為右行，而乾坤定位，羲易之變乃成。蓋彼之乾數居乎三橫而列之，乾坤位乎中以統六子，左行而定位。羲易之乾數居乎一橫而列之，乾坤位乎外以統六子，右行而定位。其理勢然也，非可意為也。夫乾坤不變而後可以為六子之變，是以合之分之、縱之橫之，三變而窮上反下，乃復其初，而羲卦之變如環無端矣。既而思易之變在此，易之生亦應在此，乃割空白紙上四下四，上畫奇下畫偶，一變而生初爻，再變而生二爻，三變而生三爻，適合羲易之序，此《生生圖》《卦變圖》之所為作也。由是因而重之，分空白紙為六十四，復如前法，縱橫六變以生三百八十四爻，復合羲易之序，此《大生生圖》之所為作也。由是以既成之卦復如前經營六次，以為六十四卦之變，此《大卦變圖》之所為作也。四圖既成，乃觀其變與象之所至，以證《繫辭》《說卦》主篇之說。

范爾梅 易卦考 一卷 存

中科院藏康熙二年（1662）濠上存古堂刻本

哈佛大學、國圖、北師大、南京、南京大學、湖南藏雍正七年（1729）敬恕堂刻讀書小記本

◎條目：論河洛、先天卦變考、彖傳卦變考、八卦變六十四卦圖（此與先天卦變不同）、八卦之交又成八卦（即方圖西南東北斜卦也，記其數如左）、八卦上下反對所謂重卦不變者八也記其數如左、先天六卦卦變圖、參伍錯綜。

◎都諫陳南麓先生手評（癸巳）〔註1〕：黃鍾律元，萬事根本。動靜陰陽，不離太極。此蔡季通所以探微抉渺，而子朱子採以成書也。卦變諸圖窮乾坤六子之奧，捃縫圖以順逆六均詳求中聲，皆發微之論。具此邃學，以之闡揚道要、鼓吹休明，跂予望之矣。

◎易卦考序：《易》者陰陽變化中之書也，其卦八，其變六十有四，其體有剛有柔有闢有闔，其用有動有靜有順有逆，其位有上有下有左有右，其數生生而不窮，此庖犧氏所創畫也。文王始作《繫辭》，周、孔因之，其文有彖有爻，有象有傳，此《周易》所為經也。雖其位為之一變，而為卦者自若。《連

〔註1〕《易卦考》本書首附。

山》《歸藏》見於夏商,而後皆不用,所用者惟《周易》耳。第《周易》有文而羲卦惟畫,學者故難言之。今以邵氏之圖證之劉牧,不合也。即謂出自圖書,而按之河洛之文仍不合也。乃婁山范公獨能合之以盡藏羲、文畫卦之變,豈非說易之能事哉?吾聞河圖之篇有九、洛書之篇有六,既已散軼不存,曩所傳《關朗易傳》,朱子亦言其偽。即善易若京、焦、王、鄭諸人,初未嘗繪圖以傳。後自種放、李溉俱出陳搏之門,受河洛之學,歷數傳至劉、邵,而其說刺謬不同,後人雖抑劉申邵,而加以羲、文之卦,則亦不能悉合以曲盡其變。意者發蒙啟蔽各需其時,千載以下必有待於能者矣。夫參伍錯綜以通其變極其數者,易之教也。文王明夷、尼父旅人,聖人既以憂患作易,而三陽失位,於以知未濟之窮,在醫翁篾叟且能言之,學者又何可不尚象哉?山陰宋祖昱譔。

范家相 古趣亭易說 一卷 未見

稿本

◎雷夢水《古書經眼錄》著錄「古趣亭易□□□不分卷,底稿本」,疑即此書。

◎道光《會稽縣志・人物志》:所著有《詩瀋》二十卷、《三家詩拾遺》十卷錄入《四庫全書》,《易說》二卷、《書義拾遺》七卷、《四書貫約》十卷、《夏小正輯註》四卷、《家語證偽》十卷、《韻學考原》二卷、《今韻津》五卷、《史漢義法》十卷、《史記蒙拾》三卷、《廟制問答》二卷、《刑法表》四卷、《南中日札》四卷、《文集》二十卷藏於家。

◎范家相,字左南,號蘅洲。浙江會稽人。乾隆十九年進士,授刑部主事,歷郎中,出知柳州,歲餘告歸,尋卒。又著有《詩瀋》二十卷、《三家詩拾遺》十卷、《家語證偽》十一卷、《環淥軒詩草》五卷、《范蘅洲先生文稿》、《古趣亭未定草》七卷。

范宏禧 潛索錄 四卷 存

乾隆五十四年(1779)刻本

◎《欽定八旗通志》卷一百二十《藝文志》:是編多推尋義理,皆其病中所劄記。歿後其子建幟為刊板。前有乾隆壬申孫家淦序。其學即數以求理,宗派在邵、陳、程、朱之間。

◎范宏禧(?~1751),字畏齋。大學士范文程曾孫。太學生。幼以苦學

致疾，遂無意仕進，惟深究宋儒之學。推尋易理，札記成書。著有《潛索錄》四卷。

范峻 易經講義 十卷 佚

◎光緒《霑化縣志》卷十一《方技》：著有《易經講義》十卷，邑令童均為之序，藏於家。

◎光緒《霑化縣志》卷十六《叢談志》：范岐〔註2〕《易經講義》十卷。

◎范峻，字景坡。山東霑化人。庠生。

范日俊 河洛數說 一卷 存

北大藏乾隆三十九年（1774）古虞范氏刻貫一堂印本易庸會通附本

◎乾隆《紹興府志》卷七十七《經籍志》一、光緒《上虞縣志校續》卷三十九《經籍志》、光緒《上虞縣志》卷三十六《經籍志》：《易庸會通》七卷（乾隆《府志》：范日俊撰。《圖說》三卷、《易學變通》《易道彌綸》《易圖質疑》《河洛數說》各一卷）。

◎范日俊，字友千。浙江上虞人。又著有《地理辨訛》。

范日俊 圖說 三卷 存

北大藏乾隆三十九年（1774）古虞范氏刻貫一堂印本易庸會通附本

◎光緒《上虞縣志校續》卷三十九《經籍志》：《易庸會通》七卷（乾隆《府志》：范日俊撰。《圖說》三卷、《易學變通》《易道彌綸》《易圖質疑》《河洛數說》各一卷）。

范日俊 易道彌綸 一卷 存

北大藏乾隆三十九年（1774）古虞范氏刻貫一堂印本易庸會通附本

◎光緒《上虞縣志校續》卷三十九《經籍志》：《易庸會通》七卷（乾隆《府志》：范日俊撰。《圖說》三卷、《易學變通》《易道彌綸》《易圖質疑》《河洛數說》各一卷）。

范日俊 易圖質疑 三卷 存

北大藏乾隆三十九年（1774）古虞范氏刻貫一堂印本易庸會通附本

〔註2〕原文即作岐，非峻。

◎或著錄不分卷。

◎光緒《上虞縣志校續》卷三十九《經籍志》:《易庸會通》七卷（乾隆《府志》:范日俊撰。《圖說》三卷、《易學變通》《易道彌綸》《易圖質疑》《河洛數說》各一卷）。

范日俊 易學變通 三卷 存

北大藏乾隆三十九年（1774）古虞范氏刻貫一堂印本易庸會通附本

◎光緒《上虞縣志校續》卷三十九《經籍志》:《易庸會通》七卷（乾隆《府志》:范日俊撰。《圖說》三卷、《易學變通》《易道彌綸》《易圖質疑》《河洛數說》各一卷）。

◎《八千卷樓書目》亦著錄為一卷。

◎或著錄作范日浚。

范日俊 易庸會通 三卷 附補遺附記 存

北大藏乾隆三十九年（1774）古虞范氏刻貫一堂印本

◎何天衢詮釋，范金補遺，范玉附記。

◎光緒《上虞縣志校續》卷三十九《經籍志》:《易庸會通》七卷（乾隆《府志》:范日俊撰。《圖說》三卷、《易學變通》《易道彌綸》《易圖質疑》《河洛數說》各一卷）。

◎或著錄作范日浚。

范日俊 易庸會通續編 三卷 存

南京藏清刻本

范生洸 易解 佚

◎乾隆《潮州府志》二十八《儒林傳》:潛心理學，纂《四書要旨》五卷、《四書詳說》二十卷、《四書反約》十卷，復輯《易／禮／春秋》各解。學使者旌其廬曰濂洛心傳。

◎范生洸，字漢輝。廣東大埔三河人。諸生。

范士驥 易經集解 四卷 佚

◎孫葆田《山東通志》卷百二十七《藝文志》第十:是書見《縣志》。

◎同治《即墨縣志》卷十《藝文》：范士驤《四書集解》十卷、《易經集解》四卷。

◎同治《即墨縣志》卷九《人物》：所著有《啟蒙》數十卷。

◎范士驤，字稱若，號伯野。山東即墨人。范德顯孫。康熙丙申歲貢。卒年七十二。

范泰衡 讀周易記 六卷 存

國圖、南京、山東、湖北藏同治十二年（1873）范氏家塾刻

北師大、中科院藏同治十二年（1873）范氏家塾刻光緒四年（1878）改定本（附補記）

重慶市開藏光緒十二年（1886）刻本

◎尚秉和《尚氏易學存稿校理‧易說評議》：據其自述，在萬縣時所見僅本義一書，每有於此可解、於彼不可解者，思之數月，忡怔疾作，遂廢棄不為。後其子守鳳陽，就養署中，卒成此書。於每卦不章解句釋，渾言大義，蓋以宋人為宗。宋人之中，尤以程朱為重，然能糾其失。如說乾二五利見大人云：先儒皆言二利見五，五利見二，讀象傳文不然。五曰大人造，二曰君德。大人即二五也。二曰德博而化，五曰聖人作而萬物覩。利見非二五相利見也。按二利見九五之大人，九五利見九二之大人，說始於鄭玄，宋程朱皆采其說。夫利見者利於出見也，二五不相應，如何能相利見？程子覺其不安，乃又造為同德相應之說，益違易理。范氏能覺其非，稍異流俗。又說黃裳元吉云：程子以坤為臣道婦道，居下則元吉，居尊則大凶，如羿、莽，如女媧氏，如武氏，非常之變，不可言也，故以黃裳為戒，而不盡言。按此等義理之解，直不識易為何物，且以女媧氏為女主，其陋亦甚矣。徒以明清以來，國家功令，尊尚程朱，無人敢議。茲書駁之，雖不盡當，然使後學尚知其謬，亦不無小補。惟全書解說，浮泛空滑，不惟捨象數不談，於易理尤欠明瞭。其六十四卦，徒糾纏於宋人束身寡過、防微杜患之陳言，已屬無味；至解說文言、上下繫、說卦、雜卦等傳，尤支離附會，違背經旨。蓋范氏參攷之書，除宋人外，至注疏而止，兩漢古注皆未寓目。故中義理之毒，淺陋如斯也。

◎周按：范氏字伯崇。此書或著錄為范崇伯，誤。

◎范泰衡，字伯崇。四川隆昌縣人。舉人。官萬縣訓導。

范維新 五峰遺書 不分卷 存

山東藏稿本

◎或著錄作范維增。

范尉曾 周易詁辭 四卷 存

藍格稿本〔註3〕

國圖藏臺灣文史哲出版社 1998 年蠹硯齋叢書本〔註4〕

◎目錄：卷一上經。卷二下經。卷三彖上下傳、象上下傳。卷四繫辭上傳、繫辭下傳、文言傳、說卦傳、序卦傳、雜卦傳。

◎范尉曾，字耕研，號冠東。與弟紹曾、希並稱「淮陰三范」、「南雍三范」。以績學聞於南雍，治周秦諸子。又著有《國學常識》、《蠹觀齋讀書隨筆》、《章實齋年譜》、《管子集證》、《辯經疏證》、《呂氏春秋疏證》等。

范咸 周易原始 六卷 存

國圖、南京藏乾隆十九年（1754）刻本

四庫存目叢書影印乾隆十九年（1754）刻本

◎目錄：卷之一上經乾至否，卷之二同人至蠱，卷之三剝至離，卷之四下經咸至益，卷之五夬至艮，卷之六漸至未濟。

◎自序：《周易原始》者，遵《折中》之旨而作是書也。六經惟《周易》未遭秦火，顧未能滅經，而六經至今亡而不亡，亦不亡而亡，則以後世讀經者之未能好學深思爾。晁以道有云：「《易經》始變於費氏而大亂於王弼，古十二篇之易遂亡。」少時私臆竊以其言為過，迨後徧閱前人經解，諸家之本互異，乃深知晁說為非謬。獨怪後世章句專遵朱子《本義》而篇次則仍程子舊本，因循簡便，舍其是而襲其謬，古本竟廢，良可嘆也。《折中》頒行，列上下經於前而《象傳》《文言》以下十翼各分卷帙，卓然有功于經，而村學究不能得其書，今流行者獨王氏本，咸憾焉。夫傳本以釋經，乃經傳混淆，沿至應試，擬題率有傳無經，蓋皆習焉不察矣。古者四聖作易，其理同而其義各不相襲，伏羲畫卦不立言語，文王《彖辭》斷一卦之吉凶，周公《爻辭》斷一爻之吉凶，不必盡同。孔子作傳，更推廣其理，十傳亦自有互異處，故孔子之

〔註3〕 2017 年 6 月 25 日現身上海博古齋拍賣有限公司拍賣會。
〔註4〕 周按：著錄作者為范耕研。

易不可即以為文周之易。朱子之說已自見到，而俗學固不知也。由漢迄宋，以註易傳者七百餘家，今且倍之，蓋較他經為尤夥。然諸家或言象而蔑理，或言理而遺象，其紛紜穿鑿亦較他經為尤甚。夫易原始於畫，有畫而象其成焉，有象而理寓焉。耳目之於聰明，父子之於慈孝，有物有則，即象即理，胥是道也。漢儒說易，主象猶不失古義，而語多駁雜不純。自輔嗣棄象言理，程子因之，朱子《本義》稍稍求之，於象多不得解，常闕其義。唯朱漢上《集傳》、胡雙湖《纂疏》于象義微窺其藩籬，然或失之於鑿，若程沙隨、項平甫、吳草盧之屬；或偶得一卦一爻之義而不能通之全經，至前明來瞿唐《圖解》以錯綜盡之，非無一知半解而時形鄙陋。何元子《訂詁》獨兼理象以立言，而雜引納甲、術數諸書，未底於大醇。蕭山毛大可別為三易之說，於卦變宗旨究未了徹。蓋《周易》經義之晦久矣。咸自雍正乙卯罷官閒居，得以徧讀諸家經解，嘗即一二語觸類引伸，自覺有得，遂竭二十年之力精研參考，晝之所思，繼之以夜，必求字字得解，專釋上下經而止，脫稿後更改者五六矣。昔伊川先生作《本傳》僅六十四卦，不及《繫辭》；馮厚齊《易象通義》、徐至《大易解》亦皆止上下經。而錢子是《釋傳》二十卷則專以傳為主。蓋自古經傳皆單行，箋注家正不妨各行其志耳。咸既遵用《折中》本釋經，并不及《象傳》。徧採諸儒舊解之合者著于篇，而竊附以已見。為功為罪，願以質之好學深思之人。書成，命之曰《原始》。原始者，原經之所以始，即原畫之所以始也。亦欲世人讀經而知經之所以為經，然後可以讀傳。後有欲釋傳者，固有錢氏之準繩在。乾隆十有九年歲次甲戌陽月，范咸自序。

　　◎引用註疏諸家姓氏：孟氏喜長卿《章句》十卷。費氏直《易註》四卷。許氏慎叔重《異義》、《說文》。京氏房君明《易傳》三卷。馬氏融季長《章句》十卷。鄭氏元康成《易注》十卷。荀爽慈明《九家易解》十卷《章句》十卷。宋氏衷仲子《易註》五卷。姚氏信德祐一字元直，《易註》十卷。瞿氏子元。虞氏翻仲翔《周易注》十卷。陸氏績公紀《周易注》十三卷。已上所謂九家易也。干氏寶令升《易傳》十卷。王氏弼輔嗣《易註》十卷。王氏肅子雍《周易注》十卷。孔氏穎達仲達，一作沖遠，《正義》十四卷。陸氏元朗德明《周易文句義疏》二十卷、《文外大義》二卷。御纂《周易折中》。顧氏炎武寧人亭林《日知錄》。毛氏奇齡大可《仲氏易》、《易小帖》。張氏英敦復，桐城，《衷論》。徐氏與喬楊貢《初學辨體》。李氏光地厚菴，安溪，《通論》《觀彖》。王氏心敬爾輯《豐川易說》。孫氏嘉淦錫公，合河《象意》。潘氏思榘絜

方《淺釋》。

◎乾隆《杭州府志》卷五十七《藝文》一：《周易原始》六卷（國朝御史錢塘范咸九池撰）。

◎四庫提要：其書惟解經文，不及十翼，大旨以理始於象，象始於畫，又以萬物始於陰陽，象始於日月，取《繫辭》「陰陽之義配日月」之語，而總以陰始於陽為斷，故名《原始》。其說多采輯古義，不以白圈、黑點依託圖書，亦不以禪偈、道經空標心性，較明以來諸家說易頗為篤實。然其長在盡掃卮言，其短亦在好生新意；如謂「元亨」之「元」為陽在下，至於陰卦亦每稱元，義有難通者亦曲伸其說。又謂上經皆陽盛之卦，下經皆陰盛之卦，而上經有剝、復，下經有中孚、大壯，理有所格，亦必強合其義，是又好持己見務勝先儒之過矣。

◎范咸，字貞吉，號九池。浙江錢塘（今杭州）人。雍正元年（1723）進士，官至監察御史。

范舟鑾　義經蠡測國音　不分卷　存

◎范舟鑾，四川唐安人。

范紫登　易經體注大全會解　四卷　存

掃葉山房刻本

清聚錦堂刻三色批校本

光緒六年（1880）重刻本

方苞　讀易偶筆　佚

◎劉聲木《桐城文學撰述考》卷一「方苞撰述」：《讀易偶筆》。

◎方苞（1668～1749），字靈皋，鳳九，號南山牧叟，晚號望溪。安徽桐城鳳儀里人，生於江寧（今江蘇南京）。康熙四十五年（1706）進士。康熙五十年（1711）牽連《南山集》案入獄。赦出後隸漢軍旗籍，入值南書房。康熙六十一年（1722）充任武英殿修書總裁。歷官翰林院侍講學士、內閣學士兼禮部侍郎、禮部右侍郎、經史館總裁。乾隆七年（1742）辭歸。為學宗程朱，古文重義法，與姚鼐、劉大櫆合稱桐城三祖。著有《周官辯》一卷、《周官集注》十三卷、《周官析疑》三十六卷、《考工記析疑》四卷、《儀禮析疑》十七卷、《禮記析疑》四十六卷、《喪禮或問》一卷、《春秋比事目錄》四卷、《春秋

直解》《詩義補正》八卷、《左傳義法舉要》一卷、《史記注補正》一卷、《離騷正義》一卷、《奏議》二卷、《文集》十八卷、《集外文》十卷、《補遺》十四卷。又刪訂《通志堂宋元經解》。

方本恭 春水船易學 七卷 存

上海藏嘉慶三年（1798）刻本

◎子目：《象數述》四卷、《內經述》一卷、《算術述》一卷、《等子述》一卷。

◎方本恭，字鼎篆，號山子，又號春水。浙江嘉興人。

方本恭 象數述 四卷 存

上海藏嘉慶三年（1798）刻春水船易學本

◎光緒《嘉興府志》卷八十《經籍》一：方本恭《易學象數述》四卷。

◎光緒《嘉興府志》卷八十一《經籍》二：方本恭《象數述》四卷、《算術述》一卷（案此二種與《內經述》《等子述》合刻之為《春水船易學》。然此乃易道之旁通者也，故各以類分列之）。

方成珪 干常侍易注集證 一卷 存

浙大藏孫詒讓玉海樓鈔本

國圖藏清鈔本

永嘉黃氏 1931 年鉛印敬鄉樓叢書本

◎子目：輯易乾鑿度、孟氏易、京氏易、世卦起月例、八宮世卦圖、四正卦爻氣圖、九家易逸象、虞氏逸象。

◎方成珪（1785～1850），一作成圭，字國憲，號雪齋、寶齋。浙江瑞安人。嘉慶十三年（1808）舉人。道光中官海寧州學正，升寧波府教授。精研小學，尤勤於校讎，官俸所入，購藏書萬卷。黃式三謂「瑞安治考據之學自成珪始」，其祖方之正，字中行，明天啟四年（1624）舉人，著有《大易辨疑集》。著有《干寶易注疏證》、《集韻考正》十卷、《字鑒校注》五卷、《守孔約齋雜記》、《韓集箋正》、《唐摭言校正》、《寶研齋吟草》一卷等。

方成珪 干常侍易注疏證 一卷 存

溫州藏嘉慶道光稿本（孫詒讓校並跋）

國圖藏清鈔本

永嘉黃氏 1931 年鉛印敬鄉樓叢書本

◎自序:《易》為四聖人書,絜靜精微,鴻生鉅儒難言之。然漢代言易者如孟長卿之卦氣、京君明之世應飛伏、鄭康成之爻辰、荀慈明之升降,皆淵源有自,豈可以象數小其學哉?今升易義胚胎孟、京,輔以翼少君六情、十二律、風角之占,而證諸人事,則專屬水衰木王時,蓋易之興於殷末世周盛德,當文王與紂之事。吾夫子不嘗標舉以示人乎?準是為言,義自不易。惜全書不獲寓目耳。爰取各本校參,錄為是編,而博采旁搜,為之疏證,其說解各有原本,有非數言可以通曉,復為集證以附於後。計三閱月告成。趐見寡聞,不足發明緒論,而於鴻生鉅儒所難言者輕贊一詞,僭越之誅,無所逃避。尚望窮經耆古之君子,恕其狂瞽,有以啟其檮昧焉。時道光丁酉陽月既望,後學瑞安方成珪謹敍。

◎孫詒讓跋〔註5〕:干令升《易注》,南宋以來久佚。微文碎義略見於陸氏《釋文》,又李氏《集解》。近代集本有屠曾、張惠言、孫堂、馬國翰四家,惟張本間有箋,然甚略疏,於干易義例未能詳述也。此書為吾鄉方雪齋教授所箸,校釋精備,遠出諸集本之上。又以干易義本孟、京,以孟、京例校干語,大較符合,別為《集證》一卷以廣其義。干書雖亡,得此足見其概矣。槀本藏教授曾孫方中矩所,余從訪得《別錄》,為此冊手槀,朱墨粗互,未為定本。今以意覆校理董之。《集證》尾頁理爛文缺,未敢肊補,謹仍其舊。光緒辛巳冬校成記之。邑後學孫詒讓。

方詞林 易想 佚

◎光緒《嚴州府志》卷十九《人物》:腹笥淹博,尤精於經學。著有《詩說》《春秋類言》《易想》《尚書節註》《禮記纂要》諸編。

◎方詞林,浙江遂安人。以諸生高等選入成均。又著有《詩說》《春秋類言》《尚書節註》《禮記纂要》。

方芬 周易補義 四卷 存

上海、南京、湖北、安慶、中科院藏康熙十五年(1675)新安時術堂刻本

◎一名《易經補義》。前有《周易字畫辯疑》一篇及圖說一卷。

〔註5〕又見於孫詒讓《籀膏遺文》卷上。

◎凡例：

一、是集羽翼聖經，務在恪遵傳註。所輯《大全》《衷旨》諸書，稍與《本義》相悖者，雖出新裁，不敢妄附。

一、是集專為舉業，故於大小試題詳加研究，章旨節要，逐句闡明，逐字襯貼，仍用雙圈以標眼目、尖點以醒脈絡。庶大旨所在，開卷了然，而風簷寸晷之中自能悉中欵綮。

一、是集以便童蒙誦習，不敢過為艱深。其與《本義》相發明者，取捨繁簡悉聽讀者審裁。

一、是集謹述先王父《易旨正宗》、先嚴《易經要旨》、業師江、吳及舅父程教益。海虞錢夫子指示，故集內間附臆說，淵源容有所自。

一、是集有未經補註者，以大文及《本義》辭意明白，無庸復贅。至若兇咎悔吝之辭，其中有斷不命題、易於訓解者，亦不必贅，非從畧也。

一、是集為海內同人參訂資益實弘，而晨夕樂教者則許浚（凌明）、程謙（山尊）、汪徵遠（扶晨）、汪之輝（幼含）、甥汪熙楨（寧士）。姪策（簡臣）、光黻（子佩）數子雅同筆硯，其諸高明指南之益自當敬登，以志勿忘。

康熙丙辰熙平之吉，方芬謹識於經業堂。

◎周易補義自序：《易》自羲皇立象，文王、周公、孔子三聖人繫辭，而天地萬物之理備，故五經獨《易》為言理之書。由漢迄宋，諸儒類有發明，而明初以來惟宗朱子《本義》，蓋《本義》根極理奧，言約意該，數聖人之心傳儼若印證於一室，篤學之士庶幾深思而得之。苐國家試士循用帖括，風簷之下，自非悉其旨歸通其條貫不能入衡文之殼，故《大全》、《存疑》諸編皆能發揮義蘊而衷旨較為通行。然訓詁雖精，辭章汗漫，童而習之，白首猶紛如也。予家世授《周易》，先王父給諫暨諸族父昆先後發軔十餘人，著述雅成一家。予不敏，困躓既久，每於制義之切要者尤加研究，自課、課兒之暇，編輯成帙，名曰《補義》，竊附《本義》之後。非敢謂補朱子所未及，但於《本義》之偶畧者，會通《大全》及《衷旨》諸說，斟酌立言，務期詳明簡要，使幼學便於誦習，以為帖括嚆矢。若夫辭象變占，至理所寓，則有《本義》之言在。時康熙丙辰陽至日紫陽後學方芬謹述。

◎四庫提要：其書全列《本義》於前，而以己所發明附贅於末，皆標「補」字以別之，所得頗為膚淺。其凡例云：述其王父有度所撰《易旨正宗》及其父希萊《易經要旨》而為之。今二書皆未見，然觀芬之書，其大略可睹矣。

◎或著錄作方棻，誤。

◎道光《徽州府志》卷十五《藝文志》：方芬《易經補義》四卷。

◎民國《歙縣志》卷十五《藝文志·書目》：《易經補義》四卷（方芬）。

◎方芬（？～1690），字舒林。安徽歙縣羅田村人。貢生。生於天啟年間。又著有《濤浣亭詩集》，乾隆四十七年四月二十日安徽巡撫譚尚忠奏請列為禁書，未果。見民國《歙縣志》卷十六。

方逢辰 易經晰疑 佚

◎嘉慶《旌德縣志》卷九《藝文志·書目》：《易經晰疑》《類書輯要》（俱方逢辰）。

◎方逢辰，安徽旌德人。著有《易經晰疑》《類書輯要》。

方坰 生齋讀易日識 六卷 存

國圖、山東藏道光十六年（1836）沈維氏江寧刻本

光緒元年（1875）武昌王大經武昌藩署刻方學博全集本

清代詩文集彙編影方學博全集本

◎《清史稿·志》一百二十二《藝文》三：《生齋讀易日識》六卷、《日知錄》三卷、《自識》一卷、《自識續》一卷，方坰撰。

◎錢泰吉《甘泉鄉人稿》卷八《曝書雜記》卷中「方子春《讀易日識》」條：其所著《生齋讀易日識》僅至无妄而止，沈小湖侍郎為編次梓行，凡六卷，多反躬實得之言。

◎劉聲木《桐城文學撰述考》卷三「方坰撰述」：《讀易日識》六卷。

◎尚秉和《尚氏易學存稿校理·易說評議》（摘錄）：茲《讀易日識》至无妄而止，蓋未及卒業而歿。其說易皆以易辭證反身克己之功，而不在於解易。故其所舉易說，多以程朱為宗，漢魏舊詁從未一引。然為義理所縛，講章習氣太深；中八比之毒，剖析之功太細。縱戰兢惕厲之言，自寬自欺之戒，每卦皆有，然千篇一律，則陳腐不鮮矣。故書內一涉經義，則十九皆誤。

◎方坰（1792～1834），字思臧，號子春（叟）、朔夫。浙江平湖人。嘉慶二十一年（1816）舉人。與錢泰吉同受知山陽汪文端門。道光十年（1830）攝武義訓導，十四年（1834）選授錢塘縣訓導，未任而卒於武林。平生研求理學，以程朱為依歸。著有《讀易日識》六卷、《春秋說》四卷、《生齋文稿》八卷續刊一卷、《生齋詩稿》九卷、《小蓬山館吟草》一卷、《生齋日知錄》三卷、

《生齋日識》二卷、《學準》□卷、《詩準》□卷、《文準》□卷、《生齋日識續》一卷、《重訂張楊園年譜》五卷、《歸震川集評本》、《門人語錄》諸書。

方坰 易解 佚

◎劉聲木《桐城文學撰述考》卷三「方坰撰述」：《易解》□卷。

方楷 易說 不分卷 存

南京藏民國國學圖書館傳鈔本（二卷）

方孔炤 周易時論 十五卷 存

北大藏順治十七年（1660）白華堂刻本

四庫存目叢書影印北京大學藏清順治刻本

續四庫影印北京大學藏清順治刻本

中華書局 2019 年易學典籍選刊鄭萬耕點校周易時論合編本

◎一名《周易時論合編》。

◎目錄：上下經上下繫說卦序卦雜卦十五卷，卷之一至卷之四上經，卷之五至卷之八下經，卷之九至卷之十上繫，卷之十一至卷之十二下繫，卷之十三說卦，卷之十四序卦，卷之十五雜卦。

◎周易時論序：天地不得不卦爻，虛空不得不為數，乾端坤倪，肇呈龍馬，一部大《易》充塞古今，啟鍵開關，要在因時制用而已。用藏後天，即顯先天。但不明先天之理，無以貞後天之用。膠柱之泥時與逃冥之晦時，百謬千差，背馳正鐸。其能會泯於一原、偕寂歷以共貫，中道措宜幾神明者，難矣！羑里殷周之際，志在明夷；尼山春秋之交，學在大過。豈非其時為之哉？乃聖人之用，可心悟不可言詮。天不言而歲功成，天何言哉？夫子固全身寫易也。昔人云「善易者不言易」，雅言三經，曷略羲、文？《中庸》明易之旨，獨贊時中。邵子謂子輿氏深於易為能知時用，然而誦其篇章，無或概見，則易之未易名言，安在其不言也耶？！潛夫方先生纘承家學，著為《時論》，紹聞則祖明善而禰廷尉，集說則循康節而遵考亭，而又精探揚、京、王、鄭、周、程、張、蔡之奧，以匯及近代名儒鉅公、窮經博物諸君子不下十百餘家，綜合全豹，徵幾析義，綱舉目攡，亡慮數十萬言，亦何燦然其明備也。得毋語之過詳，用之或寡要與？不知先生束髮通籍以來，起家循吏，入領職方，出視楚撫，忤璫忤相，大節巍巍。晚丁鼎革之運，嘉遯環中草堂，令嗣密之萬

里歸省，華表一鶴，猶復埋影雪窟；黃葉棲真，更從廬居阡由中盡變極研，卒就名山之業。夫先生以其高尚可則之志，堂搆鼓鐘，世出世為，薪火生平，歷涉九卦，履憂患而濟之艱貞，身親易用，莫大乎是。以茲河洛之原委、天人之浩博，洞悉幽微，旁通曲暢，朗日星于午會，屹砥柱以中流。斯編也，道未墜地，存乎其人，先生其能已於言乎？且予聞方氏之易累世遹修，門內諸賢同心揚搉，皆劭先生所漸，摩皇繼序於有翼。予友人竹西執契蓋十餘年，是為先生從子，繩其祖德，互相發明，手出祕稿示予，謀授之梓。予憶令皖時曾覯先生之儀範，高山云渺，音徽如存，披玩往復，未嘗不撫卷而三嘆也。海內善讀先生之書者，有言言易，易在；無言言易，易無不在。苟有得於時用之樞機，忘其筌蹄，思過半矣。竹西子請表章之，遂不辭匙識，因序以行，公諸世之學者。順治十有七年歲庚子夏五月端陽日，淮徐兵使者上古李世洽題於水心堂中。

　　◎時論序：河洛既兆，九圖用彰，卦畫已陳，象變斯備，時至事起，數極變生，聖人有微權焉。周文志在明夷，道在小畜，其當殷周之際乎？宣尼服膺斯文，龍潛畏匡，乃志在《春秋》，行在《孝經》，豈先後之殊途哉？兩聖人之時為之也。易之言時者，莫備於乾。而假年學易，庶無大過，乃始喟然於變通趨時。嗟乎，化而裁之存乎變，推而行之存乎通。吾黨之小子不知裁，既有典常，苟非其人，道不虛行，蓋難之也。朋亡於泰，拔茅斯吉；祉離于否，包承則羞。君子赴時，能無慎與？吾家中丞公潛夫著《易時論》，其所撰，觀天之道，察時之變，盡人之事，備物之情，發揮旁通，引伸觸類。作易者其有憂患乎？筮賁愀然，致飾亨盡，窮上反下，復亨剛反，先王閉關以息物，君子齋戒以掩身，因乎其時也。文之序卦，大過終坎離而水火分、小過終既未而水火合，乾坤闔闢，日月晦明，始始終終，物不可窮。知其解者，故能為龍為蛇、為見為潛。碩果不食，載之者誰為留之？包瓜含章，命之者誰為迎之？際斯時者然後知處時之難也。惟虎有尾，履道坦坦；幽人貞吉，惟龍無首。終日乾乾，與時偕行，盈不可久也，謙乃有終也。物惡其屈，莫測其身；身隱乎蟄，莫測其存。《易》之為書也不可遠。噫！亦要存亡吉凶則居可知矣。而況寢食游詠其中者哉？！著圖以該其義，設卦以廣其象，別爻以盡其變，祖羲皇而郊仲尼，周道傷于幽厲，舍魯何適？不能去父母之邦，夫亦曰易象在魯，其可以集厥成乎？潛夫居職方，特劾援遼逃將，保任孫樞輔，力爭坐府，與逆璫忤；及入楚，主勦不主撫，又忤楊樞輔。其節槩以憂患見，其艱貞故有本

也。茲《論》也，道未墜地，傳之其人，後有作者欲考成焉，則是編之為津梁，功偉矣哉！龍山方鯤題。

◎方潛夫先生時論序：自天地以至人物，有一不範圍於易中者乎？則有一不範圍於時中者乎？故易之配日月以成字，而時貫其中矣。古今聖賢未有相因襲者，後之聖人每不憚於改前聖之所為，刱未有之事而不為奇。即以易論，庖羲畫之，《彖》《象》《繫辭》三聖人各極其致，各隨其時，添薪傳火，開關啟鑰，不膠先聖之柱，自識後聖之明，千變萬化，總環一中而止。故不變易無以為易也，不變易亦無以為時也。易之為時用也，大矣哉。且即以學易者論，文王時處艱貞，其卦為夷；周公時當制作，其卦為泰；孔子際轍環刪述之時，其卦為睽；孟子當異端邪說之時，其卦為兌。至若輔嗣、康成連經合彖，邵子明元會運世之故，程子融理數一源之妙，晦翁闡象變占玩之微，皆因時以覺世，劘切帝王，陶鑄天地，反對交輪。明代錯之至理而已。近代新建、京山、會稽、漳浦擊揚四聖之鐸，剝爛程朱之案，愈出愈奇，迭翻迭顯，總未有紹述三世、貫徹一中如桐城方潛夫先生《時論》之為極深研幾、至大至廣也。先生之學易也，以統有無之中為極，以河洛為端幾，而要歸於時用。先生之言曰：「自天地未分而今時矣，今時之天地即未分時之天地也，人人全具卦爻而時時事事有當然之卦爻。」今又即先生論嘉州忭貴為訟之時、職方忭瑠為壯之時、撫楚忭相為過之時；至當蠱之時而以謙為用，際革之時而以遯為行，蓋先生無日而不在易中，亦無時而不在卦爻象象之中，故居方慎變，憂違樂行，又悉環於代錯持疇之中。觀先生之以易律身，則知先生之以易垂訓意深慮遠，合於聖人憂患之懷，而盡變極通山梁之歎時、《中庸》之時措、《孟子》之贊聖之時，先生直以全篇括之，蓋歷四聖之時而後有邵、朱之時，更歷邵、朱之時而後有先生之時也。先生之為繼易之傳人也又何疑焉。莆田後學蘆中人余颺賓之撰（桐城方中丞潛夫先生諱孔炤，號仁植，萬曆丙辰進士。其父廷尉公大鎮，萬曆己丑進士。易其家傳也。中丞公之嗣為密之以智，中崇禎庚辰，以己卯出家父之門。天末不受宰相之召，瓢衲以隱，別稱浮山藥地愚者。庚子遣其子田伯中慇來候家父，以《時論》求序云〔註6〕。蘆中之子余佺謹識）。

〔註6〕「遣其子田伯中慇來候家父，以《時論》求序云」句，鄭萬耕先生點校作「遣其子田伯中德來家父，以《時論》求序云」，並校云：「□□□，原本毀缺。」今檢原文，「來」字後有一「候」字，此處視為「家父」二字提行示敬更妥，並非缺文。

◎方仁植先生每覓易象詩以謝之：古人間關寶古文，寇賊不鋤火不焚。歐黃貫槭談《尚書》，一篇《尚書》如一君。憶在少年喜易象，束髮危襟日相向。於今忽近六十年，九草七箋未得上。真宰惱人塵務多，韋編不得揮陽戈。文臣秦相各排憤，垂老欲墜將如何？白雲庫中百二日，宛轉呻吟裂血碧。玄黃初寫十二圖，龍馬已嚼三寸膝。桐城方公受此經，苦無部署同批繩。自言詮經家三世，義理象數向雜纏。黃霸杜林亦人耳，豈有朝聞遂夕死。片楮隻字皆收藏，但願生存畢此理。筐籃一日臨吾門，風雨蔽天雷霆尊。回顧白雲不可見，經書皆與蝶驚翻。緬想方公食三嘆，定謂此書終河漢。丁申欲取神鬼愁，恨見數行未一半。嗚呼死生會有時，九原尚有羲文師。龐眉高官人何限制，呼理不應如呼豨。膚肉可匱理不奪，自信此心如日月。左手貫鎮右袖書，解鎖寫書尚帶血。淹留北寺五月餘，仰鑽亦已消居諸。二十萬歲出指節，欲斷不斷形摸殊。此書方成未一夜，繮紐又過白雲下。方公握髮來庫門，連虆未施幾聲罷。小臣叩首稱主恩，年來北寺誰能存。已甘垂翼談北目，何欲開眼談乾坤。乾坤開朝水火幕，常恐諸儒為理誤。謬將水火爭炎涼，遂使乾坤鍵門戶。方公好學天下無，手捫北斗生觚隅。攔頤已出羲農背，何必覽此增欷噓。昨日明庭戒吾黨，血肉狼藉為問講。此道既不存詩書，白心致主更清敞。餘生僅得還茅齋，閉眼鍼書手不開。羲前一畫無爻象，啾啾鬼哭何為哉！崇禎辛巳六月九日，弟黃道周具艸。

◎周易時論序：逆知先天而順理先在後中之天，故可以損益知百世而藏密於前用之時義焉。天地絪縕，自屯而蠱，男女咸恒，因遯而革，大過小過，共收水火。知憂患者神明矣，知險於易，知阻於簡。卦爻象數各極旁通，庖犧、羑里、東山、尼父，時適為之，不知畫前。而挈餅者專畫前，而鏤空者但言畫後，即畫前而荒忽防辨者，皆不知時者也。潛夫方子以明善為祖、廷尉為父，職方忏瑢，撫楚忏相，當屯蠱遯革之末造，觀象順止，蓋於易身服膺之矣。故合數千年之說，於定中知其不定，於不定中決其一定，以河洛卦策通知元會、晝夜、幽明、生死之故，一在二中，要於官天繼善，所謂雜而不越、旁行不流者與？此書也，真學易者之指南也。崇禎甲申冬，龍山白瑜安石題。

◎方中德跋：不肖德省侍竹關，敞帙粗饘，嗒無今古。德內切割，不敢慰解，老父訓之曰：「三世家學而偷息祗支，罪無逃矣。祖父以朱、邵為飲食，而守雌闇修，所編《時論》千載津梁。汝輩為敦詩書、說禮義之人，發奮

竭才自可深造，最要者一毋自欺而已。我自少好詩書，嘗云曠達，行其謹曲，寔自便耳。通籍後侍西庫者二年，始自猛省刻厲。然好與升庵、元瑞辨考務博，專窮物理。忽當崩裂，甄蘇矢死，又為仇螫，祖父命我遠游，患難之中，乃以少所受之河洛深研精入，數蹈白刃，以氣勝之。其甘荼苦如飴，則生平好學自遣已耳。既以覆被為大逢，便嘗其味微於宗一先生，有入處匡廬。歸省見逼，遂以爐火為鐵門，痛錐瀝血，於轟雷閃電中過身，此蓋日日在刀頭，感天地之鉗錘也。忽然爛破黃㮚，重歷千差，乃嘆巧於鍛鍊，新建為將之說然乎哉！易用震艮兌之偏以行坎離之中，即乾坤之純矣。無非卦爻無非太極也。伊周夷惠，三仁泰伯，其迹不同，其道則一。蠱之「高尚」，孔子曰：「志可則也」，豈非萬世治蠱之清涼藥乎？善於服藥，總歸正用，不則蜀梁公旗，受紿不反矣。時乘也，時中也，各人各土各時之一爻，皆具三百八十四爻而不礙其適當此一爻也。我豈慕白椎哉！古人餧虎之願等于嬰杵，萬世旦暮又何所望？《禮運》曰：『本於大一而協於分藝』，可知各安生理之聖論，正是百家之會歸。古人不以道名而以藝自食，蓋泯於用光得薪者也。邵子藏一深于表法，陸子推倒智勇直於開拓心胸，朱子知損益之同時而為後世析薪鼓業，人曾知天地之實法即藏無實法之鍛鍊乎？無實法之鍛鍊總為受用生成之實法乎？汝等燒不欺之火，以學問為茶飯，即可悟全身是易矣。」不肖少罹患苦，棄昏無知，念茲家學，惟有戒懼，謹因編次，畧記所聞。不肖中德百拜敬跋。

　　◎方中通跋：易本以象數為端幾而神明其中，道器費隱，不相離也。宋儒惟邵、蔡因數言理，而後亦无傳，故膠腐者膚泥，掠虛者襲冒，誰信此秩序變化之符耶！胡康侯曰：「象數者天理也，非人力思量之所能為也。」我祖中丞公與石臺先生同西庫，衍此盈虛而研極焉。晚徑通黃公之塞，約幾備矣。老父會通之曰：「虛空皆象數，象數即虛空。神无方，準不亂，一多相貫，隨處天肰。」公因反因，真發千古所未發而決宇宙之大疑者也。嗟乎！掠虛易，實孛難，貫一切而會通者尤難。世无慮為枯菀窮通所累，或專守訓詁，或專嗜詞章，或專談經濟，其談道德性命者，非猥庸踐邇，則暗癡匿影，非譏儽倍譎，則荒空莽蕩矣。好孛不厭，目擊幾幾。即費知隱，格明物則，而與萬世享物物无物者，竟无此旦暮遇耶？！且目為象數專門，以隱以遊焉可耳。小子蹇劣，親承家孛，不能荷薪。肰信此方圓圖為統類博物之綱宗，則烏敢不以告同志也乎？午會幸甚，自有知者。不肖孫中通百拜謹記。

◎方中履跋：浮山聞語曰：新建三間之喻未也。明堂必南面而為天地，理其家事者也，北奧者守黑者也，騎危者虛空座也。尊主者曰屋以棟為主乎？辨實主者曰屋以基為主乎？兩掃者曰棟與基皆非也，屋以虛空為主者也。人在虛空，如魚在水。使土其屋中無寸隙焉，人將何如？是虛空者，人所切切不可離者矣。屋內之虛空與屋外之虛空一也，千古上之虛空與千古下之虛空一也，非大主乎？理者曰人適時乎築基搆棟之屋，藏坐臥焉，風矣雨矣，將享峰頂之虛空乎？抑享屋中之虛空乎？故曰時乎屋而屋處，不必以檜巢營窟之虛空廢四阿兩下之虛空也。時乎晦息則奧，時乎誦讀則牖，時乎治事享客則堂，時乎出門而遊四方，方皆寓奧牖門堂之基與棟焉。竈也榻也几案也，穢則洒掃之，漏則修葺之，缺一不可者也。時其時、位其位，物其物、事其事，是虛空之中節也，是不落有無之屋理也，君子明其當不當耳。各當其當，斯大泯矣。未有屋，而有屋，必將毀堂奧、撤棟牖、禁修葺與洒掃，而乃還此虛空耶？虛空豈患其少？曉曉為知之亦然不知亦然貴知。夫森森秩秩者之無非虛空也，容其森森而理其秩秩，乃以適享其洞洞漏漏已矣。有物有則即無聲臭，開物成務深幾藏神，此惡可以不格不致而藉不知為不知以自餒乎？虛空之屋主適統御于明堂，是明堂之政乃主中主也。政府立而統君民矣。傀異不可以充類，畸說衒惑矣。觀會通、行典禮、制數度、議德行，寂歷同時、前用藏密盡之矣。時為士子，中士子之節，悅禮儀、敦詩書，是士子之明堂也。季彭山以經世、忘世、出世分之。經世者折中之實法也，可以懸象魏顧言行者也；忘之云、出之云者，巧奪之，無實法也。氷欲寒以消其心，及其至也，何世可出？即世是忘，人不自得之形容焉耳。五世相傳，惟重立志不惑，豈敢漫言從心，而執無實法之黃葉以掃理而荒學哉？所悲无水之澤，有言不信；坎宮之游，儉德用晦。廢權亦无首也，異類中行可矣。自小伶仃，生于憂患。雪地抄錄，更媿世昌，然不敢不自終日反復也。不肖中履伏記。

◎方以智《周易時論後跋》〔註7〕：家君子自辛未廬墓白鹿三年，廣先曾先王父《易蠡》、先王父《易意》而闡之，名曰《時論》，以六虛之歸環中者時也。又八年撫楚，以議勦穀城忤楚相被逮，時石齋先生亦拜杖下理，同處白雲庫中。閱歲有八月，兩先生脩然相得，蓋無不講易朝夕也。肆赦之後，家君子特蒙召對，此兩年中又會揚、京、關、邵以推見四聖，發揮旁通，論諸圖

〔註7〕又見於方以智《浮山文集前編》卷五。

說。自晉以後，右王左鄭，而李鼎祚集之，依然皮傅鉤鈲也。至康節乃明河洛之原，攷亭表之。學易家或鑿象數以言占，或廢象數而言理，豈觀其通而知時義者哉？一有天地，無非象數也。大無外，細無間，以此為徵，不者洸洋矣。觀玩環中，原其始終，古今一呼吸也。雜而不越，旁行而不流，此《時論》所以折衷諸家者乎？家君子之于學也，不跡于壇坫，不靡于文辭，通籍數十年，職方忤璫，幾罹不測；武陵一中，幸感天恩。皆怡然處之，安往而不逍遙環中耶？余小子少受河洛于王虛舟先生，符我家學，猶恨為詞章所廢，周章好博，且曰謹守父師之說。以晚學易，檮昧而文過耳。時乎時乎，猶恐不及。崇禎癸未冬日，不肖男以智百拜謹跋於上江小館。

重覽癸未跋，忽忽十五年。老父歸臥環中堂，《時論》又再易藁矣。時乎尚何言哉！小子感天地之鉗鎚，刀鍔百淬，瘴癘歸省，復遇熅火，鐵限封關。老父則无不以生死相反復也。不恥衣食，不忘溝壑，所示習坎繼明，懼終始矣。痛此終天，古今皆血。既已剝爛黃葉，緣無所避。《合編》未竟，遺命諄諄。時當病廢，慕廬磈崥，命兒子德、通、履合前後稿而編錄之，自泯薪火而已。嗟乎！環中寂歷，善用惟時。拂迹者膠柱，竊冥者荒蕪。統御謂何？獨立亦未易也，姑曰委化。悶无悶乎？果不可以莊語，而以卜筮象數寓之乎？差別難窮，賴此易準。待好學者深幾而神明之，存乎其人，同時哭笑。不肖智稽首又跋。

◎周易時論合編凡例：

時之為言也，孔子題之，子思畫之，孟子潢之。張二無言易替十二時卦，鄒匡右言二十四卦贊時，吾謂六十四皆不息之時也。時時變，中不變者也。伏羲約表一切生成之象，文王總表四時藏歲之圖，孔子始影寫一太極之真，而寔歸於順理同患之用。春夏秋冬不可謂歲，欲離春夏秋冬，豈有歲乎？自天地未分而今時矣，今時之天地即未分時之天地也，是有極即無極也。可信時乘此中，所貴正經前用，使民善用其有極即無極之卦爻而已矣。故易冒天下之道而立仁與義以宰其陰陽剛柔。政府既立，權統君民，邵子以年、月、日、時徵元、會、運、世，而曰經世者，貴時用也。其道甚大，百物不廢。懼以終始，其要無咎，是萬古之時用也。一元堯當巳未，周、孔當午初，今當正午，萬法咸章。雖遘陰至，而陽必用陰。行窩潛老，家學忘食。方悚荷薪，合編今古，亦曰隨時拾薪云爾。

非膠辭訓之名字，則溺洸洋之巧言。告之曰虛空皆象數也，洋溢充塞皆

所以然之理也，反不信矣。造化同原，此心皆備。隨處表法，俱顯生成。故此編以圖居首，全無文字，而萬理萬變具焉。王虛舟、曹白笴、錢爾卓皆事先祖，盧州晚窮河洛，白笴、爾卓善析名理；家羽南氏，采兼山之近道者，《啟蒙》之學彰彰矣。百原之宗，善於徵質，朱子表章之功大哉。然五百餘年罕有知其微者。永叔不耐研極，故不信諸圖，并不信《文言》《繫辭》矣。穆姜所引者，左氏附會填入者也。且夾漈考證左非丘明，乃三晉文士也。顧以後來之竊拾而疑聖人之言乎？猶之升菴以人生而靜四語為非出于《禮記》，不知子書偽出，皆後人掇《禮記》之言耳。近有信後天圖而不信光天圖者，豈知一切生成，處處皆此圖耶？來矣鮮、黃元公止以京變言錯綜，豈知處處皆錯綜乎？中五用三，藏一旋四，此易之準也。先廷尉所云「寓圍於範」者也。自在西庫與石齋公論易表法，邵子舉槃而已細差殊未合也，故衍二十四圖，易歷相追，今十餘年。究之本無追不合者，其有待乎？

張二無嘗言淇奧公之旨與焦、管、王、陶、周、陳諸公皆冥心泝源者也，高、顧、鄒、馮、劉、鄭諸公，皆敦坤載乾立範者也。癸未與鴻寶同北道中，深論昭代獨契新建之所謂「將黯然」、京山之所謂「竊不深於易」，終為譎智所欺，終身不反矣，易之秩敘寂歷同時，萬古不壞者也。

何羲兆問漳浦先生曰：「聖賢言理耳，如落象數，則箅手疇人矣。」先生曰：「如此，聖賢事天，當廢日星，落日星亦臺官稗史矣。」木上云：「象數則不同，何思何慮無不同者。」先生曰：「如此，學問止於《中庸》，行事盡於《論語》，《詩》《書》《禮》《樂》《春秋》何故作乎？吾家最忌籠統，交盤不得。」潛老夫曰：本無增減者，聖人與天地皆不憂者也，何必鳴鐘戶貴乎？藉此匿於雲霧，又能奪人，易藏固陋耳。聖人因人而倫之，因物而則之，因聲而傳之，皆本無增減者也。而能使萬世善用其本無增減者，此所以參贊而統天也，易故自碎其太極以為物物之卦爻。一貫者，即一是多、即多是一也。真易簡者，動賾皆易簡也。上古未顯之法，易皆表之；後代繼闡之法，易皆具之。兩間皆易之兩間也，以故百家九流無逃于易準者，五行七曜、六合七尺之故。歷律呼吸是其徵幾。《堯典》首言欽天授時，以歷數為道之表，豈容以委化之說荒忽之耶？今各就其法而窮其所以然，為之刪煩成約，使後世學者易明差別，亦自消其飽食之一端也。此編較全書止有四分之一，而所收者十倍。正以前賢各有發明，集之則條理成矣。兩間物物，皆河洛也。人人具全卦爻，而時時事事有當然之卦爻。無非象也，卦爻命詞所取之象，此

小象也。虛舟最精，向令兒輩受之，今其遺書猶在右錞夏子處。此至通至簡者也，摠之無所非象，而聖人亦時有不取；無所非義，而聖人亦時有不宣。蓋緣爻觸變而會通之，隨人徵理事耳。六虛之位，一爻皆有四千九十六，而仍不碍其為此。爻之象也，以為心法，皆心法也。以為治道皆治道也，以為涉世之物情、占事之先幾，皆適當也。不可為典要，而有典常，故為各正性命之書。

田何分十翼，連經自費氏始。輔嗣因之，淳于俊謂康成合象象于經，則《文言》自輔嗣合者也。鄒汝先言呂汲公、王元叔合大象於各卦，而李鼎祚本已如此，知輔嗣先附矣。朱子《本義》相沿，為便學者耳。論易自有大源流，自有表法，自有精義，徒欲別異經傳以為古耶，無謂也。

話示下學固不可少，然膠泥而不能通類會通，久膏肓矣。此編先敘諸本考異，雖屬亥豕，存之亦足參考也。訓字之義，古多諧聲轉借，必欲追擬古篆，何必爾耶！子才以意作篆，別借發揮耳。楊桓所統十字訛矣。此後方集諸家通說，或言心學，或言治教，或引古今事，拘者必曰四聖人時豈有漢唐後事乎？不知易包古今，摠此人心，總此氣運，摠此物理，正當旁引，方令覽者寔徵，豁然全身是易也。姑勿言羲易之奇，文周所繫，龍狐魚虎，是道理乎，是政事乎？可以參前，可以引觸矣。時行物生，天何言哉？鳶魚黃鳥，謂皆馬龜之註可也。

全禾全種，而日用灌芸，此因二貞一之二即一也。太極渾全，汁為吉凶；皇極終離，明於福禍。今護高者，諱言慶殃乎？諱言行曜乎？聖人本以蓍龜守易，臧大于小，不礙其為無所非占，亦不礙其就占言占也。朱子曰：「散之在理則有萬殊，統之在道則無二致。時固未始有一，而卦亦未始有定象，事固未始有窮，而爻亦未始有定位。」旨哉其本義也，就占言占而已矣。後必以此訕朱子者，是自未悟全易之用也。立象繫辭，隨人通鮮，卦卦爻爻皆有三重義，四舉例，豈相壞乎？故曰頓漸同門、正變同時，此非三反晝夜、用師萬倍者，執一字名，便疑矛盾，自難信貞一在反對中，有代明錯行之魄。

易惟變所適，本爻所之，乾初之姤是也。有五爻變而本爻不變者，乾初為復是也。有一二三積變而上者，京氏之變，各卦自為七變，不獨八宮也。有推變，朱子所列是也。有貞悔變，屯蒙顛對，舊曰反對是也。有互換變，泰損是也。有伏變，屯鼎望對，舊曰正對錯卦是也。有倚變，橫圖相易是也。有疊變，方圓東北與西南迤對之夬履睽革，舊曰綜卦是也。然觸類之幾，以始所

之為端，左國諸占，是一徵也。故石齋與余同此觀玩，若軌革卦影、占事知來，則固全用之矣。聖人以不動之心應萬變之心，亦猶是也。

在此疇中，代錯鼓舞。有開必先，不能違時。異言卮言，皆此疇中之言也。不收才俊，為淵毆魚。言性其情，利之自轉。易無棄物，盡入藥籠。聖人摠以天地為證據，當然條理，本于生成，稱謂一通，何諱之有？學海惕龍，不欺飛躍。官天繼善，時義乘權，萬法俱明。自能化邪歸正，要歸無咎，質俟何疑。他石攻玉，不妨激揚。招歸鮮縛，弛張並用。慎辨居方，濟之即以集之；並收履旋，容之即以化之。安環中因應之生理，享尊親明察之寂塲。精入往來，本何思慮。琴簫革木，異響同和。此編大集，互取兼收。上中下根，隨其所受。共此惕天，筮香感火，受命如響，以不聞聞。

少侍先廷尉之側，負牆而已。筮仕嘉州，銳身解綏，救出一高孝廉，未免自喜。先廷尉示之曰：「謙之平稱一言而可終身者也。」天啟甲子，以不覆魏良卿之伯，忤璫削籍，既且不測，始自痛省。先廷尉教之曰：「而知三陳九卦之生於憂患乎？以世道言，後更有甚於此者，滅理以言天，諱善以夸道，人心之幾如此。邪風大行，能毋亂乎？」忽忍廬白鹿之墓三年，重讀祖父之書，述成《時論》，悠游丘壑足矣。賊鋒甚熾，江北為墟。居鄉守禦，不能發晦。而危楚之任，倏爾在肩。議勤穀城，失執政之指，以將衂致逮璫西庫者兩年，遂與黃石齋摩据，亦一幸也。歸顏環中草堂，且天隤海竭矣。此生憂患，便為家常。奉北堂以守此山，終老墓側，筮得潛龍，自稱潛老夫，固其時也。衰病之餘，供薪舉火，合編往哲之語以為蓍龜。荒鄉僻處，兵燹書殘，遠借甚苦，是以此編未得卒業，惟有農夫、幼光、右鏵及從子建詥間過徑中，老夫何嘗一語人乎！暮年獨子，悲韓洄、崔倫之命。萬里歸省，復緣鑿坎自失，以雪為關。鑊湯歸實，不出環中，余書誡之，猶是九卦也。鹿湖潛老夫生萬曆辛卯，奄忽六十四卦之歲，且記此以付子孫云。

◎康熙《桐城縣志》卷四《理學》、道光《續修桐城縣志》卷十四《人物志・理學》：復廣曩時圜中與黃石齋相商之易，著成《時論》十卷，蓋數百年與康節互相發明也！

◎康熙《安慶府志》卷十七《理學傳》：復取庚辰在圜中與章浦黃詹事相商之易，推廣之，著為《時論》數十卷，又《詩》有《永論》、《書》有《尚論》、《禮》有《節論》、《春秋》有《竊論》，奧義多先儒所未發者。

◎道光《續修桐城縣志》卷二十一《藝文志》：《周易時論合編》二十二

卷（明方孔炤撰。《四庫全書存目》《明史》著錄）。

◎胡宗正《數度衍跋》：先生家屢世傳易，《易蠡》、《易意》、《時論》、《易餘》，諸書盈尺，類皆發前人所未發。

◎方以智、施閏章《青原志略》卷八《寄藥地尊者》：《周易時論》，此君家四代淵源，門外漢何能窺見。

◎提要（題《周易時論合編》二十二卷）：是書即其罷官後所著。凡《圖象幾表》八卷，上下經、《繫辭》、《說卦》、《序卦》、《雜卦》十五卷。其立說以時為主，故名《時論》。蓋孔昭初筮仕即攖璫禍，及膺封疆之任，值時事孔棘，又遭齮齕，有所憂患而發於言，類多證據史事，感慨激烈。其講象數，窮極幽渺，與當時黃道周、董說諸家相近。孔昭自著凡例稱：「少侍先廷尉，教以三陳九卦。」案孔昭父大鎮，字君靜，萬曆己丑進士，官大理寺少卿，著有《易意》四卷，載朱彝尊《經義考》，則易固其家學也。是編刊於順治庚子，前有李世洽序。《經義考》作十五卷，或朱彝尊所見之本無圖象幾表歟？

◎方孔炤（1590～1655），字潛夫，號仁植，門人私謚貞述先生。安徽桐城人。萬曆丙辰進士。初任嘉定，調福寧，所至有清廉聲，入為職方郎，以忤魏忠賢削籍。崇禎戊辰復起尚寶卿。尋丁外艱，廬墓三年，著明三世之學，九經各有精義。後官至右僉都御史，巡撫湖廣。為楊嗣昌劾罷，逮治謫戍，久之釋歸。崇禎末起故官，屯田山東、河北，兼理軍務。入清歸隱桐城白鹿山莊（今楊橋鎮）終老。又著有《周易時論》十五卷、《周易時論合編圖象幾表》八卷、《全邊畧記》十二卷、《尚書世論》二卷、《禮節論》、《春秋竊論》二卷、《撫楚疏稿》四卷、《中丞公集》、《環中堂集》十二卷。

方孔炤 周易時論合編圖象幾表 八卷 存

北大藏順治十七年（1660）白華堂刻本

四庫存目叢書影印順治十七年（1660）白華堂刻本

◎目錄：

卷之一：（圖書）太極冒示圖說。諸家冒示集表。河圖洛書舊解集。審衍（有極即無極，河圖，金火易位除十正陽變成洛書，凡十一圖）。四象卦數舊說。四象新說。洪範九疇諸解。河洛析說（朱升七圖，新表矩曲四圖，飛宮禹步，三合四圖，己亥穿圖，三七衡圖，關子明三合，大九九方圓，鄭樵禹貢依生序說，干支維正河圖說，陰符遁甲洛書說附，洛書符）。圖書五行諸說，五行尊火說。

卷之二：（卦畫）八卦橫圖（藏三十六宮）。大成橫圖（八卦積數，十八變參兩數）。大圓圖（邵子諸說）。八際峙望圖。合方圓圖諸說。三十六宮方圖合元會圖（鄧氏說）。方圓諸象（四交十六卦，四層起中，四破各十六卦，十二方環中央，明堂表法，握機表法，旋望對錯，疊對，震巽中交，坎離井字，艮兌邊井字，倒方圓易震巽說）。日月運行圓圖。明生歲成納甲氣朔（之圖）。革節中孚歸奇象閏圖。九行八卦表。宿度圓圖。分野星土。三天圖（先天中天後天）。

卷之三：（八卦）父母圖說。先天八卦方位圖說。後天八卦方位圖說。先天一三縱橫說。中天四坎四離變衍。四正四偏先後之變。統三男三女先後之變。唐堯朔易圖說。天門據始圖說。三輪拱架幾表說。十六卦環中交用圖說。後天分金說附。先後天因重說。（卦變）啟蒙卦變圖。來氏沈氏象傳卦變說。八宮游歸卦變圖。游歸綜圖。元公黃氏衍京變（四正四隅正對顛對合文王序位，老包少中長，二老包長中少）。八不變卦顛盪圖。八盪雙顛圖。依先序顛錯三圖。中石呂氏中交百（二十八卦圖）。京變圓圖。應朔望圖。朱子卦變圓圖。三互圖。

卷之四：（蓍策）啟蒙蓍衍（三微成著，三著成象，四約過揲，六十四狀）。邵子十二會策（去三四五六以成九八七六）。大衍蓍原析圖。大衍千二百乘起圖。易東丁氏倚九十九圖。圖書合數（用五，二微，餘數）。關子明易傳約。七其六說。三五錯綜說。漢志三統本易說約。唐志大衍曆議約。七七說。筮占。（卦序）景元蕭氏攷約（八卦分體合體）。元公黃氏卦序演。三十六貞悔圓圖方圖（分六周、九周、三周）。野同錄序卦。

卷之五：（旁徵）三易攷約。京氏傳約。六十四卦甲子積筭。京邵三層卦气。直日圖。具交約虛圖。太玄約。洞極約。元包約。潛虛約。邵約（經世槩。元會數。天根月窟圖）。洪範蔡疇（石齋黃氏廣填卦三圖）。附皇極數河洛理數約。附五行雜變約三式堪輿祿命星禽卜相所取。玩易雜說（承乘比應，中四爻說，在間卦主說）。

卷之六：五運六气圖。人身呼吸十二經卦气圖。三陰陽圖。律呂聲音幾表（律呂書書，積筭約準，八十四調，律娶妻生子圖，黃鍾羃實筭約，燕樂論約，邵子聲音解，納音附等切字母，旋韻圖說，聲數諸說）。黃帝五位性情圖。八風圖。

卷之七：崇禎曆書約。兩間質惻。

卷之八：極數槼（河洛積數槼，九六說，參兩說，五合相口藏說，併倚，除倚，

追倚，損益倚，比例倚，商高積矩表，石齋黃氏天方圖說）。

◎摘錄卷一首：

朱子《啟蒙》以圖書、卦畫、蓍策、變占四者約之，序曰：「自本而幹而支，自不能已。分合進退，縱橫順逆，无往不相值，是豈聖人心思智慮之所得為哉。」張子所以歎秩序之天也。嗟乎！一在萬中，至動蹟也。泯有无而約言太極，則冒耳。極深研幾，惟此圖象，為格通萬一之約，本無言語無文字，而天下理得，秩序歷然。隨時隨位，開物成務。而於穆其中，此邵子所以終日言而不離乎？謹因楊本推廣諸家，俟人引觸會通，神而明之。命兒侄輩編錄，題曰《幾表》。謂費隱交輪之幾，難以指示，不得不于時位旁羅之象數，表其端耳。崇積癸未潛夫方孔炤識。

訓詁習膠，一執名字則不能會通，雖語之亦不信也。急于破執，因用掃除之權而巧遁洸洋者，又借掃除以掩其固陋已矣。故以此河洛象數為一切生成之公證，全寔全虛之冒，本末具焉。物物互體互用之細，本末具焉。網維統治之宰，本末具焉。聖人隨處表法，因形知影，而隱用於費、知體在用中乎？知至體大用在質體質用中乎？則不落而並不落其不落矣。立象極數，摠謂踐形，猶之目視耳聽、手持足行也。時序之交輪，可得而數矣。稟物之節限，可得而徵矣。既不為文字所膠，而又豈為洸洋所蕩乎？故作《冒示》《審衍》《極倚》諸圖，依然辟喻耳，在研幾者自得之。不肖智記。

◎錢泰吉《甘泉鄉人稿》卷八《曝書雜記》中「桐城方氏所著書」條：大抵為學必有師承，而家學之擩染為尤易成就。余前所述惠氏、萬氏皆然矣。若邵二雲之學發於族祖念魯、姚惜抱之學開於世父南青，亦人所共知者也。而其最著者莫如桐城方氏：密之先生崛起崇禎中，考據精核，迥出有明諸公之上。長子中通字位伯，精於數學，撰《數度衍》二十四卷，余未有其書；《物理小識》十二卷則《通雅》之緒餘也，海昌陳蒪卿茂才斌以贈余。位伯之弟中履字合山，著《古今釋疑》十八卷，自序謂始著此書時甫弱冠耳，蓋親承指授於其父，而又家富藏書，更從儲藏家借觀，所見既博，且有淵源也。

方鯤 易盪 二卷 存

南京藏順治建陽同文書院刻本

上師大藏康熙五年（1666）姚文然姚文燮刻本

◎目次：卷之上乾為天、澤天夬、火天大有、雷天大壯、風天小畜、水天

需、山天大畜、地天泰、天澤履、兌為澤、火澤睽、雷澤歸妹、風澤中孚、水澤節、山澤損、地澤臨、天火同人、澤火革、離為火、雷火豐、風火家人、水火既濟、山火賁、地火明夷、天雷無妄、澤雷隨、雷噬嗑、震為雷、風雷益、水雷屯、山雷頤、地雷復。卷之下、天風姤、澤風大過、火風鼎、雷風恆、巽為風、水風井、山風蠱、地風升、天水訟、澤水困、火水未濟、雷水解、風水渙、坎為水、山水蒙、地水師、天山遯、澤山咸、火山旅、雷山小過、風山漸、水山蹇、艮為山、地山謙、天地否、澤地萃、火地晉、雷地豫、風地觀、水地比、山地剝、坤為地、剝復二卦解、咸艮二卦解、夬姤二卦解、納甲圖說、甲庚圖解、知幾解、卦象解、聲元小引、易終時論序、中庸大義。

◎易盪序：憶昔備兵舒、皖間，龍眠以經學擅江左，而易為尤盛。惟姚氏一門家世《春秋》，廼姚子經三獨以《易》魁鄉、會兩闈，竊疑經三於家學外有別傳也。已知掌垣若侯年翁併太翁戊生年伯雖治麟經，兼通《易學》，有方子羽南得先天圖學之秘傳與太翁稱莫逆交，時時為諸姚講授易理。姚氏盡得其學，故方子所著《易盪》一書遂藏於姚氏之家。會經三司理建寧，掌垣公屬其梓行以不忘先世之志，且欲廣其教於天下也。梓成，予得寓目，因知方子之書，即先天橫圖之序也。康節先生有言：「橫圖之位猶根之有榦、榦之有枝，愈大則愈少，愈細則愈繁。」朱晦翁亦謂其先後多寡既有次第，而位置分明，不費詞說，規而圖之、疊而方之，縱橫變化，總不離此圖因重之法。嗚呼，盡之矣！方子既得秘傳，即時時為人布算，每多奇中，因出其餘緒作為文章，以導天下治經之士。其書精切著明，覺鄭氏失之繁碎、輔嗣流於玄虛，掌垣與司李之亟欲表章，洵有以也。書既行，司李請予一言弁其首。予惟道法之在於世，不惟其明之，惟其行之。方子治經學，信有功於先儒矣。然不得兩君子為之表章，則方子之功不能出闔閭間，烏足廣其教於天下後世哉。傳曰：「待其人而後行」，明之者方子，行之者兩君子也。雖為掌垣公之不忘先教、司李君之克成兄志，然龍眠之易學於是為益著矣。康熙丙午冬日，都門陳襄題於芝城之正源堂。

◎易盪序：易之作也，年更數千，人更四聖，其辭精，其旨奧，古今之遠、宇宙之大咸範圍之而不遺，故自昔迄茲，傳之者無慮數十家，各以其意為測，以冀有合。在漢則焦、京尚言象占而流於術數；在晉則輔嗣尚解文辭而遁於老、莊；唐之易莫盛於孔氏，箋註之學行而流於附會。至濂溪之書，康節之數，河南、考亭之傳義，發太極之理，剖苞符之蘊，微言絕學，幾幾乎藉

以宣昭矣。亡何而流於經義之學者幾百年，人習帖括，家工揣摩，苟且以就科名，而易之理因以不著。夫以數千年之書而傳之者僅數十家，以數十家之傳，極窮微探幽之力而及其後不能無弊，則易豈易言者耶？自非潛心理要、覃志道樞，未足以抉其微而理其緒也。桐山方君羽南潔淨味道，學易有年，搜百氏之說，綜眾家之妙，冥心靜悟，作《易盪》一書，準於橫圖之八卦相重，以見六十四之本於自然，非由人謀智力也。或得解於象表，或會意於言先，原其圖畫而推其理數，攷其象變而索其文辭，大都主《大傳》相盪之義而盡其變化之神。能令田何讓管，費、鄭遜席。昔君家方儲講孟氏易，精通圖讖，然儲所通者圖讖而已，非正義也。羽南纘述儒先，成一家言，而司李姚子經三以易起家，與其掌垣若侯先生共精天人之學，相與生數千載後而為功於四聖，業甚弘也，易道昌明，其在斯乎？其在斯乎？康熙歲次丙午孟秋，山陽陸求可撰於閩署之思過堂。

◎易盪序：從父夢名先生讀易有得於心，門人受學益廣，因而著《易盪》之文。小子奉誦於鹿湖中，先王父有《易蠡》、先卿有《易意》，益以從父之《易盪》，俯仰間浩浩如也。從父蘊奇炳采，遊于豫章、吳越，與名公鉅人參究奧窔，驗諸險阻，通乎神物之曲隱，以是超然為天遊，不以外累其內。從父之得易深矣。程夫子傳易曰：「予所傳者辭也。」朱夫子註易，第就其本義，不加一字。如如是，易者無言語無文字之書也。廖旴江每置《小象》、《繫辭》不復研磨，以為易不在是，周夫子《通書》曰：「無極而太極」，已返於言語文字之上矣。後世儒者猶疑其太極更加無極，政如屋上架屋，如燈之在籠，不可增一柱也。夫易道備於鄭，而象數或泥焉；易道空於王而義理或滑焉。是則立象以盡意，夫言不能盡而象能盡之，明道先生曰：「他人說易是數，惟堯夫卻說有理。」夫象數必起於陰陽，而生生不測是其理也。無極之先，一流而為繼善，再流而為成性，因貳濟行，本乎一發揮旁通，本乎中非貳也。不顯一非旁也，不表中學士白紛於韋編之下，不過按旁貳之摩、衍一中之緒，而其所為一中者，終不可得而見也，則以神明默成，難乎其人也久矣。《記》曰：「潔淨精微而不賊，深於易者也。」夫易何賊之有？賊理者象數也，然賊象數者亦理也，形上形下之間有摩盪者存焉。摩其貞、盪其悔，是因重也。因其天不雜以人，然後盜憎之隙消而主人之勞立，是之謂不賊。甚矣註易者無取于數典也。從父懷大道於伐邑而翼於荊棘刀砧中若而年，非第說易而已也，倫常彝極、日用飲食有潔淨精微之脩名言焉。從父存乎德行，而文字言語其

緒餘乎？小子冥趨，惝然範於陰陽之東西南北，幸賴家有名士從學以思補過也。若飢十日而啖太牢矣。乙酉冬日鹿湖姪孔炤記。

◎易盪序：凡著書者必務盡其生平之才與學而傾儲付之，此諸子之自為一家言者也。獨著易則雖有經緯錯綜之才、宏深敏練之學，有時窮於無所用。何也？彼蓋未返而得乎易之原也。不得其原而擬爻畫象、依文衍義，此以謀之商瞿之裔，未嘗其一臠，語以無字之秘，又何能為天潢也哉？予與羽南結髮齓交，歲甲子，居西山之亦園，易寒暑十餘載，即吟詠靡輟，衷殊有怏怏者，曰：「吾輩為文豎千秋業，恐終未免代謝間耳。」乃卒治易章句。壬申春，遇新安葉尊止先生，受衍圖法，予亦抱麟經側末席，冀得領其旨與四時共參筆削大義。羽南則相與起居者歲餘，有如田何之於丁將軍者矣，易自茲有方氏之學。江上諸君子聞方氏學，爭相勸曰：「易道式微，有能振起如今日者，此漆園公所云指窮於微薪火傳也，不知其盡也。」於是執贄者半圜橋，而九圖爰彰微言未絕。神而明之，存乎其人，又何贅詞焉。而門下士竊意丁將軍巨擘于田氏之門，即小章句豈詹詹者乎？乃遂以卦義請，羽南弗許也。然每抱膝窮盪卦義，喟然曰：「卦之作也，參伍錯綜，易之蘊其盡於此乎？」門人請益篤，久之弗克辭而卦義成，題曰《易盪》，祖羲皇也。夫子故殷人，而禮則從周。今所述者《周易》，而義取諸包羲氏。學者通乎周之因殷、子之從周，其於易道奉若先天，不即所以發明後天者哉？壬午之秋，予僕僕瀿水，令闈事竣，為諸門人羣選事，羽南從白門來屬予作序。予曰：「對簿書輒論性命之業，蔑有當矣。」羽南以予為能序，謂予知易者。予不能不為羽南序，知羽南之于易也。序成持歸，而《易盪》之義終不以予言為筌蹄，則以竢後之知《易盪》者。時壬午秋日，盟弟姚孫棐拜題。

◎易盪序：羽南方先生與先君子稱髮齓交，晨夕唱和凡數十年，風雨無間也。先生每過予家，則予兄弟次第以詩文請益。先生一一評定，諷詠可聽，加以誨導，即莫不人人各得所願而去。然先生視詩文剩伎耳。其生平專精湛思，惟大《易》一書已得葉兼山先生傳授先天圖學。先生即棄諸家易說，專講圖學。暇日輒為人演圖，即其人窮通出處無不應如影響，於是視世間一切有文字書盡為糟粕，悉閉目不窺。久之，讀《周易本義》及《啟蒙》諸書，豁然有悟曰：「朱子蓋真得邵子之學者也，即文字何嘗不與圖相發明哉。」於是乃以文字說易，撰《易盪》成，先君子業為序之。予小子治經之餘，竊覘其大旨，其文字皆一本諸圖學也。夫先天有三圖而橫圖為最先，自一而二、

二而三、三而四、四而八、八而十六、十六而三十二、三十二而六十四，《繫辭》曰：「八卦相盪」，程子以為加一倍法，先生《易盪》之作，蓋取諸此也。今之言易者以先天為體、後天為用，先天主靜，後天主動。今觀於盪之義，先天亦何嘗不主動哉。傳曰：「吉凶悔吝，生乎動者也。」動即易之用也。夫剛柔相推，後天之動也；八卦相盪，先天之動也。先生以盪名易，而一依橫圖序卦，蓋深得體用合一、動靜相生之旨矣。先生書成三十年，家貧不能梓，會予弟經三官建寧，予屬其梓以行世，以卒先君子之志，蓋不敢私其教於一家也。抑予因《易盪》成而重有念焉。吾鄉以經學名天下三百餘年，而易為尤盛。以予所知，方中丞公有《周易時論》，王虛舟先生有《風岐易溯》，錢爾卓先生有《易見》、有《周易火傳》。今《時論》既行而兩先生書世或未見，則安得有心如吾弟者悉為表章，使天下經生盡被吾鄉之易教乎？偶因直垣之暇，書序以寄，兼喜余弟之服官未肯忘學也。康熙丙午秋日，姚文然題於燕臺省署。

◎姚文燮序〔註8〕：吾鄉方羽南先生閉戶註易者三十年而《易盪》書成，予兄若侯先生屬予梓以行世，予受而讀之，刓而不鑿，通而不流，蓋深有得於易「奇而法」之旨也。而以《易盪》名者，蓋本先天八卦之位以次相加而成，來元成先生所謂即橫圖之序也。《係詞》不云乎：「八卦成列，象在其中矣；因而從之，爻在其中矣。」盪則各以其序而重之之義也。吾觀先天三圖皆生於盪，橫圖盪而相摩者，陰陽相倚，比而無間，一左一右之謂也。宋人釋以為磨，則為一上一下，非其指矣。若圓圖則盪而相錯者也。至於方圖或左或右或上或下，縱橫交互妙合自然，總不離乎八卦之序、因重之法，傳曰「八卦相盪」，蓋觀夫方圓而盪始盡其變也。且夫天與日盪而十二辰以定，日與月盪而弦望晦朔以分，干與支盪而大撓、甲子以成，天盤與地盤盪而奇門休咎以決，凡陰陽之理、變化之端，未有不出於盪者而皆統之於易。先生以盪名易，旨哉富乎，固不斤斤示人以圖象矣！或曰孔子學《周易》，作《序卦傳》，其次

〔註8〕此序又見於姚文燮《無異堂文集》卷一。姚集此序後附評語二段。一云：蔣虎臣曰：羽南先生，龍眠宿儒也。著書數十年，匯精於易。無力以傳，嘗有抱玉而泣之意。經三為梓其《易盪》既成，而先生歿猶得其端緒，喜可知矣。經三此舉豈非高誼，豈非古道？余嘗謂世之刊經布發者，何如為此等事。既表前賢，復兼來學，可闡潛德之光，可盡推挽之誼。余於經三，向賞其明敏，而今服其厚大，此類是也。又一云：兄龍懷曰：昔管公明謂善易者不談易，吾弟談易如數家珍，秘理元機，過於刻露矣。

第皆有相受之義。今先生以盪名易，其卦序一依橫圖，然未嘗有傳發明次第相受之旨，如《周易》之確然不可紊也。夫易不可為典要，若因其次第按之，以為有說存焉，亦何嘗不可為說乎？即孔子《序卦傳》亦不過為文王六十四卦之編次耳，初未嘗有定理也。先生以盪名易，明易之本無定也。因其序而序焉，又從而為之說，則無定者有定矣，豈所取諸盪耶？易之為道也屢遷，變動不居，上下無常，不可為典要，維變所適。先生著書命名而不立說，義殆本諸此矣。時康熙丙午仲夏，同里後學姚文燮頓首題。

◎自序：予弱齡讀易，困章句二十餘年，始受衍圖之法，蓋衍先後天九圖也。衍圖之于易，非夫人之于圖也，其法唯參伍錯綜，至精至變至神。嗟乎！易之興也其于中古乎？陵夷至今，豈無所為如盛王者？而考亭亦可謂集厥成矣。夫道未墜地，傳之其人，九圖爰彰，易道斯著，不必鉤深索隱也。譬之宿將用兵，奇正分合全在一心，八門六花觸目了然，政自無奇耳。戊寅之秋，予授經江上，衍圖畢，亦可以止矣。同社諸君子曰：「象者言象，爻者言變。聖人之極數定象，通變成文，諄諄然命之。其所以津梁後學、與民同患，意靡窮矣。敢請以圖中之蘊衍為卦義，可乎？」予曰：「夫子晚年攻易，三絕韋編而後十翼成；晦翁作《本義》，從十年面壁中來。予何人斯，敢受此請也？」諸君子曰：「《春秋》因魯史而作，典謨本先帝所傳，是不再著矣。易不可為典要，唯變所適；後之作者，亦各抒所見耳。《易林》倡術數之學，山陽為清言之祖。迄今猶有尸祝之者，況本之先後天，其於微言大義政相發明者乎？」予曰：「漢儒窮經而尊師，其各奉一家言，蓋欲樹之幟也。予與諸君子衍疇畫卦，自有淵源，而著書立說，毋乃贅詞哉？即不以為贅，而或擬于《潛虛》、《太玄》，不為先聖之的派，是益之罪也。」予每思易卦之作，羲皇以盪為序，豈非欲畫卦之材乎？觀其序而八卦之性情、六十四卦之發揮，思過半矣。於是因之作《易盪》，卦義首乾終坤，六子嬗化，生生不息，變化無方，尊羲皇也。明其義不必其澤于詞，繇其法不必其盡乎義，是則予之謝不敏焉，且以是為出疆之贄，奉教于諸君子。若曰學易者以此為指南，則又予之所不敢當矣。時癸未秋杪，古桐方鯤題於皖江禪室。

◎易盪註疏緣起：《易盪》之作，畧舉其大意，與晦翁、伊川兩先生微有異同，未嘗明言之。後之覽者或不解予意之所存，茲復有自註、補遺、辯爻、或問以發明之。又恐一得之愚，未免管窺之誚，爰集諸名家傳註以補予不逮。至乾坤二卦，義甚精微，非數言之所能悉，予別有《疏義》，出之胸臆者十之

三，得之纂輯者十之七。非敢謂盡乾坤之蘊，亦藉以請教於高明云爾。時戊戌冬日，石門易隱方鯤記。

◎四庫提要：其書不載經文，不依《周易》卦次，惟據《大傳》「八卦相盪」之義縱橫圖之，八卦相重，一卦盪為八卦，故名曰《易盪》。每卦各為之說，說後附以自注、集注及補遺。卷首有自序二，一在康熙癸未，一在戊戌，蓋成書之後又十六年後加訂定云。

◎康熙《安慶府桐城縣志》卷之五《忠節》：少為名諸生，長而切劘經學，謂詩文小道非儒者所急也。會豫章葉兼山講易桐城，與鯤語，歎其夙慧，遂盡授之。自是專研三易，推河洛縱橫之圖以測古人制樂用兵之法，往往悉合。黃宮詹道周、黃侍郎楷見其所著《易盪》，激賞弗置，以為從前所未有也。

◎道光《續修桐城縣志》卷十二《人物志・宦績》姚文燮條：又梓定方密之《通雅》、方羽南《易盪》，皆刊行於世。

◎道光《續修桐城縣志》卷第二十一《藝文志》：《易盪》二卷（方鯤撰，《四庫全書》存目）。

◎徐璈《桐舊集》引潘蜀藻：先生精易學，嘗推河洛縱橫之圖以測古人制樂用兵之法，往往吻合。乃取《繫辭》八卦相盪程子加一倍之說，著為《易盪》。黃石齋、何元子見而激賞之，姚君經三為梓行。

◎方鯤，原名大鯤，字羽南、夢明（名）、孟明，號麗木，又自號石門易隱，學者私謚文潛先生。安徽桐城人。方孔炤從父。諸生。以才穎發名，後益耽思經籍，謂文藝非儒者所急也，乃師事方學漸治易。與方大鎮、吳應賓、王宣、黃道周、姚孫棐相交遊，砥礪風節，辨析學問，談易論天下。姚氏諸子文烈、文勳皆受經門下。年八十卒。

方華楨　易經補義　佚

◎民國《東莞縣志》卷八十三《藝文畧》一：《易經補義》（國朝方華楨撰。《嶺海詩鈔》)。

◎方華楨，廣東東莞人。著有《易經補義》。

方際明　解易枝言　佚

◎民國《宿松縣志》卷三十二上《藝文志》一：《解易枝言》，明方際明著（《通志》。《縣志・人物志》本傳及《藝文志・書目》俱闕載）。甫字名爵，見《名

賢列傳》。際明學紹閩洛，著述根極理要，有功經傳。督學徐鑑亟稱之，擬疏薦焉云。然是書恪宗伊川《易傳》，大旨黜數崇禮，惜世罕傳本也。

方葇如 周易通義 十四卷 佚

◎四庫提要：是書悉取《四書》成語以證《周易》，古無此體，徒標新異而已，於經義無關也。

◎《皇朝通志》卷九十七：《周易通義》十四卷，方葇如撰。

◎光緒《淳安縣志》卷之十《文苑》：嘗舉諸經義蘊與四子書關通者，紛羅箋注，成書三十二卷，名曰《經書通解》。

◎光緒《嚴州府志》卷十九《人物》：嘗舉經書蘊奧與四子書關通者，紛羅箋注，成書三十二卷，名曰《經書通解》。外又有《儀禮句讀》二卷、《性理本義》三卷、《詩經類對賦》一卷《古賦》一卷、《自詠詩》八卷、《雜著》二卷。

◎方葇如，字藥房、若文、文輈，號荔帷、樸山。浙江淳安人。康熙進士。官直隸豐潤知縣。乾隆初舉博學鴻詞，不與試。晚年曾主敷文講席。少從學毛奇齡，通貫經史。工詩古文詞，與同城方舟、方苞並稱「三方」。又著有《經書通解》三十二卷、《十三經集解》、《毛詩通義》十四卷、《尚書通義》十四卷、《詩經類對賦》一卷《古賦》一卷、《儀禮句讀》二卷、《性理本義》三卷、《集虛齋文錄》、《緣情詩略》三卷、《離騷經解》、《自詠詩》八卷、《集虛齋學古文》、《下學齋雜著》二卷等。

方鳴鐘 河洛闡義 佚

◎道光《徽州府志》卷十一之四《人物志·文苑》：多所著述，尤精圖書之學。撰有《河洛闡義》一書行世。

◎方鳴鐘，字麗川。安徽婺源（今屬江西）平盈人。少穎悟篤學，晚益杜門不出，遍覽羣書。

方潛 觀玩隨筆 一卷 存

光緒十五年（1889）方敦吉濟南刻毋不敬齋全書本

◎是書列於《毋不敬齋全書》第九卷。

◎卷首云：《隨筆》者，隨所觸而筆之也，無定序，無成見，以識其觀玩之自得而已。

◎摘錄：人知卦爻是易，不知法象是易；知法象是易，不知虛空皆易；知虛空皆易，不知此心易之全體大用也。

◎摘錄：易用九六，其實自伏羲畫卦以來皆是用。易无體，雖曰易有太極，亦是在用上見，即用是體。

◎摘錄：六十四卦、三百八十四爻皆所以順性命之理、盡變化之道。順性命之理乃能盡變化之道，知性命之理、變化之道乃知易。

◎摘錄：江慎修謂除乾坤頤大過坎離中孚小過皆一卦順倒成兩卦，故有上下往來之義，其說甚通。

◎摘錄：孔子十傳，翼經者也，後人但可註傳，不當先取傳義註經，經文訓詁字義足矣，傳義與經義有別處，亦當於傳註申明之。

◎摘錄：品物皆乾道變化出來，六十四卦、三百八十四爻皆乾卦變化出來。

◎方潛《毋不敬齋全書》卷《趙月槎杜解傳薪序》：君好學士也，夙聞予學易，相見如故舊，索觀易說各種，恨交晚……君將入都，恨交晚，且暫取予《繫辭傳》分章及《觀玩隨筆》錄之，意彌殷殷。然君好學士也。

◎光緒《重修安徽通志》卷二百二十三《人物志・文苑》二：方潛（原名士超，著《毋不敬齋全集》，多說經論學之文）。

◎方潛（1805～1869），原名士超，字魯生，號碩存。安徽桐城人。庠生。曾講學山東膠西、桐城培文諸書院。著有《毋不敬齋全集》。

方清漣　讀易心得　佚

◎民國《宿松縣志》卷三十二上《藝文志》一：《讀易心得》，清方清漣著（《通志》）。漣見《儒林傳》。書未梓，大抵皆手錄心得語也。經本依王弼，學說宗程朱，是其治易主旨。

◎民國《宿松縣志》卷三十二下《藝文志》二《摘批伊洛淵源錄》條：漣學主躬行，尊德性，道問學，稍近程朱一派。於《孝經》《周易》《性理大全》諸書皆有輯要，隨時批註之。

◎民國《宿松縣志》卷三十六下《列傳》一下《儒林》：居恆究心經史，尤篤信二程子書，風雨編摩，雖病不稍怠。著有《讀經隨錄》《讀史隨錄》《兵事輯要》凡若干卷，因亂亡。存《批摘伊洛淵源錄》〔註9〕一卷、《讀易心得》

〔註9〕民國《宿松縣志》卷三十二下《藝文志》二作《摘批伊洛淵源錄》。

一卷，與詩文集並詳《藝文》。

　　◎方清漣（1805～1866），字璧江，號敬孚。安徽宿松人。道光丙午舉人，以學行舉咸豐元年孝廉方正，力辭免就徵，授六品銜。已而任滁州學正。性沉毅廉介。與生徒子弟講學，文行交勉，性理、《孝經》諸書皆提要鉤沉，詳加批剖。樞部石廣均延課子及孫。同治四年再詔試孝廉方正科，以病辭，終不赴。卒於滁陽學廨。

方申　方氏易學五書　五卷　存

　　國圖藏道光二十五年（1845）汪喜荀青溪舊屋刻本

　　山東藏光緒十四年（1888）江陰南菁書院刻南菁書院叢書本

　　◎子目：諸家易象別錄一卷，虞氏易象彙編一卷，周易卦象集證一卷，周易互體詳述一卷，周易卦變舉要一卷。

　　◎劉毓崧《通義堂文集》卷二《方氏易學五書序》：《周易》未遭秦火，昔人以為完書。然當西漢初年已失《說卦》三篇，迨宣帝時始獲於河內，可讀者僅得一篇，而餘則錯亂難識，故其言卦變互體也僅略見於前三章。學者既以語焉不詳為憾，而其言易象也，自四章以下亦祗百餘則，而卦象爻辭之取象者多未備焉。所幸古人傳經大抵皆以口授，雖失其簡策，而誦習者尚能追憶其詞，故《說卦》所無者半存於各家注中。此真周以前之微言大義，而兩漢經師相與抱殘守缺以延其緒於欲絕者也。自王、韓之清談盛而漢易漸衰，及陳、邵之臆說興而漢易幾廢，於是隨聲附和者反斥易象為穿鑿，而鄙卦變互體為支離，甚至疑《說卦》非孔子所作，而其中之遺文脫簡更罕有念及者矣。吾邑方端齋先生篤志研經，邃於易學。其求之甚勤，其習之最久，深造乎漢易之堂奧而不囿乎漢易之藩籬。所著《易學五書》，於易象則博攷其名，於互體卦變則廣徵其例。凡《說卦》所有者則援據以證之，《說卦》所無者則綴緝以補之，由是《說卦》之傳散佚於二千載之前者一旦儼然復聚，而其書不盡言言不盡意者復為之次第推闡，不啻昭然發矇，較諸集逸《書》、逸《詩》、逸《禮》者，其事更難而其績尤鉅。非好學深思實事求是者，其孰能與於斯乎！毓崧不敏，於易本非專家，而先生顧折節忘年，引為同志，每有撰述，必預討論。乃庚子之冬，五書稿本甫定，而先生遽歸道山。疾革時，拳拳以序文見託。誼何忍辭！頃因汪孟慈先生出貲刊刻，屬為校訂。爰輈舉著述之大旨，以踐前諾。後之人紬繹此書，識其義例之所在，由是以進，求諸全易，必有融會貫通

卓然自成一家之學者，是則先生之所深望也夫！

　　◎劉毓崧《通義堂文集》卷二《方氏易學五書後序》：《方氏易學五書》剞劂告成，余既為之作序，客有詰余者曰：「此書不過墨守家法，未能以己意發明，而吾子所製弁言曲為稱頌，得無貽溢美之誚乎？」余應之曰：「唯唯，否否，不然。君子之著書期於實有裨益，而人己之見無庸存於其閒，是故紹述前修者即得舉一反三之要，而非必特創其說以相矜。嘉惠後學者可傳事半功倍之方，而非必獨據其名以自炫。竊嘗揚搉論之，八卦取象，其理近於六書；而互體、卦變，其理近於九數。蓋象有專屬一卦者，猶字之分部弗容混也；象有兼屬他卦者，猶音之合韻可相通也；互體錯綜而不雜者，猶算之句股弦矢，其法有一定也；卦變引申而不紊者，猶數之正負和較，其用本無窮也。言小學者，別音均於表，繫諧聲於譜，而六書之旨昭焉；言算學者。推之為演段，繹之為細草，而九數之奧顯焉；言易學者。比類以求其象，循序以畫其圖，而八卦之理著焉。其道一而已矣。崑山顧氏、婺源江氏始言古韻，至高郵王氏之書成而古韻如未亡焉；吳江王氏、宣城梅氏始講中法，至嘉定錢氏之書行而中法如未墜焉；蕭山毛氏、元和惠氏始重說卦，至儀徵方氏之書出而說卦如未闕焉。其功一而已矣。使謂服膺《說卦》者為限於墨守，則是古韻不必求、中法不必考、演段細草不必輯、音均表諧聲譜不必編也；使謂究心圖象者為拘於家法，則是字之分部可略、音之合韻可刪、算之句股弦矢可捐、數之正負和較可廢也。而豈其然哉？觀於方氏自序，五簡未嘗立異求新，而實已探賾索隱。驟閱之一若平淡無奇，而熟玩之始覺淵微難罄。其簡明易曉也，雖庸愚淺學者亦可悟成法於規矩之中；其精確不磨也，雖聰穎特達者莫能出新意於範圍之外。此固用己意發明，上以拾大傳之遺，下以解小儒之惑。而苦心孤詣，殷然於繼往開來，洵足遠軼陸氏之《釋文》而追蹤李氏之《集解》。世有沈潛易義者，當不以余為阿私所好而河漢斯言也。」客釋然無疑，逡巡而退，因紀其問答之語以為後序。

　　◎道光《重修儀徵縣志》卷三十七《人物志》：申自悔晚學，故致力摹勤，其最精者尤在《周易》。朝夕鑽研，未嘗釋手。著有《諸家易象別錄》一卷、《虞氏易象彙編》一卷、《周易卦象集證》一卷、《周易互體詳述》一卷、《周易卦變舉要》一卷，為《易學五書》。

　　◎道光《重修儀徵縣志》卷四十四《藝文志》：前後總序為同邑劉毓崧撰。

◎方申，字端齋。本姓申氏，舅氏取以為子，故從舅氏姓，而以申為名。江蘇儀徵人。諸生。卒年五十四。

方申 虞氏易象彙編 一卷 存

山東藏道光二十五年（1845）汪喜荀青溪舊屋刻方氏易學五書本

山東藏光緒十四年（1888）江陰南菁書院刻南菁書院叢書・方氏易學五書本

◎彙編虞翻注引逸象一千二百八十七則。

◎虞氏易象彙編自序〔註10〕：易家之言象者以虞氏為最密，述虞氏易象者以惠氏棟、張氏惠言較詳（毛氏奇齡《仲氏易》載虞氏易象，乾九、坤二十、震十、巽九、坎六、離四、艮十、兌四，僅七十二則，而坤為包坤誤作巽，兌為孔穴本干氏注誤以為虞氏注）。惠氏所述凡三百三十則（《周易述》所載六十一、坤八十一、震四十九、巽二十、坎四十七、離十九、艮三十七、兌九；《易漢學》所載約同，惟多乾為性、乾為老、坤為姓、坤為聚、震為反、坎為歲、艮為多七則，少坤為拇一則。以二書合參之，共得此數），張氏所述凡四百五十六則（《虞氏義》所載乾八十、坤一百一十、震五十六、巽四十四、坎六十九、離二十九、艮五十二、兌十六），其蒐輯可謂勤矣。顧其所引者止於乾為王之類，而乾天崇也、乾稱上等類，則絕不一引。即逸象之有為字者，仍屬略而未備，且其間有也字誤作為字者（艮震也，張本作艮為震），有稱字誤作為字者（坤稱姬、巽稱商，惠本稱作為，乾稱瓜、坤稱窮、坤稱階、巽稱葛藟、坎稱叢棘，張本稱作為），有謂字誤作為字者（體謂坤，張本作坤為體），有本無也為稱謂等字而誤衍為字者（坤殺惠本衍為字，坎疾屬坎濡離鴻張本衍為字，乾性乾生坤富惠本張本俱衍為字），有一字之象誤作二字者（坤為喪惠本喪下衍期字），有二字之象誤作一字者（震為後世惠本無後字），有他卦之象誤作此卦者（坤為鬼神為虛惠本坤作坎，坤為順惠坤作艮，兌為刑人惠本兌作坤），有他注之象誤作此注者（乾為直、震為鵠皆九家之象，張本以為虞氏之象），有經文本有而誤以為逸象者（張本有離為日已見於《說卦傳》中），有注家未引而誤列於逸象者（惠本有巽為歸、坎為叢，今檢諸家之注未有引此二則者，

〔註10〕道光《重修儀徵縣志》卷四十四《藝文志》節引作：易家之言象者以虞氏為最密，述虞氏易象者以惠氏棟、張氏惠言較詳。顧惠氏所述祇三百三十則、張氏所述祇四百五十六則。申究心虞易歷有年所，凡注之引逸象者，按也，為稱謂之目，縷析條分，一一羅列。共得逸象一千二百八十七則，俾治虞氏易者得覽卦象之全，以推衍其家法云。

疑歸為婦之誤、蔜為叢木之誤），則千慮之一失，固智者所不能免也。申究心虞易歷有年所，凡注之引逸象者，按也，為稱謂之目，縷析條分，一一羅列。有疑者則置之（巽為木果，孫氏堂《二十一家易注》謂木當作不，然究無明文可證，今從惠說、張說仍作木，他皆倣此），有誤者則正之（坤為尸《集解》坤作坎，今據惠說、孫說改正；坤為徒《集解》徒作從，今據張說改正），有脫者則補之（首謂乾《集解》脫乾字，今從惠說、張說補入；巽為係《集解》脫係字，今從孫說補入），字之通用者則仍存之（乾為詳，詳即祥也；坤為盍，盍即闔也；震為徵，徵即懲也；巽為庸，庸即墉也。今皆從其本文而不輕改），義之各殊者則並列之（如乾為好有訓愛者，有訓善者；震為行有訓走者，有訓德者；兌為說有訓言者，有訓解者。今皆分別載之，以免相混），注之重見者則疊引之（如坤為民坤為事、坎為心坎為志之類，注中凡十數見，今皆備載之，令閱者知所自出），文之錯出者則分紀之（如乾為君子、乾稱君子、君子乾也、君子謂乾，君子類甚多，今分見於各門，可以彼此互證），成《虞氏易象彙編》一卷，共得逸象一千二百八十七則，多於惠氏者幾及四倍，多於張氏者幾及三倍。此非後人之學能踰於前人，實以創者難而因者易耳。雖爬羅剔抉，細大不捐，未免涉於繁瑣，然與其過而廢之，無寧過而存之，俾治虞氏易者得覽卦象之全，以推衍其家法云爾。道光戊戌季春，儀徵方申識。

方申 周易卦變舉要 一卷 存

山東藏道光二十五年（1845）汪喜荀青溪舊屋刻方氏易學五書本

山東藏光緒十四年（1888）江陰南菁書院刻南菁書院叢書・方氏易學五書本

◎條目：旁通反復上下易諸變、變化（附於旁通）、升降（附於上下易）。

◎自序：《說卦傳》云：「觀變於陰陽而立卦」，是卦變之法傳之久矣。然自來講卦變者言人人殊，多但執其一端而未述其全體，甚至各尊所聞而黨同伐異。承學之士苦其說之渙散無統，遂益眩惑而莫識其源焉。申嘗取《周易》經傳及漢儒舊注參伍攷訂以深求其義例之所在，竊謂其均有依據，未可偏非也。乾文言云：「六爻發揮，旁通情也。」陸績注云：「乾六爻發揮變動，旁通於坤。」此旁通之法所由昉也（虞氏小畜象注云與豫旁通，其他卦注中言旁通者最多，不煩枚舉）。乾文言又云：「反復其道」、復象云：「反復其道」，此反復之法所由昉也（虞氏觀象注云：觀反臨也；漸象注云：反成歸妹）。《繫下》第二章

云：「易之以書契，蓋取諸夬。」虞注云：「履上下象易也。大壯、大過、夬，此三蓋取直兩象上下相易，故但言易之。」此上下易之法所由昉也（虞氏小畜象注云：「豫四之坤初為復」、大畜象注云：「此萃五之復二成臨」、惠氏棟《易例》下云：「豫者復兩象，易也；萃者臨兩象易也。」）。《說卦》第六章云：「然後能變化，既成萬物也。」虞注云：「謂乾變而坤化。」此變化之法所由昉也（《左氏》昭二十九年傳云「在乾之姤」，又云「坤之剝」，說者皆以為一爻之變化）。蹇六四爻辭云：「往蹇來連。」荀爽注云：「欲往之三，來還承五。」此往來之法所由昉也（虞氏蠱象注云「泰初之上」、頤象注云「五上易位」，即往來之例也）。乾文言云：「雲行雨施，天下平也。」荀注云：「乾升於坤曰雲行，坤降於乾曰雨施。」此升降之法所由昉也（虞氏坎象注云「乾二五之坤」、離象注云「坤二五之乾」，即升降之例也）。是故六爻改易者為旁通，一爻改易者為變化，則變化可附於旁通焉。六爻移易者為反復，一爻移易者為往來，則往來可附於反復焉。六爻交易者為上下易，一爻交易者為升降，則升降可附於上下易焉。京房《易傳》以八宮分統六十四卦，即以爻變之次第為卦名之次第，故變化門內必兼及某宮第幾卦焉。《繫上》第十一章云：「往來不窮謂之通」，荀注云：「十二消息陰陽往來無窮已，故往來門內，必兼及陰陽之消息焉」；虞氏《繫下》第九章注云「乾六爻二四上非正，坤六爻初三五非正。」荀氏坤象傳注云：「乾二居坤五為含，坤五居乾二為宏，坤初居乾四為光，乾四居坤初為大也。」故升降門內必兼及當位不當位焉。然則易之卦變，其源流與本末固不可不辨矣。於是標其綱領，分別部居，可詳者則詳之（如單舉上卦及單舉下卦者，皆無所謂上下易，固可不復贅述。至於無反復無往者，先後錯出不齊，必須注明，始為清晰），可略者則略之（如《焦氏易林》備載四千九十六變，然《左氏》所載占法一爻變居多，二爻、三爻、四爻、五爻諸變無庸繁引之焉），說之當從者則遵之（如本卦與旁通卦彼此升降，焦氏循《易學》言之最詳，今全採之），例之未一者則改之（如屯蒙頤大過坎離革鼎中孚小過俱自兩辟卦來，而中孚、小過則又以兩爻往來，蓋兼消與息之卦，故有此變例也。先儒或改為自八純卦來，似乎自紊其例，今皆正之），成書一卷，名之曰《周易卦變舉要》。雖所衍之圖多本出乎前人之成法（如《旁通圖》本於錢氏大昕《潛研堂集》、《反復圖》本於張氏惠言《虞氏消息》），然散者輯之使聚、亂者理之使整、闕者補之使完、晦者揭之使顯，俾其端緒易明、指歸易見，此則區區裁定之苦心也。若夫不信卦變者驚於空談而不求實學，妄言卦變者溺於俗說而誤入歧途，此則稍知漢易者類能力斥其非，無待愚之辨論也

已。道光丙申重九日，儀徵方申識。

◎道光《重修儀徵縣志》卷四十四《藝文志》節引作：雖所衍之圖多本出乎前人之成法，然散者輯之使聚、亂者理之使整、闕者補之使完、晦者揭之使顯，俾其端緒易明、指歸易見，此則區區裁定之苦心也。

方申 周易卦象集證 一卷 存

山東藏道光二十五年（1845）汪喜荀青溪舊屋刻方氏易學五書本

山東藏光緒十四年（1888）江陰南菁書院刻南菁書院叢書・方氏易學五書本

◎周易卦象集證自序：晉韓起聘魯之時，孔子尚未贊易，而太史之書已名《易象》，蓋八卦之象衍自羲、文，其傳最古，故春秋時人恆引之。及孔子作《說卦傳》，所言者大抵不外乎象，遂為易象集其大成。誠以天垂象聖人則之，八卦成列，象在其中矣。故曰易者象也，象也者像也。兩漢以前注易者無不引《說卦傳》以證經文，此觀象玩辭之古法也。乃王弼倡為得意忘象之論以自飾其空疏，韓康伯從而效之，遂於《說卦傳》之言象者全不注釋（自第四章至第十一章惟「神也者妙」、「萬物而為言者也」二句可附會於元虛之說，故以「神則無物」注之，此外則無一字也），蓋幾於惡其害己而欲去其籍矣。自唐以後，引《說卦傳》以解易者，罕有其人，甚且謂求之於經亦不盡合，豈非觀象者徵諸實、忘象者蹈於虛？蹈虛易而徵實難，故棄卦象若弁髦哉。申幼年讀宋人易注，怪其舍實象曲言虛理。及長而博攷古注，參閱諸緯與《春秋內外傳》注，見其引用《說卦傳》者難更僕數，然後知易之有卦象猶《詩》之有比興，箋《詩》者不言比興則美刺之意不彰，述易者不言卦象則吉凶之理不著，奈何置之不論不議也？！爰按諸家所引者，條理其次弟，各繫於本文之下，而其有注者亦附見焉。就其中文義核之，如震東方也、巽東南也，此也字之例也；乾為馬、坤為牛，此為字之例也；乾天也故稱乎父、坤地也故稱乎母，此稱字之例也；震一索而得男故謂之長男、巽一索而得女故謂之長女，此謂字之例也；艮以止之、兌以說之，此無也為稱謂而順言之例也；帝出乎震、齊乎巽，此無也為稱謂而倒言之例也；既言離為中女，又言離再索而得女故謂之中女，此也為與稱謂並見之例也；既言乾為君，又言乾以君之，此有也為稱謂與無也為稱謂互舉之例也。是故本文有也為稱謂而引者無之，則仍列於此書，以引者或從其略也；本文無也為稱謂而引者有之，則悉歸於逸象，以引

者或別有據也。所載者自第四章始,而三章以上皆不載者,以其無與於象也;所全載者自第七章始,而六章以上不全載者,以其非專言象也;鄭、陸九家之增多附紀於末者,見逸文之必宜存也(九家注引乾為言者列於此書,虞氏注引乾為言者,仍列於虞氏逸象,以九家本有此象句,而虞本無此句也。他皆倣此)。荀、虞諸人之異同分注於下者,見別本之有可採也(虞氏謂震為龍當改作驪、艮為狗當改作拘、兌為羊當改作羔,今皆附列於此,而《虞氏逸象》內不復見焉),成《周易卦象集證》一卷,共得象二百有四則,用以見《說卦》之象求之於經莫不相符,而忘象者斷不能得意也。至於卦詞與爻詞取譬於象者,隨在皆然,先儒與近儒闡發乎象者正復不少,後之君子,儻能輯眾說為《說卦》之義疏,援《說卦》為經文之義疏,以求折衷於至當,此實不朽之盛業也,蒙蓋有志焉而未逮矣。道光庚子孟秋,儀徵方申識。

◎道光《重修儀徵縣志》卷四十四《藝文志》:博攷古注,參閱諸緯與《春秋內外傳》注,見其引用《說卦傳》者難更僕數,爰按諸家所引者,條理其次第,各繫於本文之下,而其有注者亦附見焉,共得象二百有四則。

方申 周易互體詳述 一卷 存

山東藏道光二十五年(1845)汪喜荀青溪舊屋刻方氏易學五書本

山東藏光緒十四年(1888)江陰南菁書院刻南菁書院叢書・方氏易學五書本

◎條目:三畫四畫五畫諸互、半象(即兩畫互)、爻體(即一畫互)。

◎自序:春秋時,列國卜筮必據互卦,以與正卦相參,蓋即古太卜所掌之占法,而《說卦》所謂分陰分陽、迭用柔剛者也。《繫下》第九章云:「若夫雜物撰德,辨是與非,則非其中爻不備」,又云:「二與四同功而異位,三與五同功而異位」,說者謂即指內外兩互而言,則是互體之法其來遠矣。顧統言之則皆曰互體,而析言之則其法亦各不同。申尋繹古注中之所言者,反覆以求其條貫,而知互體之例,其別有九,固不得一概而視之也。鄭氏蒙象注云互體震、同人象注云卦體有巽、恆九三爻注云互體為乾、困象注云互體離,此二三四三畫互卦之法也。鄭氏觀象注云互體有艮、大畜六四爻注云互體震、離九四爻注云又互體兌、損象注云互體坤,此三四五三畫互卦之法也。虞氏大畜九三爻注云謂二已變,二至五體師象;睽初九爻注云四動得位,二至五體復;初九爻注云五動體姤遇,此中四畫互體之法也。虞氏蠱六四爻注云四

陰體大過本末弱，无妄象傳注云體頤養象，小過六二爻注云得正體姤遇象，此下四畫互卦之法也。虞氏大畜六五爻注云三至上體頤象，豐上六爻注云三至上體大壯屋象，兌象傳注云三至上體大過，此上四畫互卦之法也。虞氏豫象注云初至五體比象，萃象傳注云五至初有觀象，歸妹六三爻注云初至五體需象，此下五畫互卦之法也。虞氏蒙象傳注云二至上有頤養象，大有九三爻注云二變得位體鼎象，明夷上六爻注云謂三體師象，此上五畫互卦之法也。虞氏需九二爻注云大壯震為言四之五，震象半見；訟初六爻注云三食舊德，震象半見；小畜象注云需坎上變為陽，坎象半見，此兩畫互卦之法也。鄭氏賁六四爻注云六四巽爻也，萃象注云四本震爻、五本坎爻、二本離爻也，井九二爻注云九二坎爻也、九三艮爻也，此一畫互卦之法也。四畫五畫能互諸卦，而三畫又為四畫五畫之本，此正例也。二畫僅互八卦，而一畫又分二畫之餘，此附例也。用是定茲二例，析為九門，有互者必備載之而不厭其複（如剝卦復卦之互體半是坤，夬卦互體半是乾，今備列其卦畫），無互者必顯揭之而不慮其繁（如乾卦坤卦惟有一畫之互體，其餘所互仍是本卦，今皆注明），半象之有上下者必分列之而不患其歧（每卦之初與二為下半、五與上為上半，其二與三、三與四、四與五皆兼有上半下半，今亦並舉之），爻等之屬乾坤者必首及之而不嫌其贅（震坎艮三爻出於乾巽離、兌三爻出於坤），今皆推本言之，成書一卷，名之曰《周易互體詳述》，所收者全在互體，而六畫大卦不錄焉（宋人注大壯，謂卦體似兌；顧氏炎武《日知錄》云似者合兩爻為一爻，則似之也。然此又朔先儒所未有，不如言互體矣），所推者本於經文而先天圖說不取焉（吳草廬以先天圖說言互體，全氏祖望《經史問答》云：「今如草廬圖是先有互體後有正體，其謬不攻而自見矣。」）蓋確守先哲之舊章而不用後儒之新說耳。至於拾鍾會、王弼之唾餘，而以互體為不必論，此更師心自用之言，而吾所不敢信也。道光丁酉冬至日，儀徵方申識。

◎道光《重修儀徵縣志》卷四十四《藝文志》：尋繹古注所言，反覆以求其條貫，知互體之例，其別有九，而就其中定為正例、附例，名曰《周易互體詳述》。

方申　諸家易象別錄　一卷　存

山東藏道光二十五年（1845）汪喜荀青溪舊屋刻方氏易學五書本

山東藏光緒十四年（1888）江陰南菁書院刻南菁書院叢書‧方氏易學五

書本

◎目錄：易緯引逸象三百一十二則、詩緯引逸象二則、樂緯引逸象二十六則、春秋緯引逸象二十八則、孝經緯引逸象四則、左氏春秋傳引逸象五則、國語引逸象十三則、子夏傳引逸象六則、孟喜章句引逸象二十三則、京房章句引逸象五則、馬融傳引逸象六則、荀爽注引逸象一百一十一則、鄭康成注引逸象一百有四則、劉表章句引逸象一則、宋衷注引逸象十三則、陸續述引逸象三十八則、王肅注引逸象十四則、姚信注引逸象十四則、干寶注引逸象五十九則、蜀才引逸象一則、翟元義引逸象八則、九家集注引逸象八十七則、何妥講疏引逸象四則、姚規注引逸象三則、崔覲注引逸象三則、盧氏引逸象九則、侯果注引逸象三十五則、崔憬探元引逸象七十則、李鼎祚集解引逸象七十七則、或說引逸象十三則、劉欣左氏傳章句引逸象十五則、服虔左氏傳解誼引逸象三十二則、杜預左氏傳集解引逸象三十七則、賈逵國語注引逸象二則、韋昭國語注引逸象四十八則、鄭康成易緯注引逸象二百三十五則、宋鈞詩緯注引逸象三則、宋鈞春秋緯注引逸象四則。

◎劉文淇《青溪舊屋文集》卷八《文學方君傳》：君自悔晚學，故致力慕勤。其最精者尤在《周易》，朝夕鑽研，未嘗釋手。君以張氏惠言約舉鄭氏易象而未及其他、毛氏奇齡引諸家易象而尚多掛漏，因徧閱諸家書，有涉及易象者咸摘錄之，成《諸家易象別錄》一卷。又以易家之言象者以虞氏為最密，惠、張二家所述猶未完備，因詳核虞注之引逸象者，縷析條分，成《虞氏易象彙編》一卷。又以後儒解易罕引《說卦傳》，因博攷古注，參閱諸緯與《春秋》內外傳注援據《易‧說卦傳》者，排比其次第，各繫於本文之下，成《周易卦象集證》一卷。又以春秋時列國卜筮必據互卦，以與正卦相參，因尋繹漢儒之所言者，反覆求其條理，而知互卦之法正例有七附例有二，成書一卷，名之曰《周易互體詳述》。又以卦變之法傳之已久，言人人殊，無所統貫，因參伍攷訂以深求其義例之所在，成書一卷，名之曰《周易卦變舉要》。是為《易學五書》。君之於易可謂勤矣！古之士懷才抱異阨塞而不遇者何可勝道，然如君之少苦流離中歲困躓終其身寂寥寡歡者，蓋亦尠矣！君以貧故未婚娶，族中又無可為君後者，君之祀斬焉。人道之窮，至君而極。世有跅弛之士，或恃才傲物，穨然自放於禮法之外，其致窮也有由；君則抑然自下，束脩安貧，而摧抑亦若是之酷。天道其果可知也耶！今孟慈太守悲君之遇，為梓遺書，俾垂久遠。然則君之所以不朽與天之所以彰君者，其在茲乎！其在

茲乎！

◎道光《重修儀徵縣志》卷四十四《藝文志》：《諸家易象別錄》一卷，申輯《虞氏易象》既成，因徧考諸家之書述及易象者，咸採擇之，又得逸義一千四百七十一則，庶可以廣八卦之象而與虞氏之說相參矣。

方式濟 易說未定稿 六卷 佚

◎道光《續修桐城縣志》卷之十一《人物志・孝友》：著有《易說未定稿》六卷、《五經一得》若干卷、《龍沙紀署》《陸堂詩稿》。

◎道光《續修桐城縣志》卷二十一《藝文志》：《易說未定稿》《五經一得》《陸塘詩稿》（方式濟撰）。

◎方式濟，字渥源，號沃園。安徽桐城人。登嶧子。從同里劉北固遊，經義為時所推，以餘力工繪事。康熙戊子舉京兆，己丑成進士，需次中書舍人。卒年四十二。乾隆十六年以子觀承貴，並其先世贈官如制。

方孝標 易論 佚

◎道光《續修桐城縣志》卷之十六《人物志・文苑》：著有《易論》《光啟堂文集》《遯齋詩集》。

◎道光《續修桐城縣志》卷二十一《藝文志》：《易論》《光啟堂文集》《遯齋詩鈔》（方元成撰）。

◎方孝標（1617～1697），本名元成，以字行，別號樓岡。安徽桐城龍眠人。順治丙戌舉人、己丑六年（1649）進士，累官至內弘文院侍讀學士，充經筵講官。丁酉以江南科場事株連戍謫寧古塔，居二年釋歸金陵。康熙二年（1663）居揚州，後去杭州、福建。康熙九年（1670）入滇，仕吳三桂，為翰林承旨。著《滇黔紀聞》，同邑戴名世著《南山集》，多採其言。後名世被禍，並及孝標。時孝標已死，掘墓銼骨，親族坐死及流徙者甚多。又著有《遯齋文集》、《遯齋詩集》、《光啟堂文集》諸書。

方孝標 易學十解 佚

◎方孝標《光啟堂文集・引・易學十解引》：《易學十解》者，方子謫居塞外時，讀易而自著其解者也。方子學易而少賤，不得就正于四方之先生長者。及在史館，乃得受業于武陵胡夫子之門。後直講幄，又聞教于相國井研公。二先生之說非不備，而余愚，未能渙然于心也。塞外所攜唯《易》，日讀之，

久之有得，輒志之。然而放逐之餘，意氣阻喪，又無多書可考，不過憶昔所聞見，內斷之心甚晷不足道也。生還後，犇走靡寧。今年與昆陵友人言易，因復檢而省之，欲廢者屢矣。既又思之，凡人之心，樂則逸而憂則勞，安則驕而危則謙。逸與驕，禍之媒也；勞與謙，福之柄也。是以易之道無所不包，而聖人每謹于憂患之際。蓋嘗總卦畫而觀之，乾坤者六十四卦之總領，而坤又領于乾，乃乾不能自為用，而必以中陽施坤而成坎，坎成則代乾為用矣。是故《周易》乾坤後即首屯，屯者坎之上體也；終未濟，未濟者坎之下體也。坎首二體而以包六十二卦之始終，則六十二卦中之為健為順為止為動為悅為入為麗者，皆以求濟乎坎陰者也。是文王以後皆坎險之天下也，武王濟坎以征誅，周公濟坎以禮樂，孔子濟坎以《春秋》，孟子濟坎以仁義，其得其一體而克濟乎坎者，則為漢唐宋元明之盛隆；失其全體而不克濟乎坎者，則為六朝五代之禍亂。于人之臨坎而唯恐不濟者，則為用缶之二匪躬之蹇、曳輪之車；其濟坎而不忘乎坎者，則為自穴之出，既平之祗、禴祭之福；其濟坎而遂忘乎坎者，則為徽纆之係、喪茀之婦、濡首之酒。甚矣，憂患之不可忘也！昔方子之立朝也，何意其放逐也。既放逐也，何意其生歸也。及生歸也，又何意其工作之能成也，皆天也。天則非人智力之所能合，合之者心而已。自今以往，方子之心敢不真積力久以求貫乎出處語嘿之一？然而恐一息之或縱，可不謹哉？故錄而存之，用以見放逐之日凜凜乎不敢忘君父之恩、生歸以後凜凜乎不敢忘放逐之憂患也。四方之先生長者，其終教焉。

◎方孝標《光啟堂文集‧書‧答董叔廸書》：僕少好學易，而家世以《春秋》傳，故所學不過取其象數占驗之有合于《春秋》者。後勤王事，懼患難馳驅尾瑑，又不得多讀書。專心玩索，雖漸學漸深，不敢不勉，然亦祗得其端緒梗槩，而於廣大精微皆志有所窺而未能逮也。昨聞足下皆有當之言，驚喜過望，不覺自忘其陋，而求教激切，乃終教之。捧讀來翰，不異暗室之睹容光、嘉禾之沃甘露矣。調停影響之說，僕泛論用世為學之病耳，非謂如足下之高深而猶有此也。足下可為好學也已。無極太極之辯，來教皆深造自得之言。僕何敢望？然僕愚于此，向亦幾經疑信而後稍有所見，終未知于道有合與否。敢因下教而悉陳以求指示可乎？僕束髮時，曾聞教于一二浮屠氏，退而讀宋儒之書，乃覺陸子之言是而朱子之言非。及後受學于先師武陵夫子之門，粲然有見于心，則又覺朱子之言是而陸子之言非。近年以來始覺兩夫子之言本無是非，而亦不妨其有是非。何也？陸子天姿高邁，不屑屑于語言文字之間。

觀其言曰「六經皆我注腳」，是羲畫且不有，而何有于太極，何有于無極？朱子天性篤實，于聖賢之言不敢臆度，一有所見，遂確然以為是，而煩詞屢辯之不可搖。自僕論之，陸子之學得乎天之道者也，朱子之學得乎地之道者也。天體本方，其用為圓；地體本圓，其用為方。自二氣五行、寒暑晝夜以至萬事萬物之生死化育、對待流行，莫非自無而有又自有而無，皆有定時有定所，豈非方乎？然一尋其時與所之所謂定者，而今之時已非昔之時、此之所已非彼之所矣，豈非圓乎？孔子曰「易有太極」，蓋易中之自有，非孔子創言之也，亦若昔未有知其有者，而孔子始言之也。且不特曰極而曰太極，是有見乎六十四卦、三百八十四爻之理無不至極于此，非極之不盡其形容，而必尊之以太，蓋恐人之視極為一物，而伸之太以窮其妙已，駸駸乎有無之之意矣。故周子灼見及此，而勇往直前曰「無極而太極」，非太極之上更有無極，亦非先有無極而後生太極也。此無時與所之可言，而又未嘗無時與所之可言也。故以言觀之，孔子是無中說有，周子是有中說無。然以義觀之，孔子乃自有中說無而周子實自無中說有也。以至陸子之于方中說圓，適以成朱子之于圓中說方；朱子之信其無方圓而有方圓，固不礙陸子之不信有方圓而無方圓也。故曰本無是非而亦不妨其有是非也。足下以為是耶否耶？然此非滋辯說之事也。記昔從先師講學于萬壽宮，其時聽者數百人，有一人起而以此為問。先師曰：「不過兩夫子各有所見，不能強同，無甚深意也。」其人撫然曰：「大道根本之異同，其端在此，數百年辯論不決，師何謂無甚深義也？」先師笑曰：「賢果于此見得個大道根本，身體而力行之可也，又何辯哉？」由今思之，先師之言乃可當來教所謂「集孔周朱陸之大成而無疑于天下後世」者矣，僕安敢哉？孤陋待教，續惠好音，可勝翹企！

方繡　周易蒙求　□卷　存

天津藏清無格鈔本（存一至四）

方以智　易餘　二卷　存

安徽省博物館藏鈔本

九州出版社 2014 年張昭煒整理方以智著作選：象環寱記‧易餘‧一貫問答本

上海古籍出版社 2018 年整理本

◎目錄：卷之上知言發凡、善巧、三冒五衍、資格、中告、如之何、太極

不落有無說、一有無、生死故、反對六象十錯綜、時義、必餘、知由、充類、權衡經緯、絕待併待貫待、法能生道、二虛一實、體為用本用為體本、繼善、正身。卷之下薪火、禮樂、孝覺、知人、世出世、約藥、中正寂場勸、曠洗、通塞、無心、性命質、大常、非喻可喻、附錄。

◎易餘目錄：聖人之道大矣，使天地聽夫婦，使鬼神聽卦爻，使陰陽守蓍龜，使歲時供制度，賢者殉其宮室，高者窮其蟠極，智者斟其機輸，才者樂其分藝，隱者索其幽奧，枝者芘其無垠，小人感其掩著，無忌巧為藉口，皆食於聖人之天，即有故憾聖人之天而駕聖人之天者，早已為聖人之天所宥，而彼則知宥肆駁者也。世好迅利，曾知中和唯諾為不可見之第一迅利乎？世好直捷，曾知安動食力為不可測之第一直捷乎？世好廖廓，曾知日用卑邇為不可思議之無邊寥廓乎？亦有言造化者，曾知不厭不倦者之造其造、化其化乎？天之變物也漸，而化物也頓；人之造變也頓，而造化也漸。因漸而頓，因變而化。造頓者，頓其漸者也；造漸者，漸其頓者也。頓而張之，漸而弛之，張以變之，弛以化之，可見之張弛皆漸也，不可見之張弛皆頓也。造造化者，無頓無漸，而頓激漸、漸藏頓者也。聖人知全張即全弛之變化，布一張而一弛之範圍，節其張以張，以張三弛一之正規，節其弛以張一弛三之餘地，而本無張弛之於穆，萬古自不已矣。萬物共一萬古，而物物其一萬古者也；人自有一萬古，偕來偕往，日新如故。不營謀而足，不局譎而固，刀杖不能毀，水火不能傷，百姓懵懵而聖人使善用之，物其物，則其則，時乎時，事其事，莫非無體之體，因體寓體者也。不見太極之自喪其軀、自磨其髓，以現卦爻與人直日乎？無貴賤聚分，而貴賤聚分歷然。則無貴賤聚分者，何用嘵嘵耶？健順于常習，明照思患，辨物而已矣。

人泥於二，不能見一。故掩畫後之對待，以聳畫前之絕待；借設蜃樓，奪人俗見耳。一用於二，即二是一，寧舍畫後而有畫前之洸洋可執哉？自聖人經法之身言之，則感通之易也，帝王鐘鼓而兆民舞蹈者也。自聖人退藏之身言之，則寂然之易也，塵滓不入、聲臭俱冥者也。自聖人無可無不可之身言之，則神貫深幾，道一陰陽之易也。闇闇者不闇，章章者不章，先天地而生，後天地而不老。行乎日月之外，而通乎淖湝之下者也。狀其內祕外應，有而不與，無悶無息，無入不得，何謂不可以義。黃之掀揭，蹴鞠投壺，疊柱之逸風，解巾折屴乎？以實案之，依然此曲肱飲水、歌瑟編韋之首趾耳！造造化化之手，持鼇剔而丹青之，以醒諸佔畢優孟之場，又推並而爐韛之，以消

諸傀儡推秋之妄。不則數墨尋行，以辭害志。或且惑影為真，窟成魍魎。一者根本不立，流為議劓會。一者縱而任之，逞其獲堤，詩謳之諷詠也，言者無罪，而聞者足以戒。高流之放言也，亦曰言者無罪，而豈知聞者之蕩風壞教乎？故曰：知之易，勿言難。正謂有不必言者，罕言可也。言其雅言，皆罕言之所寓也。易所以十三四五，前民立經，而範圍變化，無所不備。隱言反言，皆此徵歸矣。

邵子一元觀人起已。堯當巳會之末，《周禮》當午會之初，今當午會之中。乾離繼明，人法全彰，闢開必先。宜此《易餘》之微顯闡幽，合古今常變而正示之歟？正示旁通，即全藏之矣。後此百二十年，或大明於此土。再歷午未之三千六百年，交未會之萬八百，則八荒皆明矣。過此智力巧持，名法刻文，民生日促，亂與之終，從而再壞再元，而於穆不壞也。易乎？餘乎？既許鳶魚吞吐鯤鵬，且令猰狗竟燒鷥翅。華閣任其金碧，行高嚼破鏤丸。即參三十年，未許夢見毫端也，故為一指其目。

◎易餘小引〔註11〕：三時以冬為餘，冬即以三時為餘矣。大一以天地為餘，天以地為餘。然天分地以立體，而天自為餘以用之，即大一之自為餘自用之矣。角、徵、羽者商之餘，商者宮之餘，五音為五聲之餘。無聲發聲，發聲不及餘聲十之一也，無聲者且與之用餘矣。法者道之餘，法立而道轉為餘，以神其用矣。死者生之餘，生者死之餘。以生知死，以死治生。無生死者，視生死為餘。生如是生，死如是死，視無生死又為餘矣。人適所用，以無用者為餘。知無用之用，則有用者為餘矣。不以有用之用廢無用之餘，豈以無用之用廢有用之餘耶？易無體而前用者，善用餘也，即餘而一其體用者也。知因二、圍三、旋四、中五之為大餘乎？知三十六、四十八之盡其小餘乎？幽明萬變縷於指掌，天道人事措之飛躍。貞夫一則餘皆一也，謂之無一可也，一皆餘也。舍日無歲，舍餘安有易乎？幾其畫後之有餘，必深其畫前之無體；幾深其後即前，則神其無前後矣。逆數順理，三立三與，則用餘無餘，而有無之見冰消矣。或狥餘、或避餘、或並餘與無餘而棄之，皆非知易者也。役物刻跡，是宋人之守株也。厭岐求齊，是斷鳧而續鶴也。兩不立而踞其最巔，仍是涓蜀梁之影，而不免於黎丘之殺其子也。大義既著，乃可微言。物物不物於物者視之，何義不大？何言不微？然善世宜民，藏通於質，貴舉其切方近譬者耳。苦為塵封，情錮如塗，塗附未能，爛反顛決，不薾則膠，故別路旁通

〔註11〕又見於《浮山文集後編》。

之。置之死地而後生，蓋習坎困蒙之存乎疢疾也。惟其病病，是以不病。厭學而侈絕學之極，則是養癰也。故以志學為砥石，不被外轉，綸之經之，始能立本。自為藥樹，乃能勿藥。知而從之，從其志矣。大成之苑，何往而非天遊乎？其曰「是吾憂也」，是其「樂以忘憂」也。自憤以憤萬世，是其隨緣放曠也。精義成事，即絕義事。知其起處，即與儔侶。天中衢室，自有適得之當當，豈在長抱屠勦無民之酷案，貪溺譣馘縱脫之羽旋，藏身電激，以專門裨販黃葉乎？詭隨旁睍，肆其殘逞，箠撻天地，鞭笞帝王，遂令風竿相沿，悍然不顧，以善為諱，以惡為榮。毋乃假平泯以率獸食人乎哉？無不以畏學護其短，無不以鄙夫柴其懷，而或以聖賢莊其色，或以至人逃其跡，其弊一也。以聖賢莊其色者，人猶得而責之。以至人逃其跡者，人誰得而糾之？此其流弊之分數，主教者不可不辨也。大泯不泯，至平不平，辨學者不可不知也。散木高乎？狂醒藏拙耳。枯木難乎？櫱株受惑耳。能行異類，彼其人哉？風吹不入，固聽之矣。抱涉川之全材，而敦其高尚以治蠱者，真羽儀乎？時乘其達天行地之龍馬，而捨身作明倫繼善之蓍龜者，真球圖乎？明珠辟塵，非掃塵也。廣居喜雨，非逃雨也。寥廓之談，利於闓拓。鬼神幽暗，表於魂魄。變化之中，何奇非庸？然塡簁善於牖民，圭景在乎正告。聖人以無咎素其險易，以似是矩其毫釐，以好學燒其薪火，以因應還其蘭艾。而惟容乃公之幬，常古自覆，聽代錯矣。孟子之於諸方也，先擘之而後蚓之，既塞之而乃闢之，兩不由而時任其雙風，蓋深於學易者乎？不能反復於一在二中，而酬酢以用餘，則動躓者執外，限黿者執內，徒炫畫前而遺落畫後者，乃執一而廢百也。徒守後即前之倏忽，漫汗無漏，而忌諱治漏，不問通志成務者，尤執一而廢百也。外也、異也，百中之一耳。況其遁邪生害乎？知其蟊賊，收其蛭蟥，祭貓勸耕，大地皆藥。養其成用，容彼遁矣。勤食其力，自無害矣。不知不能者，即與知與能者也。與知與能者，即不知不能者也。然全與全不之並包中，不碍乎有知有不知、有能有不能之類辨也。知即不知、能即不能之合喙中，不碍乎知而自以為不知，不知而望其致知，能而自以為不能，不能而望其成能也。八千歲之大椿，既不足塞螳蛄之耳，豈畏饑噫食得之雞豕，詿屬曠代之麟鳳耶？悲夫！已矣！厭常喜新，亦風力也，不因之不足以鼓舞。分藝成材，皆臣職也，知有天王，盡咸若矣。地之大也，人忘之。太華、瞿唐，驚奇峭矣，然奇峭皆地所載也。天之高也，人忘之。奔雷、隕星，斯有駭者，然奔隕皆天所覆也。遂有大其地而罪人之分九州、辨風土者矣。遂有高其天而罪人

之曆星辰、列干支者矣。源之當窮也，豈謂僑守甘枼緬番乃為知江河之源乎？流之當窮也，豈謂桴處沃焦歸墟乃為盡流於海者乎？汴漕者汴漕，江漢者江漢耳。道不遠人，不知即遠。習俗將牢，直告誰信？苟非以不恥衣食自鞭其溫飽，不忘溝壑自激其天淵，牆高基下，輿瓢必裂矣。靈草護門，尚恐不勝。招苢降渠，復何望乎？聲郤雲梯，壌垣蟻穴。為淵驅魚，宜其三星在罶矣。神武其齋戒，神明其幾深。貴知因濟，與民同患。不因不濟，何用易耶？責人不暇，言自責也。直道澌滅，膜視不仁，辨而不辨，豈得已哉？古之人有顯肩者，有默軵者，有兼山者，有泝至，有伏下宮、經熅火者。苦心衛道，寧望人知？知我罪我，萬世猶旦暮也。萬死一生，封刃淬海。餓有瓢飲，樂得隨流。多劫此業緣也，不如緣其疇人之世業。萬方此一路也，何所免於逌人之孟春。三且不收，一唯自信，果有餘乎？有知《易餘》之言先者乎？可以餘消餘矣。偶聞何生、當士、平公之問答而錄之，或有問答，或無問答。如問問答、無問答之故，十二世後自有答者。筮餘之繇曰：爰有一人，合觀烏兔，在旁之中，不圓何住？無人相似，矢口有自，因樹無別，與天無二。章統十千，重光大淵，皇覽以降，過不惑年。

◎三子記：角艸鼓篋，即好曠覽而湛思之。長博學治文辭，已好考究，已好物理，已乃讀易，九閟八埏，無不極也。非知易也。中覯大難，瀕死十九，忽以嗒然，遂儃然矣。雖知鬼窟獸窟之非乎？樂其無事，蓋不免也。南遊既久，過一中原簾卜者，號曰當士，玄幓席帽，黃通裁廣袼緼，組笑勝轓衰有絢。與語異之，隨至其寓，幾惟一方圓器，渾天三輪，以尺勾股，可以推移，陰陽之變，無不畢具。余故不解。士曰：「吾惜乎學者之汗漫其天地耳！」余曰：「可以占乎？」為端策巋然曰：「顛阿不阿，咽乃以歌。天不屑遊，如形影何？維元之舞，降吾作汝。後死托孤，鐘鼓磬舞。」余復不解。士曰：「吾有二友，為汝聲之。」其北牖一人曰何生，倚勸半裾緇假鐘而赤其足。閣上一翁曰平公，披蒼髮毿羽襜褕，躡藨屬，手笙，挎越以下半揖雜坐。平公吹笙，何生促箏，當士歌海鶴三山之曲，擊尺於幾以節之。笙具有塤篪鑰管之聲，箏具有離灑房中之聲，節歌有鐘鼓金玉椌楬相雅之聲。笙入箏而中歌之節，抗墜貫珠，累累若一。已激齒長嘯而罷，風雨響至，毛骨皆涼。余尤異之。將踞鬼乘之壇，而貫無上之簾者乎？非也。將資大湊之埶，而守康圭之牆者乎？非也。將執汰沃之一，而貪吱喙之天者乎？非也。因留就宿。三子自語，或歎或訡，或莊或諧，或深或淺，如是者七旬。余請記之。士曰：「聲之可以節人

間之樂者，汝信之，天下即信之矣。聲聲之節天上之樂者，汝欲記之，無由也。與汝期乎洪漾乃權之顛阿，汝庶可傳。」臨別握手，贈之以詩。詩曰：「無上無下，無右無左。汝潛而飛，吾因風墮。道即不聞，死無不可。烹天淪日，善續其火。」歸而記之，忘其四分之三，其不可解者無容記矣。世多以為蝮蜻，又以為宛窳。淺者以為摛觖，深者以為激揚。豈得而相之乎？無所不知而無知，無所不能而無能，千絲萬絲而無一絲者，三實一也。然欲世之信此，固不易言矣。兩間日新日故，故又生新，其本無新故者，即日新而無已者也。積石之河，豈如闐闐？茂汶之江，豈如金沙？火鳥滿加之圖，豈不大勝乎甘石兩戒乎？聿斯之論命，青束之卜兆，木棉番紙，鏤板搨扇，皆前代所未有，猶之汙尊而犧象，艸衣而錦繡也。時至事起，聖人開其端，以待後人之窮之而節之，節之而適之。各有方言，各有風氣。凡人習其方言、風氣而不知其所以為方言、為風氣者，則沾沾世事，固鼠黏矣。玄士鉤其所以，而反不知方言、風氣之時宜，則所謂所以者，乃雉首矣。或執流，或執源，或執流即源，而不知源中之流、流中之源，自有條分縷合、奇正錯綜。方以其道爭市，而巧以其法為備。人豈知道不變而法可變，正法不必變而奇法可變，變盡當反，是謂時變不變之故乎？羲和、洛下以至一行、守敬，歲差非不密也，今又差矣。準詔除四除一，損益體用之易，安得而不重變千年之變也耶？影病形之拘，形病影之佚。有者曰：不佚亦不拘。有者曰：不佚不拘仍是佚耳。盡變者曰：無拘何佚？不變之本也。藏佚於拘，變變之門也。拘與佚錯，即以並化，變變之用也。時乎拘而不可謂之拘，時乎佚而不可謂之佚，時乎不拘不佚而寧有不拘不佚之可執乎？斯則全拘全佚，而當拘當佚，形影皆許之矣。何木非火？妄鑽不發，不鑽不發。無絮苦以承之，猶妄鑽也。無薪膏以續之，猶不鑽也。雲自從龍，豈可謂雲中之皆龍？龍能致雲，豈能令其不托雲以飛乎？不容厭倦，無可厭倦。厭亦不厭，倦亦不倦。此之無所逃於記也，無所逃於變其變矣，無所逃於文詞義路之見屑矣。彼徒以市井亡俚、歇後險譎附聞道之貌，雕刻一葉，捫閫禁方，馳誑世之旛者，孰與分藝律曆之力人職哉？誠如六幕直生之為來驗寶符也，倫物經傳之為太極政符也。藏心用官，治教傳化，生理薪火，隨寓如然，庶幾信吾笙箏歌節之常樂矣。形影病乎？無形影者非病乎？三子者何？謂非病病，病復何病乎？過後張弓，一狀頷過。歸歟歸歟，勿失吾期。蹈海颮（《說文》：大風也。從風，日聲）發，垂索自若，漂乎孤島，遇商舶而返，果有瀑壁之山，野老相傳禹篆藏焉。山怒水，水怒山，

此山水之相忘於山水也。吾處此山水之中，而無山水矣。禹篆何有哉？是竹林寺之影也。臥石而夢當士至，不見二子。當士曰：「即身是也。獨不聞鵝籠書生之吞吐乎？黃帝吐一廣成子，廣成子吐一中黃公。既而廣成子與黃帝吞中黃公，而黃帝復吞廣成子，黃帝一鵝籠也。堯吐一康衢之童，又吐一擊埌之老，既而併吞之，堯一鵝籠也。子思子繪乃祖之像，贊曰：裝潢於此，僑寓曾玩之乎？繪天地之形為一覆幬持載之身，又繪天地之影為一無聲無臭之身，又收一筆之圓光為一於穆不已之身。其卷舒也，於穆吞形影而為形影所吞，影亦吞形而為形吞，藏不睹不聞於睹聞，止有一天地而已矣。是孔子世家之鵝籠也。」無知子遽然覺曰：「一吞一吐，本無吞吐。是顛阿也，是風墮也，是掌中惟移之器也。」謹石笥其上篇，而響榻其下篇，以竢知者。

◎王士禛、盧見曾《感舊集》卷三引檢討張中崚：與陳臥子、吳次尾、侯朝宗諸公，接武東林，主盟復社。為馬、阮所中傷，幾不免。既登第，為父伏闕上書訟冤。晚隱於釋。著《通雅》、《易袻》、《古今性說合觀》、《一貫問答》、《物理小識》、《炮莊》等書。

◎康熙《桐城縣志》卷之四《理學》：博極群書，天人禮樂象數名物以及律曆醫藥聲音文字靡不淹洽精貫。所著有《周易圖像幾表》《通雅》《物理小識》《炮壯》《會宜編》《易餘》《陽符》《中衍》《東西均》《旁觀》《鐸鼎》《新平衡》《諸子燔痏》《切韻聲原》《烹雪錄》《浮山全集》凡數百卷。

◎康熙《安慶府志》卷十九《隱逸傳》：所著有《周易圖象幾表》《通雅》《物理小識》《諸子燔痏》《切韻聲原》《烹雪錄》《浮山全集》凡數百卷。

◎道光《續修桐城縣志》卷二十一《藝文志》：《易餘》二卷（明方以智撰。見《經義考》）。

◎方以智（1611～1671），字密之，自號（浮山／龍眠）愚者、鹿起、藥地（老人）、曼公、三萍、五老、墨曆（立）、極丸老人等；法名弘智，字無可；曾改名吳石公。安徽桐城人。崇禎十三年進士。選庶吉士，授檢討。晚年出遊，卒於萬安旅邸。既歿之後，學者傾慕，稱為文忠先生。著有《通雅》、《物理小識》、《藥地炮莊》、《東西均》、《浮山文集》、《博依集》、《易餘》、《一貫問答》、《切韻源流》、《流寓草》、《周易圖象幾表》、《性故》、《學易綱宗》、《諸子燔痏》、《四韻定本》、《內經經絡》、《醫學會通》等。方氏家世學易：曾祖方學漸有《易蠡》十卷、《東遊記》、《性善繹》、《心學宗》、《桐彝》、《邇訓》、《桐川語》等；祖方大鎮有《易意》四卷、《詩意》、《禮說》、《永思錄》、《荷薪義》、

《幽忠錄》等數百卷；外祖吳應賓有《學易全集》、《學庸釋論》、《宗一聖論》、《三一齋稿》等；父方孔炤有《周易時論》、《全邊略記》、《尚書世論》、《全邊略記》等。

方引彭 纂易講 佚

◎光緒《嚴州府志》卷十九《人物》、民國《遂安縣志》卷七《人物》：所著有《纂易講》及《語石菴記》藏於家。

◎方引彭，字商賢。浙江遂安人。歲貢生，候選訓導。又著有《語石庵記》。

方玉潤 易卦變圖說 佚

◎方玉潤《鴻濛室主人自訂年表》同治二年八月十五日：作《易卦變圖說》成，序之。

◎方玉潤（1811～1883），字友（幼／勵）石，自號鴻蒙子。雲南寶寧（今廣南）人。嘗主講五峰書院。咸豐間入僧格林沁幕。同治四年（1865）以軍功銓隴西州同，後補磚坪廳通判，未任而卒。著《三易原始》、《易卦變圖說》。又著《詩經原始》、《鴻蒙室詩文二抄》、《風雨懷人集》、《星烈日記匯要》等。

方震 周易塾本 佚

◎光緒《江西通志》卷九十九《藝文略》一《國朝》：《周易塾本》，方震撰（《豐城縣志》）。

◎方震，字翼修，號執庵。江西豐城人。著有《周易塾本》。

方中德 易爻擬論 佚

◎道光《續修桐城縣志》卷之十五《人物志・儒林》：所著《古事比》門人王粹已為版行於世。其未刊者凡數十種，如《易爻擬論》《性理指歸》《經學撮鈔》皆行世，其未刻者尚有九十六種。

◎道光《續修桐城縣志》卷二十一《藝文志》：《易爻擬論》《性理指歸》（方中德撰）。

◎康熙《安慶府志》卷十九《文學傳》：所著《古事比》門人王粹已為版行於世。其未刊者凡數十種，如《易爻擬倫》《性理指歸》《經學鈔撮》等書，

尤關身心性命之要云。

　　◎方中德，字田伯，號依崖。安徽桐城人。方以智長子。性純孝。精史學。又著有《遂上居集》。

方中通　易經深淺說　佚

　　◎康熙《安慶府志》卷十九《文學傳》：纘承先緒，研究天人律數音韻六書之學，著有《數度衍》、《律衍》、《音韻切衍》、《篆隸辨從》、《易經深淺說》。又闡明四世理學，著《心學宗續編》。晚年從遊士日眾，著《繼善錄》。

　　◎道光《續修桐城縣志》卷之十四《人物志‧理學》：纘承先緒，研究天人律數音韻六書之學，著有《數度衍》、《律衍》、《音韻切衍》、《篆隸辨從》、《易經深淺說》。又闡明四世理學，著《心學宗續編》。晚年從遊士日眾，著有《繼善錄》、詩文集凡數十卷行世。

　　◎光緒《重修安徽通志》卷三百三十五《藝文志》：《易經深淺說》（方中通著）。

　　◎方中通（1634～1698），字位白（伯），號陪翁。安徽桐城人。方以智次子。郡諸生。年六十五卒，學者稱繼善先生。學貫中西，精律算。又著有《數度衍》二十四卷、《律衍》、《音韻切衍》二卷、《篆隸辯叢》二卷、《心學宗續編》四卷、《迎親集》一卷、《陪翁集》、《四藝略》、《揭方問答》。

方忠軾　方良寅　易象準物　八卷　總論一卷　存

　　浙江藏清方氏鈔本

　　◎此書言象數圖書而多雜道家言。

　　◎方忠軾，字可憑，號填齋。安徽安慶太湖人。

　　◎方良寅，安徽安慶太湖人。

方鑄　周易觀我　三卷　首一卷末一卷　存

　　稿本（不分卷）

　　國圖藏 1922 年桐城翰寶齋木活字印華胥赤子遺集本

　　◎方鑄，字子陶，號劍華，自號槃陀育叟，又號華胥赤子。光緒九年（1883）進士。官至戶部郎中。又著有《論語傳》四卷、《三經合說》一卷、《華胥赤子文集》一卷、《章奏》一卷、《詩集》十卷、《遺集》二十卷、《遺集說經篇》一卷、《尺牘》一卷。

方鑄 周易思半錄 二卷 存

上海、成都藏光緒二十七年（1901）桐城方氏達縣刻本

臺灣文聽閣圖書有限公司 2013 年林慶彰主編晚清四部叢刊第十編本

方宗誠 讀易筆記 二卷 存

光緒三年（1877）桐城方氏志學堂刻柏堂遺書八種本

上海藏方柏堂手稿四種本（稿本。□□卷）

◎是書專釋上下經。上卷釋上經三十卦，下卷釋下經三十四卦。

◎讀易筆記敘：《易》之為書，廣大悉備，而夫子論假年學易，則曰可以無大過，是知《易》者聖人原天道以明人事之書也。夫道外無事，事外無道，故曰「天生烝民，有物有則」，又曰「君子之道費而隱」，聖人懼人之離費而索隱，陷于異端之虛無也。又懼人日用不知，行矣不著，習焉不察，滯於物而失其則焉，故立象以盡意，設卦以盡情偽，使人即人事以求天道之所以然，體天道以盡人事之當然。雖時地位之不同，而莫不有自然之天理流行乎其間，順之則吉，悖之則凶，小違之則為悔且吝。是故易者聖人格物致知、誠意正心修身之時義也。致中和，位天地，育萬物之節目也。程子《易傳》專明義理，朱子《本義》兼言象數，皆得聖人作易之本心，卓越千古。予每體玩二書，隨其所得記之以備遺忘，非敢云能闡易義也，姑以存觀象玩占之偶獲而已。至朱子《本義》卦變之說，予嘗疑之而未得其解。後見湘鄉羅忠節公澤南所著《周易附說》，深明其義已足破後世之疑。今不復贅云。同治三年宗誠識。

◎郭嵩燾《郭嵩燾全集·日記》光緒七年閏七月二十日：彭雪芹遞到方存之一信，並惠寄所著書（十種），一曰《志學錄》，二曰《俟命錄》，三曰《柏堂讀書筆記》，四曰《書傳補義》，五曰《詩傳補義》，六曰《讀易筆記》，七曰《讀論孟筆記》，八曰《讀大學中庸筆記》，九曰《禮記集說補義》，十曰《春秋傳正誼》，詩文雜著不與焉。存之名能為古文，所著各錄及經義皆言性理之學者也。

◎強汝詢《方存之先生家傳》〔註12〕：先生姓方氏，諱宗誠，字存之。世為桐城著姓。以諸生受知曾文正公，薦授棗強縣知縣，居五年引疾歸。又以督學使者薦論學行加五品卿服。卒年七十一。初桐城方望溪侍郎以程朱之

〔註12〕摘自《柏堂遺書》卷首。強汝詢《求益齋文集》卷七亦收錄此文。

學、韓歐之文倡導後進，自後海內言古文者咸尊方氏而莫知其學，獨桐城儒者能傳之。乾隆時有自號為漢學者專以詆評程朱為能事，海內風靡，惟桐城儒者獨守望溪氏之說不變。先生生于是邦，幼聞于家庭，長得于師友，無非正學，遂慨然有志于聖賢。刊除枝葉，屏棄曲說，專本程朱之言以進求六經四子書。銳精研思，作氣勇進，雖值寇亂轉徙山谷間，巋兀困蹶，而讀書著述不一日間斷。凡為諸經說數十萬言，深憫世之學者或汩于異端，或梏于俗學，論辨箴勸，思挽之于正。又為諸大府力陳撥亂之方、綏民之道，薦達賢俊，表揚忠義。凡為諸體文又數十萬言，綜其論說，大旨以格物致知為首務，以子臣弟友為實學，以明體達用為要歸，造次發言不離乎是，而文足以達之。遠近傳播，信從者眾。論者謂望溪氏而後，先生之學卓然為桐城一大宗。先生初不樂仕進，曾文正公強之，始就官，其治倣古循吏，上官甚重之。先生以不得盡行其志為憾，遽乞歸，遂不復出。余與先生初未相識，泊先生自棄強歸，始以書來訂交。自後書問間往來無虛歲。先生既沒，其子守彝、獻彝以家傳為請。凡先生之學之全有所著書在，其世務、行誼、政事有行狀及碑誌在，余特撮其為學大旨著于篇，欲識先生之真者，即是亦可想見焉。光緒十五年冬。

◎同里方昌翰撰《方柏堂家傳》〔註13〕：撰著自《俟命錄》外，有《柏堂文集》六編。於經則《易》《詩》《書》《春秋》《禮記》皆有論說。他雜著暨纂輯之書幾及千卷，茲不具錄。在官政績並略焉。自君之歿，天下識與不識，論學術者必曰方柏堂先生。

◎榮城孫葆田撰《桐城方先生墓誌銘》〔註14〕：光緒八年引疾歸里，當事延主講席，皆不就。生平著述無虛日，於近世和合漢宋及專主漢學之說，皆嘗辨其誤。所著諸經說都三十三卷，《柏堂集》九十二卷，《俟命錄》《志學錄》《讀書筆記》《通書講義》合三十五卷。在官治蹟則有《宦遊隨筆》《棄強縣志補正》諸書。其他撰著及生平校勘編訂者尚數十種，學術之正大，近代所未有也。先生為學大旨在內外交修體用兼備，所為謀議有關於理亂治忽者甚眾。及其行誼治蹟，先生門人陳澹然所為《事實考略》備矣。

◎劉聲木《桐城文學撰述考》卷四「方宗誠撰述」（摘錄）：《讀易筆記》二卷。

〔註13〕摘自《柏堂遺書》卷首。
〔註14〕摘自《柏堂遺書》卷首。

　　◎方宗誠（1818～1888），字存之，號柏堂。安徽桐城人。卒葬懷寧。諸生。少有偉志，師事許玉峯講明程朱之書。又師事方東樹治經學兼治古文，致力著述。後治棗強縣，創敬義書院，官至安徽學政。光緒六年（1880）告歸。光緒十三年（1887）以「學行矜式」授五品銜。與益陽胡林翼、湘鄉曾國藩、霍山吳竹如、邵懿辰、宗稷辰、馬三俊、戴鈞衡、陳彝恆等多所交往，出入羣賢，淵源不二。生四子：培濬、守彝、培凝、獻彝。生平可參《柏堂遺書》卷首附仁和譚廷獻撰《五品卿銜前棗強知縣方先生墓碑》。著有《柏堂經說》《柏堂文集》《志學錄》等百餘卷。

方宗輈　高等小學堂周易簡明集解　四卷　首一卷　存

　　湖南藏宣統元年（1909）昭潭高等小學堂木活字本
　　◎方宗輈，字鶴卿，號蟹山。湖南湘潭人。南社成員。

房立誠　易經備解　佚

　　◎道光《續修桐城縣志》卷之十六《人物志・文苑》：著有《易經／書經備解》。
　　◎道光《續修桐城縣志》卷二十一《藝文志》：《易經備解》《書經備解》（房立誠撰）。
　　◎房立誠，號懷廬。安徽桐城人。附貢生。績學工文，屢試不利，遂棄去，遍遊名山大川，所至得詩盈帙。晚年結廬浮山之麓，閉戶著書。

費國喧　統天易說　四卷　存

　　天津藏清鈔本（華湛恩校）
　　1927 年蘭陵素心鈔本
　　無錫據劉本繕寫本（一卷）〔註 15〕
　　◎一名《費子統天易說》。是書要旨，以為先天言易之體，後天言易之用，「邵子就先天指其用，體中之用也。愚從後天闡其用，而體在其中，用未嘗離乎體也。」
　　◎民國鈔本首有光緒甲午寄漚巢題記：按志藝文載：費國瑄《統天易說》四卷，今從舊抄本摘錄其要，得十之四，全書大旨略具於此。惟言律者有說

〔註 15〕《無錫縣志藝文》載是書四卷，同縣劉繼增從舊鈔本摘錄其要，得十之四，謂全書大旨略具於此。無錫縣圖書館復據劉本繕錄之。

有表，不及錄，為可惜耳。

◎民國鈔本末有民國十六年素心題識、龍澤厚〔註16〕題跋。

◎費國琯，字子復，號松崖。江蘇無錫人。幼時資極鈍，後忽開悟，過目不忘，博極羣書，尤精易數。順治六年進士。八年任餘杭縣令。擢兵部主事，以強項不能與時俯仰，自劾歸。民攀留不得，立祠尸祝之。

封鉽 周易集解 佚

◎《張澤志》著錄。

馮昌臨 易學參說 二卷 存

湖北藏康熙刻本

◎內編一卷外編一卷。

◎目錄：內編先天八卦圖說、後天八卦圖說、八卦分陰陽說、洛書五行說、干支五行說、八卦納甲說。外編天干化氣五行說、地支三合六合說，斗首五行說、納音五行說、天干化曜說，地支屬七政四餘說。

◎胡煦序〔註17〕：後世言五行者實繁有徒，其原皆起於《火珠林》。至五行肇原於《周易》，則未有得其解者。夫先庚先甲、帝乙已日之說，非《周易》之明文乎？時在商季，《火珠林》尚未有專家，文周何據而為之說乎？不知五行者，陰陽之奧義、剛柔之秘旨，太極以後不息之靈機也。文明將啟之，會肇見於圖書，伏羲觀象之時效，能於卦畫大撓體其義而作為干支；容成會其原而推為歷法，皆其仰而觀俯而法，知夫流動充滿於天地之間，莫非陰陽流轉，四象推遷，由微而盛而衰，終而復始，往而復來，如是而已矣。其在《周易》，以乾坤為陰陽二用，相循迭為賓主，當其離陽而未即於陰、離陰而未即於陽，不無先剛後柔之辨，而四象於是乎分矣。此如一歲之變化，原不過一氣流行，而盛暑之與盛寒絕然相反，此陰陽之義也。然而盛寒不即交盛暑，其中衍而為春；盛暑不即交盛寒，其中衍而為秋，是一氣而四象之義存矣。乃四氣之來，由中而來；四氣之返，歸中而返，則四而五矣。要其精蘊，皆本於圖書四方各列而殊其數，四象之義也。五十居中而捻其要，化起由中之義也。四象而起化於中，故以為五。五者而相因為用，故以為行。其在天也，日月之交

〔註16〕龍澤厚，字積之，廣西桂林人。康有為弟子。編有《南海先生上書記》。

〔註17〕原書此序有缺，故不知作者。《葆璞堂文集》卷一恰有此序，題《馮昌臨易學參說序》。故知為胡氏作。

光、寒暑之易候，胥此道也；其在地也，高下之異宜、燥濕之異性，胥此道也。《周易》之廢也，或止言人事而未察陰陽從出之原；或止言卜筮而未察俯仰所觀之象，皆得其半而失其半也。馮子深究旨歸，作為《易學參說》一書，分內外二編，先列圖書言五行之原所由起；外編推入干支，究五行之用所由行。所言五行悉本《周易》。言精理邃，旨還思幽，是真能學易者矣。予於《周易》四十餘年，未獲同志，觀其書如見其人焉，故詳序而識之。

◎自序：天地間之理不窮，原無以得委。揆厥所由，實肇於庖羲之一畫。八卦既作，文王復易其位，先後天圖畫迥然不同。易曰「彌綸天地之道」，又曰「範圍天地之化而不過」，是兩間萬物悉在先後天卦中。羲文卦畫、卦變實與天地相似，非天下之至精至變至神不能與于此。程子、邵子嘗推原卦畫之始，其說不一，因以管見作《先天圖說》《後天圖說》，太極判而兩儀以生，八卦定而剛柔以別，分陰分陽，康節、紫陽之說各殊，而乾坤坎離分陰陽而言，先天所以立體；咸恆合陰陽而言，後天所以致用。觀上下經之序卦，乃知陰陽有分必有合，方以類聚，物以羣分，作《八卦分陰陽說》。河圖洛書相為經緯，易本八卦，疇始五行，八卦寓五行之體，五行廣八卦之用，實相表裏，作《洛書五行說》。五行本二氣以生，而播于四時，爰作干支，于是歲月日有紀干支五行陰陽是一是二。二干如八卦平列之次，支如八卦圓布之圖，乾坤畫在其中，作《干支五行說》。天地之數各五而為十，而干亦十；六爻兼陰陽而為十二，而支亦十二；二老二少之策各六十，而甲子亦六十，則干支與八卦本相配合，作《八卦納甲說》。天地絪縕，萬物化醇，陰陽合而後化五行，分陰陽而為十干，十干合陰陽而後化五行，獨陽不生，獨陰不成，惟合故化，作《天干化氣五行說》。干有合而支亦有合，三合以四時合序而言，六合以日月合德而言，作《地支三合六合說》。干合而化，支亦從干而化，干曰天而支曰地，地統乎天，支統乎干也。萬物之化必因乎時，斗杓所指，月建以更，而四時以易。五行之化，天時之用莫神于是，作《斗首五行說》。干支相配，五行雜而不純，和之以律，兩相比而歸于一。黃鍾之宮始子，而五音十二律旋相為宮，以五音配五行，推本於納甲，而五行十二支亦旋相為宮，作《納音五行說》。五行在天，成象在地，成形雖變化不測，而一氣相感，其化有自。二五之精，可以懸諸天而不冥，作《天干化曜說》。支本十二辰日月會次而名，日月五星運行于其間，雖周流靡定，而各有所樂居之垣，則所主之星曜可得而指，作《地支屬七政四餘說》。總之，自太極分而為兩儀，而四象、八卦、

五行、十干、十二支、六十甲子、六十四卦，化而裁之，變而通之，其為數至繁而其為說至紛而不合，要其原，實自一畫始。人生于兩間，無在可遺，陰陽五行但日用而不知，故為之推原其說，以其本于易、見于圖書、載于性理諸儒之說者為內編，以其近于曆家、形家、星家言者為外編，然說可相參，則合外內而一以貫之者也。其當與否，俟高明以正之。浙西武原梅里馮昌臨撰。

◎四庫提要：是書分內外二編，內編為說六篇，自《先天八卦圖》以至《八卦納甲》；外編亦六篇，自《天干化氣五行》以至《七政四餘》，蓋欲從漢學而不究古法，遂以後世斗首化曜之說參雜而敷演之，可謂逐影而失形矣。

◎《皇朝通志》卷九十七：《易學參說》二卷（馮昌臨撰）。

◎《皇朝文獻通考》卷二百十二：《易學參說》二卷，馮昌臨撰。

◎光緒《嘉興府志》卷五十七《列傳》：著《易學參說》《日省編》。

◎馮昌臨，字與肩。浙江嘉興人。由歲貢授桐廬學官。又著有《日省編》一卷。

馮道立　易經爻辰貫　二卷　首一卷　存

國圖、山東、南京、天津、中科院藏咸豐八年（1858）西園馮氏刻本

◎馮道立（1782～1860），字務堂，號西園。江蘇東臺市時堰鎮人。咸豐元年（1815）舉人。又著有《淮揚水利圖說》一卷、《淮揚治水論》一卷、《西園文鈔》一卷。

馮道立　周易三極圖貫　八卷　存

國圖藏咸豐八年（1858）西園馮氏刻本

九州出版社 2008 年易學叢刊譚德貴等點校本

團結出版社 2009 年孫國中點校本

◎目錄：凡例。序一。序二。序三。序四。序五。自序。卷一元集上。卷二元集下。卷三亨集上。卷四亨集下。卷五利集上。卷六利集下。卷七貞集上。卷八貞集下。跋。

卷一元集上：圖一易有太極合一貫之道圖○○，圖解；圖二太極之——化圓圖象天圖○，圖解；圖三太極之——生兩儀為一貫之始圖○，圖解；圖四圓圖太極生兩儀象天地圖○○，圖解；圖五太極之——生兩儀四象圖○，圖解；圖六圓圖太極兩儀生四象合天地圖○○，圖解；圖七太極圓圖天地交錯為一

貫圖○○，圖解；圖八太極陽包乎陰象地處天中圖○○，圖解；圖九天包地為太極圖○○，圖解；圖十北辰為天地統貫之所北辰即太極圖○○，圖解；圖一一紫微垣即太極圖○○，圖解；圖一二北辰執中而治圖○○，圖解；圖一三北辰居天心以星驗中正圖○○，圖解；圖一四北極出地隨時處中圖○○，圖解；圖一五北辰為太極即人心圖○○，圖解；圖一六北辰以斗柄為用其心時貫於周天之中圖○○，圖解；圖一七天心以仁貫四德圖○○，圖解；圖一八眾星共辰物物共有一太極圖○○，圖解；圖一九天行健以中星為主物物各有一太極圖○○，圖解；圖二○經星出沒各適其中無過不及圖○○，圖解；圖二一經星考時驗中與北極同圖○○，圖解；圖二二天地有日月為太極生兩儀圖○○，圖解；圖二三日月為易定命名之義圖○○，圖解；圖二四日月十二次為陰陽交會之所圖○○，圖解；圖二五黃赤道居南北極之中日月與時偕行圖○○，圖解；圖二六日出入赤道與北辰合時中圖○○，圖解；圖二七日月朔望對待會合與易隨時變通圖○○，圖解；圖二八月行九道與北辰合時中圖○○，圖解；圖二九日月行四時成四象圖○○，圖解；圖三○支辰分野見天地同一太極圖○○，圖解。

　　卷二元集下：圖三一天地有自然易圖，圖解；圖三二天象生五行為造化之原圖○，圖解；圖三三月受日光為晝卦之原圖○，圖解；圖三四八卦納甲取象日月合先天之位圖○，圖解；圖三五日月四象合老少陰陽四時五行生八卦圖○○，圖解；圖三六日月生八卦合太極方位圖○○，圖解；圖三七日月生八卦俱貫於太極內圖○○，圖解；圖三八納甲分六十四卦圖○○，圖解；圖三九日月生十二辟卦內含六十四卦全數圖○○，圖解；圖四○十二辟卦貫於太極圖○，圖解；圖四一天生河圖起於一合一貫之道圖○，圖解；圖四二河圖與太極貫圖○○，圖解；圖四三河圖中心即北極圖○○，圖解；圖四四天地之數成河圖從一起圖○○，圖解；圖四五天生洛書起於一合一貫之道圖○，圖解；圖四六河圖四方成十圖○，圖解；圖四七洛書相對成十圖○，圖解；圖四八河圖成五行圖○，圖解；圖四九河圖成大衍符用中之理圖○○，圖解；圖五○天干配河圖圖○，圖解；圖五一地支配洛書圖○，圖解；圖五二干支經星得河圖中數圖○，圖解；圖五三河圖數與納甲貫圖○○，圖解；圖五四河圖五位相得有合與納甲貫圖○○，圖解；圖五五河圖五行與納甲四象貫圖○，圖解；圖五六洛書太一下九宮即一貫時申之理圖○○，圖解；圖五七九宮配九疇起於五行圖○，圖解；圖五八洛書成五行與河圖貫圖○○，圖解；圖五九洪範成大衍其

一不用象太極圖○，圖解；圖六○太極五行與河圖貫圖○，圖解；圖六一周子五行配邵子陰陽老少與河圖貫圖○○，圖解；圖六二河圖四象以中宮五十相減生八卦圖，圖解；圖六三洛書生八卦與太極四象納甲貫圖，圖解；圖六四河圖四象以中宮五數相加生八卦圖○○，圖解；圖六五太極單圓兩儀合河圖納甲生卦為一貫圖○○，圖解；圖六六八卦橫圖象太極之▬圖○，圖解；圖六七八卦圓圖象太極之圓圖，圖解；圖六八八卦橫圖起于▬生六十四卦圖，圖解；圖六九四象生六十四卦圖○，圖解；圖七○八卦成六十四卦圓圖象天圖，圖解；圖七一八卦成六十四卦方圖象地圖，圖解；圖七二太極兩儀四象化橫圖為圓生八卦圖，圖解；圖七三一卦加八卦以乾為例圖○，圖解；圖七四一卦成八卦以屯為例圖○○，圖解；圖七五一卦變六十三卦以乾為例圖○，圖解；圖七六先天八卦方位圖，圖解；圖七七先天八卦豎圖定上下之分圖，圖解；圖七八先天八卦次序合周天之象圖○○，圖解；圖七九先天八卦變後天八卦以中為正圖○，圖解；圖八○後天八卦次序與先天分體用圖○，圖解；圖八一後天八卦與河圖貫圖，圖解；圖八二後天八卦與洛書貫圖，圖解；圖八三後天乾元四陽卦生四象配納甲圖○，圖解；圖八四後天乾元四陽象生八卦配納甲圖○，圖解；圖八五後天八卦原圖象天圖○，圖解；圖八六後天六十四卦圓圖象天圖○，圖解；圖八七後天六十四卦橫圖象▬圖○○，圖解。

卷三亨集上：圖八八天地日月星辰錯綜為畫卦序卦張本圖○○，圖解；圖八九伏羲畫卦用錯象天地日月配偶圖○○，圖解；圖九○文王序卦用綜象天地日月上下圖○○，圖解；圖九一不綜八卦圖，圖解；圖九二文王序卦反乘象天地日月上下圖○，圖解；圖九三不乘八卦圖圖，圖解；圖九四序卦四正不易分上下經圖○，圖解；圖九五序卦四隅反易成為易圖○，圖解；圖九六八卦相乘成序卦圖○○，圖解；圖九七先天變後天成序卦圖○○，圖解；圖九八八卦對待成序卦圖○○，圖解；圖九九納甲相連成序卦圖○○，圖解；圖一○○序卦與繫辭九卦貫圖，圖解；圖一○一象傳言來十九卦見序卦反易之理圖○，圖解；圖一○二序卦各有精義歸之於中圖○，圖解；圖一○三孔子互卦用用象天地日月時中圖○，圖解；圖一○四陰陽分變成互卦圖，圖解；圖一○五陰陽合變成互卦圖，圖解；圖一○六上爻皆互合論語獨言大過圖○，圖解；圖一○七太極生十二消息卦圖○○，圖解；圖一○八十二卦消息象四儀圖○○，圖解；圖一○九乾坤六爻為十二消息圖○，圖解；圖一一○六十四卦與時消息圖○○，圖解；圖一一一哭原始股素裏消息兼錯綜圖○○，圖解；圖一一二消

息卦以太極居中見陰陽配合圖○，圖解；圖一一三卦氣起中孚與時中貫圖○，圖解；圖一一四卦氣驗日永崇貫四時圖○，圖解；圖一一五八卦主二十四氣以時為定圖○，圖解；圖一一六卦氣貫七十二候以時為定圖○，圖解；圖一一七上下繫配卦氣圖○，圖解；圖一一八太玄以中準中孚與時中貫圖○，圖解；圖一一九納音配六十四卦合時字圖，圖解；圖一二○六十四卦貞辰圖與時中貫圖；圖一二一乾坤主歲合以陰從陽之道圖，圖解；圖一二二否泰主歲合乾坤圖，圖解；圖一二三爻辰應二十八宿見眾星共辰圖，圖解；圖一二四陰陽升降得二五之中與時中貫圖○，圖解；圖一二五棟極經配太極之一圖○，圖解。

卷四亨集下：圖一二六龍圖應二十四氣與時中貫圖，圖解；圖一二七經世天地人四象合三極圖，圖解；圖一二八辟卦應一元從時起圖○，圖解；圖一二九少陰積數成六十四卦從一起圖，圖解；圖一三○先天圖配卦氣與時中貫圖，圖解；圖一三一潛虛應河圖數即太虛圖，圖解；圖一三二洪範皇極圖以中為主圖○，圖解；圖一三三老陽應洛書九位從一起圖，圖解；圖一三四六琯驗卦氣以時為定圖○○，圖解；圖一三五迎日推策與大衍貫圖○，圖解；圖一三六歸奇象閏以時為定圖，圖解；圖一三七閏年合爻數圖○，圖解；圖一三八天地節而四時成圖○，圖解；圖一三九八卦分四時只兌言秋圖○，圖解；圖一四○八卦方位以指南針為定正對兩極之中圖○，圖解；圖一四一五聲配河圖從中起應萬事本於黃鐘圖，圖解；圖一四二字母配河圖應三十六宮圖，圖解；圖一四三八卦配八陣與時中貫圖○○，圖解；圖一四四六十干支配卦與時偕行圖○，圖解；圖一四五後天六十卦配干支圖○○，圖解；圖一四六八卦相生貫四時圖○，圖解；圖一四七八卦相克貫四時圖○，圖解；圖一四八八卦配五行西方缺金圖，圖解；圖一四九說卦兌可仲尼人極時中貫二十五圖，八卦與人身貫八圖，德行與乾、坤、坎、離貫六圖，格致誠正修齊治平與易理貫三十一圖，易與羣書貫六圖，易中餘義貫七圖，問心地三百三十三圖。其中借用舊圖者十之二三，依舊說繪圖參新解者十之四五，餘皆新圖，以圈為記。又每圖題下各標名目，圖說後另起總批，皆以北辰為太極。始為金圖○○，圖解。

卷五利集上：圖一五○易分三統以天為主合三極圖○，圖解；圖一五一卦爻配天地水火圖○，圖解；圖一五二先天卦配天地水火圖，圖解；圖一五三後天卦配天地水火圖，圖解；圖一五四天地水火成否泰既未濟圖○，圖解；圖一

五五天地水火四正卦貫全經圖○，圖解；圖一五六象傳言陰陽以天地為主圖○，圖解；圖一五七天地陰陽旋轉分順逆圖○，圖解；圖一五八上下經分陰陽圖，圖解；圖一五九先後天分陰陽圖，圖解；圖一六○陰陽始終是一貫之理圖○，圖解；圖一六一陰陽消長盈虛分四卦圖○，圖解；圖一六二太易不列于太學圖○○，圖解；圖一六三河圖中心即北極十翼應河圖十數圖○，圖解；圖一六四象象易各有取義圖○，圖解；圖一六五易貫三義圖○，圖解；圖一六六易貫四尚圖○，圖解；圖一六七易貫三象圖○，圖解；圖一六八象辭分體用圖，圖解；圖一六九卦象分言圖○，圖解；圖一七○六位分君臣圖○，圖解；圖一七一承乘比應內外上下圖○，圖解；圖一七二卦爻旁通尚中道圖○，圖解；圖一七三貞悔無定體圖○，圖解；圖一七四八卦分上下圖○○，圖解；圖一七五八卦貫全經圖○，圖解；圖一七六八卦加數圖○，圖解；圖一七七六爻有應者八卦合錯綜圖○○，圖解；圖一七八乾坤無定位與時中貫圖○○，圖解；圖一七九乾坤生坎離見日月代天地行道圖○○，圖解；圖一八○乾坤包六子成太極圖○○；圖一八一乾坤分上下圖○，圖解；圖一八二乾坤後六卦皆坎取天一生水之義圖○，圖解；圖一八三乾坤既未濟相隔之數圖○，圖解；圖一八四乾坤備八卦圖○，圖解；圖一八五乾坤含既未濟包全經圖○○，圖解；圖一八六乾坤中有咸恒圖○，圖解；圖一八七乾坤二卦分損益圖○，圖解；圖一八八先後天日月居四方主六十四卦圖○○，圖解；圖一八九天無二日應民無二王圖○○，圖解；圖一九○月幾望與納甲貫圖○○，圖解；圖一九一繫辭無坎離圖○，圖解；圖一九二日月納甲與巽蠱庚甲貫圖○○，圖解；圖一九三三少陰成既濟圖○，圖解；圖一九四三少陽成未濟圖○，圖解；圖一九五六十四卦惟既濟陰陽得位圖○，圖解；圖一九六既濟一卦貫天地四時圖○，圖解；圖一九七既濟一卦含八卦原于太極圖，圖解；圖一九八六畫卦似三畫卦圖○，圖解；圖一九九否泰含巽艮兌震圖○○，圖解；圖二○○臨八月有凶見抑陰之道圖○，圖解；圖二○一復七日來復見扶陽之道圖○，圖解。

卷六利集下：圖二○二太極之一為數原圖○，圖解；圖二○三極數知來起於一圖○○，圖解；圖二○四一本萬殊正太極之理圖○，圖解；圖二○五一七九含二六八成八卦圖○，圖解；圖二○六四元一與太極之一貫圖○，圖解；圖二○七易多以數取義圖○，圖解；圖二○八三十六宮根于太極之一圖○，圖解；圖二○九六位成章根于太極之一圖○○，圖解；圖二一○算盤法圖書圖○○，圖解；圖二一一河洛總數成為一圖○，圖解；圖二一二河圖為算學之原起

於太極之一圖〇，圖解；圖二一三洛書為算學之原起於太極之一圖〇，圖解；圖二一四因圓見方合大衍與太極貫圖〇，圖解；圖二一五河圖五十居中含八卦圖〇〇，圖解；圖二一六河圖九數成三角與用中之義貫圖〇，圖解；圖二一七過揲六數成六角之虛中之義圖〇，圖解；圖二一八洛書五數相乘應中宮圖〇，圖解；圖二一九洛書三六七八相乘與河圖貫圖〇，圖解；圖二二〇勾股與河圖貫圖〇〇，圖解；圖二二一開方成百與河洛貫圖〇，圖解；圖二二二開方成四十九與大衍貫圖，圖解；圖二二三開方成三十六與過揲貫圖，圖解；圖二二四開方用畫卦加倍法與太極圖貫圖，圖解；圖二二五一斤數與全爻貫圖〇，圖解；圖二二六卦象言筮見易為卜筮書圖〇，圖解；圖二二七參兩生卦本於太極之一圖〇，圖解；圖二二八參兩居河圖中圖〇〇，圖解；圖二二九易數不用三四圖〇，圖解；圖二三〇成數不用十象太極圖〇，圖解；圖一三一八卦對待應老陽數圖〇〇，圖解；圖二三二乾坤二用合大衍圖〇，圖解；圖二三三河文言用九六圖〇，圖解；圖二三四九八七六分陰陽老少居河圖中圖〇〇，圖解；圖二三五易辭分類圖〇，圖解；圖二三六觀變玩占圖〇〇，圖解；圖二三七大衍營數圖〇，圖解；圖二三八揲數應全爻圖〇，圖解；圖二三九著揲應歲運圖〇，圖解；圖二四〇起課不用易辭圖〇；圖二四一八卦分宮與五行貫圖，圖解；圖二四二八宮各有所缺圖〇，圖解；圖二四三八宮遊魂互用成錯綜乘圖〇〇，圖解；圖二四四八卦納干支圖，圖解；圖二四五以錢代著圖，圖解；圖二四六世應分月圖，圖解；圖二四七參伍以變圖〇，圖解；圖二四八六親配五行圖〇，圖解；圖二四九六虛應太虛圖〇，圖解；圖二五〇卦身配五行圖〇，圖解。

　　卷七貞集上：圖二五一人極貫天地二極圖〇〇，圖解；圖二五二仲尼贊天地為人極主圖〇〇，圖解；圖二五三天根月窟見人極一中之理圖〇〇，圖解；圖二五四一貫之數皆五得河洛中圖〇〇，圖解；圖二五五五行配五常圖〇〇，圖解；圖二五六乾卦備五常圖〇〇，圖解；圖二五七四德分貫各卦圖〇，圖解；圖二五八易中言元為善之長圖〇，圖解；圖二五九易中言亨有通字義通即是貫圖〇，圖解；圖二六〇利見大人指九五定一卦之尊圖〇，圖解；圖二六一利有攸往合為學之道圖〇，圖解；圖二六二利涉大川取乾巽二卦圖〇，圖解；圖二六三利西南三見合消息之理圖〇，圖解；圖二六四貞與一貫有吉凶之別圖〇，圖解；圖二六五元永貞圖〇，圖解；圖二六六易道重時中見孔門傳授之法圖〇〇，圖解；圖二六七乾坤三索得天地中圖〇，圖解；圖二六八

先後天分中圖○○，圖解；圖二六九六子分中圖○○，圖解；圖二七○六爻分中圖○○，圖解；圖二七一六十四卦獨中孚以中名圖○○，圖解；圖二七二四時合中和圖○○，圖解；圖二七三彖傳贊時大圖○，圖解；圖二七四象傳言消息統之以時圖○○，圖解；圖二七五卦各有指以時為主圖○，圖解；圖二七六人為天地心圖○○，圖解；圖二七七易中心字合太極圖○○，圖解；圖二七八泰卦象人身分陰陽之位圖○○，圖解；圖二七九五運應太極合人身圖，圖解；圖二八○六氣應太極合人身圖，圖解；圖二八一八卦近取諸身圖，圖解；圖二八二六子應六氣圖，圖解；圖二八三卦分精氣形圖，圖解；圖二八四德行原於乾坤圖○，圖解；圖二八五乾坤含胞與圖○，圖解；圖二八六定之以中正仁義見太極之理圖○○，圖解；圖二八七四卦言仁義皆根於天地圖○○，圖解；圖二八八易言天地萬物之情圖○，圖解；圖二八九卦德卦象各相貫圖○，圖解。

　　卷八貞集下：圖二九○聖門傳易圖○○，圖解；圖二九一易言德業分三極圖○，圖解；圖二九二人與天合德圖○○，圖解；圖二九三人與地合德圖○，圖解；圖二九四人與日月合明見格致誠意之學圖○○，圖解；圖二九五易言無妄合誠意圖○○，圖解；圖二九六象辭言心為正心之主圖○，圖解；圖二九七易備五倫為人極主圖○○，圖解；圖二九八易首四卦具五位圖○○，圖解；圖二九九易言齊家之政在反身圖○○，圖解；圖三○○首四卦父母男女圖貫圖○；圖三○一父母男女以中為正圖○○，圖解；圖三○二易中長子有中正之道圖○○，圖解；圖三○三咸取女見人道之正圖○，圖解；圖三○四卦以九五為尊明君臣之義圖○，圖解；圖三○五易首三大政圖○，圖解；圖三○六震合坎離為乘時布令圖○○，圖解；圖三○七屯解震坎不同合四時之首圖○○，圖解；圖三○八雷出地奮正王者布政之始圖○○，圖解；圖三○九樂樂具天地德圖○○，圖解；圖三一○治刑取乎離為向明而治圖○○，圖解；圖三一一治兵取乎坤見寓兵於農圖○○，圖解；圖三一二十三卦備孟子王政之全圖○○，圖解；圖三一三十三卦始終皆乾見萬事總由於天圖○，圖解；圖三一四觀風察政取乎巽圖○○，圖解；圖三一五君子小人成否泰圖○○，圖解；圖三一六易言大欲合三卦圖○，圖解；圖三一七易道尚謙忌盈圖○，圖解；圖三一八易道尚吉以理言圖○○，圖解；圖三一九咎字解不同圖○，圖解；圖三二○易重大小過圖○○，圖解；圖三二一易與五經貫圖○，圖解；圖三二二易言習與論語時習貫圖○，圖解；圖三二三繫辭九卦合論語見雅言之教圖○，圖解；圖三二四太

極與大學貫圖○○，圖解；圖三二五易與中庸貫圖○，圖解；圖三二六大壯與孟子貫圖○，圖解；圖三二七河洛皆顯於明夷圖○，圖解；圖三二八六辭貫全經圖，圖解；圖三二九易辭互見各相貫圖○，圖解；圖三三○卦辭見別卦名圖○，圖解；圖三三一疊字解圖○，圖解；圖三三二脫險圖○，圖解；圖三三三君子有終合天地人三極為一貫圖○，圖解。跋。

上《圖貫》目錄，係論三極會一之理，內分天文太極時中貫三十圖，日月生卦貫十圖，河洛與太極貫二十一圖，河洛生卦貫二十六圖，錯綜乘互與天象貫十九圖，漢宋易學與太極時中貫二十七圖，卦爻與歲運貫六圖，卦爻與事物五行貫十圖，天地水火圖，坎、離各卦與天象貫十四圖，一為數原貫二十四圖，古今卜筮貫二十五圖，天文、中卦例、終人事，層次接續而下，均不外孔子所言三極與一貫時中之理。閱者參訂可也。

◎凡例：

一、《易經》本因圖象作，故是書亦仿其義，繪成三百三十餘圖。由周秦迄今，與鄙意見及者，不拘一格，匯訂成編。以易理原貫萬，學者不可株守一轍。

二、《易》更四聖人手，均足闡苞符之蘊，而言太極者惟孔子。故是篇所引皆以孔子為主，而貫眾說於中。庶立言有本，不致散漫無歸。

三、伏羲作《易》始於一，一與一同，一即孔子所言太極與一貫之道。不獨周子圓圖是從此規而環之，即兩儀四象與圖書生成等數，亦由此起。篇中以之作首圖，從其初也。

四、太極生兩儀，本有次序，若只從單拆面起，而不根於一，是有兩儀無太極，非孔子易有太極之意。至四象所包甚廣，或主老少陰陽、或主天地日月，而理則無異。故篇中始而分言，繼則歸併一說。

五、橫圖為太極，是孔子一貫之理，與邵子生卦法。若化橫為圓，又是周子象。形意二者本相貫。觀初三日之月似單，至十五即成圓，便是天與地實象。篇中太極兩儀等圖，皆橫圓相間，閱者可類推。

六、太極是渾言，其中又有天地人之別。首言道之大原出於天，為天心太極；次言地承天與兩間陰陽消長理，為天地共有之太極：末言盡人合天學，為人心各具之太極。三極會合，仍歸於易有太極之一。一即作一。惟其為所以能貫，故是集以《三極圖貫》名篇。

七、易有三極，是遵孔子分六爻之言。六爻統六十四卦，以上中下分天

地人三極。茲集以全部統六十四卦，故亦以首、中、終分天、地、人三極。蓋「易有太極」之言是理一，三極之道是分殊，總歸一貫。

八、三極理無不貫，而法象莫大於天地。天地雖分，然地包天中，天之太極即地之太極。故人極可單言，地極則貫於天極內。茲集先言天為一極，次即天地並言，為二極。蓋天地體如太極之圓，天地不二，即太極之一。以後凡言天者，或單指天，或兼包地，皆一理。

九、天地人雖分三極，然言天處甚詳，言地處甚略。以地極藏於天極中，故圖不單繪。至人極則又兼天地言。蓋天地之道不外乎人，人之道亦不外乎天地，總名曰「貫」。

十、天地為太極，地之太極統於天，天之太極又統於北辰。北辰即北極，居天心，名太一，一名北極。北極之極，即太極之極。漢人曾有此說，但只存名目，未經詳解。今借孔子所言北辰與一貫之理，統貫全經，又於北辰之「一」尋出一「中」字；於日月星辰、昏中晝夜，尋出一「時」字。「時」、「中」二字乃天心主宰，亦孔子贊易與平日所言，人能解此二字，便是以人極貫天地二極。是集合圖皆與此有關合，不遍注。

十一、天與人皆以心做主，天心在北辰，以其有時中理；人以北辰心為心，亦以其有時中理。集中「貫」字，乃教人正心之學，亦理數會歸之道。

十二、太極無形，北辰是天，無星處亦無形，無形是無極。無形而能垂象以示人，即「無極而太極」。特恐人泥於形跡中，則未免流於術數耳。茲特分門別類，逐一指明。則在天成象，即是一部《易經》矣。

十三、天文度數，悉遵新法，庶幾歲差有準。至於言星則半出地上，言月則兼分南北，其餘如考時驗中、斗柄指仁等說，皆是發古人之奧。而其要緊，尤在「日月為易」一圖。蓋「日月為易」本《參同契》語，陸氏秉又以篆文配，可見「易有太極」合乎天地，而日月又天地精華，兩儀四象與三極之道俱貫於中，非徒取三十日為一月之義也。

十四、易與天地準，天地樞紐為北辰，天地精華為北斗，天地綱領為日月，天地功用為五行，天下無一事不在五行內，即無一事不在天地內。茲集由天地日月敘至五行，正三才立極根本，亦朱子陰陽五行化生萬物之意。凡內聖外王之學，皆從此做出，觀篇中所列天備五常與人事各圖可見。

十五、納甲生卦法，京君明、魏伯陽、虞仲翔等俱主其說，亦仰觀俯察之義。但月有九道，若不分別言，則甲、乙、庚、辛等方，便不甚合。且其論

專主太陰，一似未得主宰。今以月在北方近極為主，又以望前陽光主日、望後陰生主月。蓋月本無光，必借日為光，以日為主，不得扶陽抑陰有合。作易之旨，亦盈虛消息，其象本作如斯觀耳。

十六、河洛兩圖，周、邵、程、朱諸賢無不各有發明。只龍馬神龜之說頗有疑其偽者。茲以圖書之理總歸於天，而又以天一之一為有合於太極之一，以洛書「履一」改為「戴一」，則圖書與太極皆一貫。

十七、周子《太極圖》敘五行，與河圖方位不同，然由天地說到人，亦是三極一貫處，集中特為標出。

十八、易中不言干支，然大撓作甲子，實與易理相表裏。蓋干屬天、支屬地，天地不離五行，干支亦不離五行。集中「兌當言金」一圖，可補羲經之缺。

十九、河圖兩儀為畫卦之原，向來亦只繪成兩畫，用加一倍法，將八卦硬裝上去，即胡玉齋「河圖作易」說亦非定解，故閱者疑之。近日江氏永著《河洛精蘊》，以中宮五十相減起例，頗的當。茲由五十五點中，分陰陽老少各布於四方，然後用「一六共宗」等義，照數再加奇偶，亦可備一說。

二十、漢宋諸家，紛紛聚訟。信漢者或疑宋為空虛，信宋者或指漢為術學，甚至漢宋俱不信而別開一說以立異，此皆好奇之故耳。茲集以天地人做主，將一切爻象繪成總圖，而皆貫以北辰為太極，正理數兼該之義，閱者不得以此集首言天地，為近於術藝者流。

二一、先天八卦，近人頗生疑見，然證諸太極兩儀並次序，合周天各圖，均為的實，閱者當無用異說。

二二、後天八卦，向來皆云從先天方位變易而來，茲由張氏惠言太極陰陽等說細按之，而以乾元生四陽卦，復由四陽卦生四陰卦，其方位正合後天。可見先後天兩圖各有精義，可合參亦可分見。

二三、納甲向無六十四卦全圖，至後天六十四卦，來瞿唐、江慎修始繪成象，然皆與「帝出乎震」等語不合。茲仿京房分宮義，繪成納甲六十四卦；又仿先天加倍法，以震、巽、離、坤、兌、乾、坎、艮為次，各加八卦成後天全圖，亦易中剩說。

二四、易中錯綜交互，與升降消息，《太玄》、《潛虛》等法，變化莫測，皆以時中理貫之，時中既合，即太極之理亦合。集中所引各說與鄙意見及者，均足證殊途同歸。

二五、迎日推策，以策數推衍日月，其法始於黃帝。後世唐僧一行，即以「大衍」名曆。圖中所載，不盡遵其法，然大略可類推。外此如六日七分、七十二候、爻辰、卦氣、《龍圖》、《洞極》等周，凡有合於時中字，俱太極理所貫。是集以此二字包括眾說，所以化術學為義理，學者當善會。

二六、術數之學原不足重，但《易經》無不兼該。蓋貫字亦統上下古今言。茲集由天說到人，是上下貫；由周秦論及於今，是古今貫，皆不外會極歸極之理。

二七、《易》自朱子《本義》既作，解易家莫不奉為圭臬。然考李鼎祚《集解》與《四庫全書》所選，不下百數十家，其議論皆與太極、時、中合。茲遵御纂《周易折中》與《周易述義》，略為補入，以見古人著書均一理所貫。

二八、乘承比應以及君臣上下、貞悔中正等例，乃易中定則，《彖》、《象》、《文言》皆以此判吉凶，集中逐一道出。

二九、易卦以乾為首，乾即天也。天包乎地，乾即有坤。集內天尊地卑並乾包眾卦等圖，皆為三極主。其次則坎、離，坎為水主月，離為火主日。天地水火，即乾坤坎離。《易》中以此包括全經，圖中亦以此貫穿萬象。

三十、八卦配五行，只離卦單屬火，圖中「天無二日」一語實有關名教。至「帝出乎震」，震為雷，乃太極神，先後天諸卦方位皆有變易，獨震只在東方，是天地正氣從此生起。前人皆以怒氣言，似欠分曉，茲特另為剖析。

三一、易道無所不貫，而參天兩地，數學尤其本義，故書中勾股開方與圖書加減等法，皆從一生。一即是一，所以見一畫開天，物物共有一太極。

三二、世應飛伏，盛於漢代，原非《左傳》起課例。但古法久湮，只散見於胡雙湖、惠松崖、薛悟村等書，亦僅言其大略，近世用者多京房學。茲集既為有用書，則當世所尚自應采入，亦太極之理無不貫。

三三、天人合一，本三才各一。太極之理，然惟仲尼能當。故末集以仲尼譬天地為人極，欲人知「時」、「中」一貫之聖，厥惟仲尼然，則仲尼真人中太極矣。

三四、《易》本見道書，集中論人事甚詳。如吾道一以貫、日月配誠明，以及天根月窟、兵刑禮樂等圖，皆有關格致誠正，與修齊治平之道。故末集以《大學》八條目為言，見盡人合天，時中二字非虛空無著。

三五、一部《易經》，盈虛消長皆有定則。圖中所繪，如剝、豐、臨三卦消息，以及各圖陰陽始終，均是進退存亡，隨時處中之理，盡人道者當

參之。

三六、全部《易經》，其象通於天地，其理實具於人心。故首集有「天心即人心圖」，末集提出一心字象太極，而以復、坎兩卦為「道心惟微，人心惟危」。又「人為天地心」一圖，以仁義禮智信為中心主，正三極一貫處，可見天是一部《易經》，人又是一部《易經》也。

三七、五運六氣，本諸《內經》，是天地大道理，與易學「時」字有關會，故集中亦載，並非旁參異說。

三八、泰卦上陰下陽，亦只空言其理，似與天尊地卑一語不甚浹洽，茲以人身臟腑陰陽上下配之，乃覺顯而有據。又圖中所載沖、督、任脈與卦爻應經絡等說，均仿《說卦》乾首坤腹例，亦氣以成形、理亦賦焉之意。

三九、心字是天地人主宰，但釋教言空、道教言無，便非心正道。若偶教言心則主於誠，誠即無妄，故《中庸》注誠字為真實無妄。末集言正心，亦以誠意為先，不獨三教有分別，即「時」、「中」二字亦有著落。是集八卷，皆作如斯觀。

四十、《象傳》君子小人皆分說，否、泰二卦獨並言，可見傾否保泰全賴乎人。聖人作傳，所關於世道不小。

四一、吉凶悔吝，《易》中各有精義，學者不察，每專以窮通得喪混之，不知吉即善也，凶、悔、吝即惡也。《易》中言吉言凶，欲人知惠則為善，逆則為惡，窮通得喪不與焉，篇中特為剖析。

四二、《易》與群書通，集中如《易》卦合《大學》，《易》含《中庸》理、大壯合《孟子》等圖，皆以見《易》為孔門傳道書，本與各經相貫，通閱者會參可。

四三、此書皆係《易》中綱領，至逐卦爻辭，另有《爻辰貫》二卷附後，集隘不及瑣陳。

四四、書中有出自鄙意繪成新圖者，有出自舊圖者，有將前人議論繪圖者。其出自鄙意者則於目錄上用〇〇，復於題目下寫新圖二字以明之。其將前議論繪圖者，則於目錄上用〇，復於題目下寫依舊說繪圖以別之。或用〇〇，寫借舊圖參新解以分之。若夫前人舊圖如河洛、納甲、卦氣、爻辰，以及錯綜變化等類，雖是已注前人名，然亦必自出新機，俾有合於太極時中與一貫三才之理。不敢徒錄成文，致蹈鈔胥之弊。

四五、集中議論，間有與古人同者，如北辰為太極、日月篆文成易字，

閏年合爻數、大壯合《孟子》等說，不下數十餘條，皆已將鄙意改作古意，其中仍有見聞未及，暗合古人者尚多，並非抄襲，閱者諒之。

四六、集中文辭淺近，只求義理明暢，不計工拙，以言理之文，毋取過為艱深，正《繫辭》「乾以易知，坤以簡能」之意。

四七、乾三云「君子」，坤三云「有終」，謙三則云「君子有終」，謙卦兼乾、坤之義，即是人心合天地之心。集中以此居末，正三極一貫處。人其以孔子言為主，慎勿始勤終怠、驕傲自居可。

◎序一：馮君務堂於辛亥制科所舉士也，生平行誼具見於詳文事實中，毋庸復述。茲以所著《周易三極圖貫》見質，其書以孔子所言「易有太極」與「譬如北辰」為主，分天地人為三極。無論漢、唐、宋、明諸家，以及萬事萬物之理，而皆以時中二字貫之，是誠善於言易矣。顧或有疑，其包孕古今，網羅典籍，未免雜而不純。余則謂著書之道，非止一家，如詩必宗唐、文必宗漢，非此固貽譏大雅，若注經則異。是經書傳世，如日月在天，容光必照，古今此日月，六合亦此日月。而各經之內，《易經》所包尤廣，天地名物無不該，象數理義無不備，古今上下、事業論說無不通。且以人之著書，得學孔子足矣。孔子生於周，去羲皇已遠，先天圖書之說，疑者紛紛，孔子《繫傳》不削也。《連山》、《歸藏》見於《周禮》，孔子雖不引其書，而未嘗一言辟之也。文王后天方位與先天異，其中生卦之法，如「帝出乎震」，與《序卦》先後不同，孔子未嘗疑之也。周公爻辭多引物象喻意，絕不言及五常之理，孔子未嘗指為妄誕也。今人不學孔子，而但分象數、理義為二家，指漢、唐、宋、明之說為柄鑿，不知象數之學，猶天地、日月、星辰，即周公多引物象之意也。理義之學，猶文王元亨利貞化為仁義禮智也。孔子於《大象》所言，首列象數以明之，繼分六十四以而申之。設讀易者言象數而不言理義，勢必流於異端曲學，無與於身心性命之旨；言理義而不言象數，如人受天地覆載之恩，竟不知日月、風雷、雲雨、星辰所以益我者何事，而猶曰吾學漢唐也，吾學宋明也。獨不知學孔子何耶？夫孔子之道時中之道也，時中之道即天道也。天以北辰時中之象貫萬象，孔子即以北辰時中之理貫萬理，人能合天地之理，即能合大易時中之象，所謂一以貫之也。至時中二字，乃學者身心切要工夫。今君能見及此，則其平日所行於此亦略可見矣，余之舉以入選者亦庶幾非虛矣，故樂得而為之序。咸豐五年歲次乙卯，山陰葛起元梅君氏書於東臺縣署。

◎序二：余司鐸東亭歷有年矣，所與結納者誠不乏人，而文字之交惟務

堂馮徵君為最契。徵君著書甚夥，余每有所作，多采其議論。曩讀《淮揚水利圖說》，知為有功於世，曾囑其付之梓人，迄今流布四方，談水道者均先睹為快。茲又讀其所著《周易圖貫》，此書尊孔子「易有太極」之言，分天地人為三極，取時中二字為一貫。凡孔子所言事物之理，與古今解易諸家，如象數理義之雜陳者，莫不貫於太極時、中之內。是誠足破門戶之見，學者苟以得諸易者見諸事，則隨所處而皆道矣。余於易學曾涉其藩籬，而人各一說，皆不若是書之廣大悉備焉。所惜書雖告成，而余以讀禮歸家，不能如《水利圖》之親見授梓。從此江東渭北，雲樹蒼茫，未知樽酒論文，期於何日？河梁握手，臨別贈言，用以表是書之包孕靡窮，兼以見余兩人之情意相投，並不在往來酬酢間也。成豐二年歲在壬子，古瀛祝勤補齋氏記。

　　◎序三：務堂馮徵君，東亭知名宿儒也。敦行耽學，純然有古君子風。同里進取之士，皆出君門下。行足為士林矩鑊，學足為後學津梁，洵合經師人師而一者矣。辛亥歲，余司鐸是邦，恭逢制科盛典。宰是邑者為葛梅君前輩，與余交章推選，而君之行詣藉以益彰。雖然，其行傳矣，其文尤有卓卓可傳者。前讀《淮揚水利全圖》，窮源竟委，已足窺見一斑。今讀《周易三極圖貫》，本孔子「易有太極」一言，分天地人為三極，而貫以孔子時中二字，象數理義，會而通之。其中包舉囊括，縷析條分，注經之妙，前序備詳，無煩贅語。惟思儒者能闡聖賢之言，斯能學聖賢之行。孔子法天地之極以立人極，天地一中，聖心亦一中。今徵君以孔子時中功夫講明而切究之，實以大《易》一書為身心性命之學。其文如是，其行可知，余故讀是書而益以服徵君之為人也。咸豐戊午季夏吳趨薄錫圭弁如氏書於東亭。

　　◎序四：言易者，漢儒多主象數。自王、韓空談義理，其弊流於莊、老。迨宋，復有圖書之學。考厥淵源授受，陳摶以《先天圖》傳種放，三傳至邵子；放以河圖洛書傳李溉，更三傳而至劉牧；穆修以《太極圖》傳周子，再傳至二程子。維時邵子得之，以著伏羲先天與《皇極經世》，牧得之以著《易數鈎隱圖》，周子得之以著《太極圖》、《通書》。至南軒張氏又謂《太極圖》係周子自作，並非穆修所傳，朱子曾著圖說以明之。然如元吳幼清，明歸熙甫，國朝毛大可、黃太沖、胡朏明輩，將希夷所傳書，相繼排擊，不遺餘力。惟程子《易傳》、朱子《本義》專主義理，後儒翕然宗之。竊以《易》為卜筮書，義理固所宜究，象數亦何可竟廢？本義理以闡象數，則象數始入精微，不歧於讖緯；本象數以明義理，則義理方有實際，不遁於虛無。圖書之說雖未必是

作《易》根柢，不得謂非易學之旁流。各家聚訟紛紛，學者疑信參半焉。今閱馮徵君《周易圖貫》，遵孔子「易有太極」之言，分天地人為三極，而以一貫時中之道，會義理象數之通。上自天之時令，下及州郡分野，旁參律算醫卜，於古今著易諸家，與日用事物之理，無所不貫。而人極一篇，又要之於格致誠正、修齊治平，洵為有體有用之學，益證易道之廣大矣。諸經中，惟《詩》則祖鄭祖朱，辨爭最甚。近象山、姜石貞，常熟顧備九，始破除門戶，斟酌於漢宋之間以持其平。徵君之於易，其亦猶姜、顧之意也夫！咸豐戊午孟陬月，歸安姚彥渠巽園氏撰於河阜場署。

◎序五：曩余家江都時，往觀書肆，購得馮務堂先生《淮揚水利圖說》讀之。夙知先生為學務在實事求是，誠如大易所謂精義以致用者，非徒以遊辭相尚也。歲癸丑余客東亭，與先生遇，遂如故交。先生出所著《周易三極圖貫》稿本，教使刊定。時余方以遷徙無定居，未遑應也。越七年而仍來東亭，適先生授梓書成，特蒙持贈，復命序於余。余惟易者象也。易有太極，以一函在，三才道備，故孔子又名為「三極」。謂極其數遂定天下之象，凡崇效卑法諸事，皆一以貫之也。或曰：聖人立象以盡意，繫辭以盡言，得言或可以忘象乎？余曰：烏乎！可。蓋自上古天人合應，河洛出圖書，而圖說倡焉。三聖設卦觀象，易道以興，至孔子《繫辭》，初則曰「易成位乎其中」，再則曰「行乎其中」，三則曰「立乎其中」，皆以指陳大要，垂示將來，用昭太極之理。惟人受中立極，盡人以合天，斯保合太和，而元亨利貞四德備矣。惜後世注者，眾說紛紜，難歸一致。暴秦燃除典籍，《易》以卜筮僅存，無可引證。漢興，始立學官，增置博士。易有施、孟，不廢梁、邱。義雖相反，猶並置之。蓋欲闡發幽深，同條共貫也。故當其時，經師間出。若卦氣圖肇自孟喜，嗣是納甲、爻辰，與夫世應遊歸，各有義緒。厥後王、鄭並傳，費直之易說亦兼行。乃偏滯天人，名似同源，實則異派。晉唐以降，孔扶王義，語涉老、莊。門戶之分，實由此起。雖鼎祚《集解》譏彈其文，而於《略例》一書，終以得失相參，仍附卷末，亦欲令讀易者自得之也。迨宋，陳、邵繼起，別傳先天卦變諸圖，具有精理，而周子《太極圖說》表章聖學，尤為包孕無窮，故朱子篤信之。乃疑者又謂出自希夷，未足徵信。良由易道廣大，論者浩如河漢，學者莫辨源流，甚至昧於曲象之異端，失其大中之宏旨，嘵嘵咋疑論無歸。今欲產除輨輗，貫徹典章，蓋亦難矣。唯元許氏本得「中行」中之義，撰《談易私言》一篇。我朝惠氏又傳《易尚時中論》，似皆善於著述者。然粗陳梗概，未

暢厥辭。其於會歸有極之理，終未盡焉。先生患學易者之不知極也，爰即象以詮理，窮理以得中，囊括群言，附以己意，著為此書。其曰三極者，遵孔子三極之言，合天地人而皆備也。曰圖貫者，統古今議論，繪圖而貫以一也。學者苟即是書而引申之，則理合中道，象兼三才，證以從前解易諸家，靡不貫通於內焉。《易》曰「範圍不過，曲成不遺」，其在斯矣。余故歷陳舊說，表此集為得所統宗，其亦有感於一貫之意也夫！咸豐己未冬十月，古歙曹堅子剛氏書於東臺旅次。

◎自序：客有問於余曰：吾聞易道自孔子作十翼後，廣大精微。注之者漢宗象數，宋主理義。其他分門別類，代不乏人，果孰為是歟？余曰：皆是也。子獨不見夫水乎？當其支分派別，或為河濟，或為江海，或為細流。曲港地道誠各不侔，而按以天一生水之義，則知宇內水皆自天生。河濟此水，江海此水，細流曲港，亦莫非共分此水。即如易也，解者雖不下數百餘家，而其統貫之道則在天。天有三百六十餘度，而其統貫之本，又在北辰。蓋北辰為天心主宰，名北極，一名太一。太一，即孔子所云太極。太極所居之中即《虞書》歷聖相承之中，亦《中庸》「不偏不倚」「無過不及」人心共有之中。中道既立，然後分兩儀，析四象，散為七曜、五行、四時、八卦。與夫天地間萬事萬物，隨時乘除之理，莫不由太極之一生。蓋太極在天為北辰，在人為心，心能隨時處中，則人心即天心。其在《易》曰：「天垂象見吉凶，聖人象之。」《論語》曰：「為政以德，譬如北辰，居其所而眾星共之。」夫曰垂象，非明明有實可指乎？曰為政如北辰，非萬殊一本，象數理義同貫於中乎？客又曰：子言易而取象北辰，誠為探源星宿矣，不知亦合眾說否？余曰：又安得不合也？昔虞仲翔謂太極為太一，鄭康成注《乾鑿度》，謂太一為北辰之神。今試參以河圖，其中一點即北辰中心之一也，東西南北共四點即北辰所分四象也。奇偶數各五，即北辰分陰分陽四面旋繞歸向也。再參以納甲，其取象日月，即北辰「向明而治」也。八卦分著於弦望，即北辰「顯仁藏用」也。陽息陰消之理，即北辰「二氣貫通與時偕行」也。外此如《太玄》、卦氣升降貞辰以及世應飛伏、《經世》、《潛虛》之類，其說雖不盡符於《易》，而皆分陰陽緒餘。則合乎時者即合乎中，合乎中者即合乎理，又所謂「物物共有一太極，物物各有一太極」也。以孔子「譬如」之語參諸虞、鄭所云，凡伏羲畫卦之原、人生窮理盡心諸事，孰不以貫之哉？客於是豁然冰釋，不復有疑問。余因不揣謭陋，舉周秦以來與鄙意見及者，約成三百餘圖，取《繫

傳》「三極」義，分元亨利貞四集。首言「一畫象天」，為太極大原；次言「天地並立」，與極中一切會歸各法；末言「人極明誠」，正修齊之道，而皆歸本於仲尼。蓋北辰為天心太極，仲尼又為人心太極。仲尼正心之學曰「天命之謂性」，又曰「君子而時中」，又曰「吾道一以貫之」，可見仲尼即天也，仲尼時中之心即天之北辰也。天能容地，即合地道人道，而皆貫以北辰為太極也。圖成後復綴以論說，定其名曰《三極圖貫》。用以見易本天地人之學，理數兼該。讀《易》者當以心印心，求合乎天一生水之義，會眾說而貫於一也。管窺之論，敢以堅客信，並質諸當時善易者。道光二十一年仲秋月，東亭馮道立務堂氏撰。

馮德祐 周易便覽 四卷 存

山東藏鈔本

◎馮德祐，河北涿州人。監生。道光十九年任葭州吏目。

馮登府 易經答問 一卷 存

光緒中刻槐廬叢書·十三經詁答問本

山東藏臺北成文出版社 1976 年無求備齋易經集成影印光緒刻十三經詁答問本

◎馮登府（1783～1840），字柳東。浙江嘉興人。嘉慶二十三年舉人、二十五年進士，選庶吉士。官江西將樂知縣、寧波府教授。道光元年主講青浦青谿書院。治經深得漢儒家法，精考據，兼通金石文字。阮元、徐士芬、李泰交皆訂至契。著《三家詩異文疏證》六卷《補遺》三卷、《論語異文疏證》十卷、《石經補考》十二卷、《金屑錄》四卷、《閩中金石志》十四卷、《石金錄》四卷、《金石綜例》四卷、《浙江磚錄》四卷、《唐宋詞科題名》一卷、《酌史岩擷譚》十卷、《玉臺書史補》六卷、《梵雅》一卷、《福建鹽法志》三十卷、《拜竹龕待存》十卷續集二卷、《石經閣文集》八卷、《種芸仙館詞》四卷、《釣船笛話》一卷，又編有《馮氏清芬集》八卷、《曝書亭外集》八卷、《酈硯倡酬集》一卷、《梅里詞輯》六卷。

馮繼聰 周易析義 六卷 存

山東、山東博物館、天津藏咸豐八年（1858）寶德堂刻本

山東文獻集成第三輯影咸豐八年（1858）刻本

◎周易析義敘：昔夫子之言曰「《易》之為書也，廣大悉備」云者，謂古今人事無不橐梠而靡遺也。自漢氏之學崇象數而涉虛無，而聖人作易之旨晦。王弼註經始闡義理，見諸行事。程子《易傳》因之。道之廣大，果然悉備於是。治身治家治國之道罔非易道，而三百八十四爻悉切於人生日用之實矣。吾濟馮易泉先生摭諸家之說，衍四聖之傳，彙為成書，顏曰《周易析義》。顯易明白，開示來茲，固信乎其取義為析也。尤嘉其參互證明，博引史傳以為確據，俾爻象之理不蹈於空，與王弼、程子之書，若合符節焉。桂山中丞，先生猶子也，謀鋟板以行，而問敘於予。予學識譾陋，不足窺先生之蘊，而叨附戚末，感約署以述其梗概云。咸豐戊午春三月辛丑姻愚姪李聯琇頓首拜敘。

◎及門分校姓氏：王繼蘭（秋畹）、杜宗銳（伯況）、鄭琦（維韓）、宋仲郊、孫秀嶧、李天蘇、范文里（廉泉）、王錦（繡章）、時宗直（梅坪）、李允劢（貢園）、杜元杰（偉人）、杜學至（于海）、杜元炤（朗園）、杜學詩（漢臣）、王泰徵（錫麟）、任學輔（友庭）、徐炯（電嚴）、潘文泉、徐炘（蔚文）、何陽復（一元）、孟傳效（照書）、孟錫鴻（方山）、徐始乾（文易）、崔漢、王經畬（文田）、孔昭慰（東庵）、鄭淑虔、朱佩蓮（東江）、段賓鴻、段金蘭、段光謙、唐英臣、秦恩光、劉嗣儒（書農）、聶世言、范榮基、翟麟圖、尹銘、李鑄、黃允猷、蔡樹蘭、孟繼壎、李輔相、董景奎（以上本州人）、張石（嘉祥人）、李錞（魚臺人）、鄭繼堯（曲阜人）、李枝秀（滋陽人）、靳祿堂、馬有容、盛學尊、徐甘雨（以上鄒縣人）、王青藜、陳端化（以上泰安人）、耿樞、耿栻（以上聊城人）、余文琳、余文彬（以上湖北人）、沈喬齡、沈華齡（以上浙江人）。

◎《馮桂山自訂年譜》：先曾伯祖易泉公著有《周易析義》六卷、《詠史詩》四卷，先大父手錄付梓。

◎咸豐《濟寧直隸州續志》：馮繼聰《周易析義》（論解平實，不衍漢學之弊。而徵引史傳，亦皆確切，非附會拘牽者可比。郡人李聯琇作敘）、詩鈔四卷（郡人張繼鄒敘）。

◎民國《濟寧直隸州志續志》卷之十八《藝文志》：馮繼聰《周易析義》六卷（是書論解平實，不衍漢學之弊。而徵引史傳亦皆確切，非附會拘牽者可比。州人李聯琇有序）。

◎孫葆田《山東通志》卷百二十七《藝文志》第十卷：《州志》載是書云論解平實，不衍漢學之弊。而徵引史傳亦皆確切，非附會拘牽者可比。

◎馮繼聰，字作謀，號易泉。山東濟寧任城人。嘉慶二十一年（1816）舉人。

馮經　周易略解　八卷　互解　一卷　算略　一卷　存

廣東藏嘉慶十八年（1813）刻本

山東藏道光三十年（1850）南海伍氏粵雅堂文字歡娛室刻嶺南遺書本

叢書集成初編據嶺南遺書本排印本

續四庫影印中科院藏道光三十年（1850）刻嶺南遺書本

山東藏臺北成文出版社 1976 年無求備齋易經集成影印道光三十年（1850）南海伍氏刻本

叢書集成新編本

◎卷首有自序、河圖洛書、儀象卦畫、先天後天、圖書卦位、卦扐會通、卦變占用、中爻互卦、卦目。

◎各卷卷首題：南海馮經世則撰，各卷卷末題：譚瑩玉生覆校。

◎自序：易與天地準，非管見所能測也。說易者自周秦至今，美矣備矣，非末學所能逮萬一也。承家塾之業，守黨庠之訓，不敢嗜新，不敢尚異，不敢苟安而弗求，不敢附會以強通，服習焉，講貫焉，積數十年，茫乎其未有得焉，慄慄焉懼不自知其非也。頻年舌耕，老矣！記性日拙，薈萃舊聞，聊備遺忘，非有真知卓見出前人傳註之外也。諸同學喜其簡畧便於尋覽，勸付剞劂，益自惶愧。然自顧尊信所聞已匪朝夕，未忍廢棄，因約為圖書一頁；圖式一頁；卦畫一頁；先天後天一頁；卦位一頁；卦扐會通一頁；變占二頁，互卦附焉；卦目三頁，爻位附焉；上經三卷，前十卦起乾坤，中十卦起泰否，後十卦起噬嗑與賁；下經三卷，前十卦起咸恆，中十二卦起損益，後十二卦起漸與歸妹，總為三十六宮，《彖》、《象》、《文言》五傳分附經中，《繫辭》以下五傳合為一卷，十翼具焉。並以《六經舉要》及《算略》附後。南海耒盧馮經謹識。

◎跋：右《周易略解》八卷附《羣經互解》一卷《算略》一卷，國朝南海馮經世則撰。按《燕山文集》稱先生至誠感人，終身未嘗有曖昧事，及門時先生免母喪已踰年，講《論語》至喜懼兩言，嗚咽涕下，不能成聲，門弟子皆起立動容，遂罷講。又稱乾隆庚寅舉於鄉，出陸耳山之門，房考為益都李南澗。是時張藥房太史方為諸生，有盛名，南澗並重之，暇則招二公說經理論文，各出疑義相質正。先生博通諸經，尤邃於易。嘗曰：「說經必統會一經之終始

而融會諸經以證之。」其說乃確不可易，亦可以得是書之梗概矣。與顧寧人《與友人論易書》所稱「盡天下之書皆可以註易，而盡天下註易之書皆不能以盡易」者，其微旨將無同？！《譜荔軒筆記》又稱先生說經如素絢章、子疾病章、孺悲欲見孔子章，皆出特見而確不可易。顧是書自序云承家塾之業、守黨庠之訓，不敢嗜新不敢尚異，不敢苟安而弗求，不敢附會而強通，其篤實又如此。里甫太史稱其覃精鄭孔，而立身行己輒欲規仿關閩，亦非阿好之言也。道光己酉清明前二日，後學伍崇曜謹跋。

◎陳璞《尺岡草堂遺集》卷四《擬廣東儒林傳》馮經條：著有《四書講解》《周易畧解》《詩經／書經畧解》《攷工記注》《羣經互解》《算畧》等書，皆薈萃儒先，貫通其說，而尤邃於易。其擇卦象以十翼為據，釋爻辭以象辭為本，河洛之數以《周髀經》為宗，而旁及於筆算籌算，隨手指畫，不差杪忽云（採訪冊）。

◎周按：此書詳於圖書卦變。

◎馮經，字雁山、世則，號來廬。廣東南海人。左目失明，其一僅辨字畫，每觀書必俯首於案，目光去紙不一寸，作字尤艱苦，或汗汗其卷，不復成書，故為諸生考輒下等。而讀書強記絕人，攻治益力。翁方綱得其經解大驚，以為得未曾有。乾隆庚寅舉於鄉，官教諭。覃精鄭孔，工詩。授徒三十餘年，矻矻講學不倦。嘗謂說經必統會一經之始終而融貫諸經以證之，其說乃確不可易。卒年七十八。著有《周易略解》八卷、《詩經略解》、《書經略解》、《考工記注》、《四書學解》、《周髀算經述》一卷等。

馮李驊 讀易小得 一卷 存

南京藏清鈔本（丁丙跋）

◎附《楊雄蜀都賦讀》《讀詩小匡》。

◎馮李驊，字天閑。浙江錢塘（今杭州）人。又著有《六書疏略》。又與陸浩同編《左繡》三十卷。

馮洽注 繫辭上傳 一卷 存

上海藏鈔本

◎馮洽（1731～1819），字虞伯，號秋鶴，自號墨癡、秋鶴山人，別署又一村農。浙江秀水（今嘉興）人。原籍桐鄉。志趣高淡，酷嗜翰墨，善畫山水。

馮洽注 周易本義 二卷 存

上海藏鈔本

馮世瀛 周易集解 五卷 存

山東藏光緒九年（1883）善成堂刻五經集解本

山東藏光緒十一年（1885）善成堂馮氏辨齋錫版印雪樵經解本

山東藏光緒十二年（1886）善成堂上海點石齋石印雪樵經解本

◎周按：《雪樵經解》本有附錄、補遺。附錄三十四條：日月為易說、卦象爻象名義異說、三墳說、三易、連山歸藏辨、四易、八索考、重卦說、互卦說、卦變說、卦氣直日考、納甲辨、爻辰辨、旁通辨、太極圖說、先天圖說、三十六宮都是春說、小父母說、嫡男女說、子夏易傳辨、漢三家易考、荀九家易考、三弼易注、郭京易舉正、易緯、孟氏虞氏易異字、京氏馬氏易注異字、鄭康成易注異字、荀爽王弼易注異字、陸績王廙蜀才易注異字、李鼎祚周易集解異字、易古音說、易韻說、易逸句。補遺三條：歸藏遺文、易象、京氏易飛伏世應記。

◎馮世瀛（1792～1885），字壺川。四川酉陽人。舉人。道光二十六年任金堂縣訓導。又著有《雪樵經解》三十卷、《兩晉南北合纂》、《酉陽直隸州總志》、《二酉英華》二十四卷、《侯蟲吟草》、《增訂耕餘瑣錄》十二卷。

馮偉 周易孔義節要 佚

◎劉聲木《桐城文學撰述考》卷一「馮偉撰述」：《仲廉甫札記》八卷、《周易孔義節要》□卷、《老子真解》□卷。

◎馮偉，字仲廉，號偉人。江蘇太倉璜涇鎮人。乾隆三十六年舉人。喜講學，教授鄉里。著有《仲廉甫札記》八卷、《周易孔義節要》、《老子真解》諸書。

馮勘 易約說 佚

◎馮勘，河北河間人。又著有《四書易解》。

馮雲祥 周易引蒙 佚

◎民國《貴州通志・人物志》：四十餘年以著述自娛，著有《詩經正本》《書經提要》《周易引蒙》《春秋志在》《四書述問》《離騷注疏》《經國大業》

等書。

◎馮雲祥，字麟州。貴州畢節人。道光丙戌進士。歷任安徽、浙江知縣，引疾歸里。卒年八十六。

鳳笙閣主人 卜筮易知 一卷 存

文明書局 1919 年編術數易知叢書本

中華書局 1920 年排印本

蘭州大學出版社 1995 年中華稀見易學術數叢書邵偉華點校本

◎目錄：第一章占卦法。第二章八卦干支五行諸圖說。第三章納甲裝卦法。第四章六親裝納法。第五章八宮六十四卦全圖（附飛伏、神卦、身定例）。第六章總論。第七章卦之變動（附暗動、日破、獨靜、獨發）。第八章用神（附六親）。第九章卦身。第十章世應神（附間爻）。第十一章元神忌神。第十二章飛伏神。第十三章進退神。第十四章日辰。第十五章月建。第十六章歲君。第十七章生旺墓絕。第十八章旺相休囚。第十九章生扶拱合。第二十章克害刑衝。第二十一章旬空（附真空）。第二十二章月破。第二十三章反吟伏吟。第二十四章歸魂遊魂。第二十五章無鬼無氣。第二十六章隨鬼入墓。第二十七章助鬼傷身。第二十八章絕處逢生合處逢沖。第二十九章六神。第三十章星煞。第三十一章斷卦例。第三十二章天元賦。

◎例言：

一、本書共分三十二章，諸說皆備，刪削繁蕪，井然有條，學者當一覽便悟。

一、歌語為卜筮之秘訣。初學讀之每苦難解，因分附於諸章之後，庶幾互相參證較易領會。

一、卦中干支、五行、六親、卦身、世應、飛伏諸法，雖詳載各章，尚恐初學領會不易，特於八宮六十四卦中裝配完全，以便占得何卦，即可向八宮中檢之，而省手續。

一、卜易當執定五行、六親，不可雜以神煞妄斷，故六神、星煞二章本書特略之。姑附各章之末，以備參考。

一、卦之法，源本易理旁觸時機，不能拘泥一隅。故本編斷卦章略前人斷語，聊備格式。

一、斷卦章雖祇十有六卦，凡關於動靜、飛伏、世應、用元忌、進退諸神

以及日辰、月建、旺相、休囚、生扶、拱合、克害、刑沖、旬空、月破、生旺、墓絕、絕處逢生、合處逢沖、六神等，盡皆包寓，用為參考，實便學者。

一、待卦後，吉凶當悉憑卦象，毋率行己意，敀其吉而必使其吉，慮其凶而必避其凶，再覆再占，以瀆神聖。

◎卜筮易知序：幼見族侄用臧喜閱卜筮之書，心頗非之。然用臧年倍於余，又以新學自命者，又以為嗜此必有道。丁未夏暑假旋里，止於鳳閣之西舍。用臧蓋先我而居此者，易筮之書積滿案。浹辰間盡披而閱之，因亦略解占事，漸覺此中具有至理。偶值疑難，輒私卜之，他日輒驗。家人稍稍傳播友朋之以事來叩者，亦復響應不爽。始知先聖之所以極深研幾、大變化而通神明者，固無在不有易知易能之理也。爰輯是書以明之。民國七年孟夏，鳳笙閣主識於海上。

傅感丁 易傳纂義 四卷 佚

◎乾隆《杭州府志》卷五十七《藝文》一：《易傳纂義》四卷（國朝副都御使仁和傅感丁雨臣撰）。

◎傅感丁，字雨臣，號約齋。浙江錢塘（今杭州）人。順治壬辰進士，官至副都御使。

傅翰章 讀易要言 佚

◎民國《長清縣志》卷十三《人物志》：所著有《理學錄》《讀易要言》《歷代名臣卓行》、文集。

◎民國《長清縣志》卷十五《藝文志》：《讀易要言》（廩生傅翰彰著）。

◎傅翰章，字墨卿。山東長清富保傅家莊人。廩生。又著有《理學錄》、《歷代名臣卓行文集》。年三十三早卒，士論惜之。

傅恆 御纂周易述義 十卷 存

山東藏乾隆二十年（1755）刻本

四庫本

武英殿聚珍版書本（木活字印、浙江重刻、江西重刻、福建重刻、廣東重刻）

摛藻堂四庫全書薈要本

山東藏道光十八年（1838）成都翻刻武英殿本

國圖藏同治七年（1868）刻本

上海藏同治十二年（1873）陝西味經書院刻本

日本國會藏日本弘化三年（1846）江戶須原屋伊八等刻本

山東藏臺北商務印書館 1983 年景印文淵閣四庫全書影印國立故宮博物院藏本

山東藏臺灣新文豐出版公司 1983 年大易類聚初集影印文淵閣四庫全書本

◎目錄：第一卷卦爻：乾、坤、屯、蒙、需、訟、師、比、小畜、履、泰、否、同人、大有、謙。卷二豫、隨、蠱、臨、觀、噬嗑、賁、剝、復、無妄、大畜、頤、大過、坎、離。第三卷咸、恒、遯、大壯、晉、明夷、家人、睽、蹇、解、損、益、夬、姤、萃、升、困。第四卷井、革、鼎、震、艮、漸、歸妹、豐、旅、巽、兌、渙、節、中孚、小過、既濟、未濟。第五卷彖傳。第六卷象傳上。第七卷象傳下。第八卷繫辭上傳。第九卷繫辭下傳。第十卷文言傳、說卦傳、序卦傳、雜卦傳。

◎御纂周易述義序：《詩義》既竣，爰從事於《周易》，舉向所聞繹者，命詞臣條次其說，日一二卦，一如《詩義》之例。仍從朱子《本義》，用晁氏本以應十翼之舊。編成復為之序。夫《詩》《書》《春秋》皆孔子所刪定，而於《易》獨為之十翼以發明蘊奧，蓋卦爻象象交易、變易之道非聖人莫能明，故繫之辭以詔萬世，而上承伏羲、文、周三聖之緒，則猶夫述而不作之意耳。學易者不深味乎聖人之辭則無以探夫分爻立卦之本，然而體觀變翫占之實用，後儒之偏主一說以為言者，非知易者也。我皇祖御纂《周易折中》廣大精微，義無不備，綜括漢唐以來諸說之全而取其粹，言易者無能出其範圍。今是編也，異其體而宗其義，庶無忝乎祖述之旨云。乾隆二十年夏四月御製。

◎庫書提要：《周易述義》十卷，乾隆二十年御定。自來講易之書不啻充棟，而闡求奧義，莫精於聖祖仁皇帝《周易折中》一書。我皇上志篤紹聞，體會微言，復成是編，雖體例不同，而參合程、邵，酌中理數，蓋如符契之合矣。

◎四庫提要：乾隆二十年奉敕撰。凡《卦爻》四卷、《彖傳》一卷、《象傳》二卷、《繫辭傳》二卷、《文言傳》《說卦傳》《序卦傳》《雜卦傳》共一卷。以多推闡御纂《周易折中》之蘊，故賜名曰《述義》。所解皆融會群言，撮取精要，不條列姓名，亦不駁辨得失，而隨文詮釋簡括宏深。大旨以切於實用

為本，故於乾卦發例曰：「諸爻皆龍，而三稱君子，明易之立象皆人事也」，全書綱領具於斯矣。又於取象則多從古義，如解乾九二曰「九二剛中變離，文明」、解坤初六曰「變震為足，有履象焉」、解屯六二曰「變兌為女，柔正，故貞」，凡斯之類皆取於變爻也。解屯六三曰「震、坎皆木，聚於艮山故為林」、解屯九五曰「陷陰互艮，止而不動」、解需九五曰：「坎，水，兌，口，故為酒食」，凡斯之類皆取於互體也。解蒙六三曰「三變互兌，故為女」、解訟九二曰「坎，坤體，故為邑，又互離，戶象也；三百，離數也」、解訟九四曰：「乾初復體，互巽為命，變艮為渝，艮止，貞也」，凡斯之類，皆兼取變與互也。故解《繫辭傳》「若夫雜物撰德，辨是與非，則非其中爻不備」曰：「物謂八卦之爻，雜謂自其中四爻雜而互之，又撰成兩卦之德也。是非者，時物之是非，皆於中爻辨之。正體則二為內卦之中，五為外卦之中；互體則三為內卦之中，四為外卦之中，故皆謂之中爻」云云。誠為根據先儒闡明經義，蓋漢易之不可訓者在於雜以讖緯推衍禨祥，至其象數之學則去古未遠，授受具有端緒。故王弼不取漢易，而解「七日來復」不能不仍用六日七分之說。朱子亦不取漢易，而解「羝羊觸藩」亦不能不仍用互兌之義，豈非理有不可易歟！諸臣仰承指授，於宋易、漢易酌取其平，探羲、文之奧蘊以決王、鄭之是非。千古易學可自此更無異議矣。

　　◎傅恒（1720～1770），字春和，諡文忠。滿洲鑲黃旗人。乾隆時期歷任侍衛、總管內務府大臣、戶部尚書等職，授一等忠勇公、領班軍機大臣加太子太保、保和殿大學士、平叛伊犁統帥。乾隆三十三年（1768）督師雲南，三十四年督軍入緬，三十五年（1770）班師，未及病卒。與撰《周易述義》、《春秋直解》、《西域同文志》、《增訂清文鑒》、《附明唐桂二王本末》、《平定准噶爾方略》、《皇朝職貢圖》、《吏部則例》、《欽定詩義折中》、《欽定大清會典》、《欽定旗務則例》、《西域圖志》、《御批歷代通鑒輯覽》諸書。

傅宏烈　易理須知　佚

　　◎同治《進賢縣志》卷十四《選舉》：著有《易理須知》《粵草》《秦草》。
　　◎傅宏烈（1623～1680），字仲謀，號竹君。江西進賢縣人。順治三年（1646）舉人，順治十四年（1657）授韶州同知，康熙二年（1663）知甘肅慶陽，七年革職流廣西梧州。洊以軍功加太子太保。後為吳三桂所殺。又著有《經教匯集》《粵中草》《爐餘集》收入《傅忠毅公集》。

傅基貞 易經問對 二卷 存

廈門藏 1925 年達昌鉛印傅氏所著書本

湖南藏 1925 年咸通石印本

傅基貞 易餘偶記 二卷 存

山東大學、湖南廈門藏 1925 年石印傅氏所著書本

湖南藏 1925 年咸通石印本

傅基貞 周易述傳 九卷 存

廈門藏 1925 年石印傅氏所著書本

湖南藏 1925 年咸通石印本

傅龍光 易經管見 十卷 佚

◎《黔詩紀略後編》卷九《列傳》一：所著有《易經管見》《周官序略》《毛詩淺說》《讀書偶得》《師古堂詩稿》。

◎傅龍光（1723～1795），字壽德，號燕侯、石臣，又號月川、如礪。貴州甕安草里人。傅玉書父。乾隆中諸生，為文獨明書旨，不飾浮辭，以故屢試不售。然年七十猶赴鄉試，每謂遇不遇命耳，不應舉則不仕，無義矣。潛研經義，著述宏富，有《學隱》二卷及《晴雨石》、《玉華捧月》、《鐘鼓石》、《獅子岩》、《甕安縣賦》等詩詞。

傅龍光 易經淺說 十二卷 佚

◎光緒《平越直隸州志》卷三十八《藝文志》、民國《甕安縣志》卷十九引邵晉涵《傅文學龍光墓表》：晚尤嗜宋五子書，嘗謂六經、四子書皆身心切近之言，而後人視如天上語，於己渺不相及，讀宋儒書使人確然知聖人可學而至。著《易經淺說》十二卷、《學櫜》二卷。

傅山 易解 未見

◎丁寶銓《傅青主先生年譜》康熙二十三年：先生所著有《性史》、《十三經字區》、《周易音釋》、《周禮音辨條》、《春秋人名韻／地名韻》、《兩漢書人名韻》（《陽曲志》本傳及稽曾筠撰傳）、《地名韻》、《傅家帖》、《霜紅龕文集》、《奇書》及諸傳奇（郭鈜撰傳。案劉霳編輯《霜紅龕文集》例言，傳奇亦多，世傳

《驕其妻妾》、《八仙慶壽》諸曲，《穿吃醋止傳》序文又有「《紅羅夢語》少含蓄，古餘一見即投諸火」云云，意先生所撰傳奇或憤激太過，或有贗作，故張氏火之與），又有《易解》（戴廷栻《與張爾公書》：敝鄉學問之士彫謝殆盡，惟傅青主一人而已。今有《易解》，多前人所未道。覽之快人心目，但以三聖人立說，謂爻辭出文王而周公不與焉。私心有所未安，恐管見不足以測微，就正於先生以正是非）、《左錦》（閻潛邱《札記》傳：先生少耽《左傳》，著《左錦》一書）、《明紀編年》（《映藜齋小記》：傅徵君《明紀編年》始洪武、終魯監國，數百年事約成數卷，非簡也。殆欲終明之統耳。敘闖賊入晉，有「余年卅九」語，傳鈔者譌為十九，遂有十六歲救袁師說，此大舛也）、《鄉關聞見錄》（《仙儒外紀》卷七引沈樹德《傅徵君傳》附記：徵君著作甚富，多殘缺不全，近見《鄉國聞見錄》一書，敘事簡勁，可補正史之缺。幸卷帙完善，宜急梓之以公世）。

◎傅山（1607～1684），初名鼎臣，字青竹，後改名山，字青主，一字仁仲，號真山、濁翁、公之它、石道人、朱衣道人、嗇廬、僑黃老人等。祖籍大同，後移忻州，再遷太原陽曲。明亡隱居不仕。康熙中舉鴻博不就，授中書舍人亦辭歸。博通經史諸子與佛道之學，兼工詩文、書畫、金石、醫學。又著有《霜紅龕集》、《荀子評註》三十二卷、《淮南子評註》二十一種附《雜錄》、《傅山雜著錄》、《詩文稿》一卷、《太原段帖稿》、《傅山傅眉致戴楓仲書札》等十數種行世。

傅山 周易音釋 未見

◎丁寶銓《傅青主先生年譜》康熙二十三年條：顧寧人極稱先生識字，閻百詩稱先生長於金石遺文之學，每與余語，窮日繼夜不少衰止，歎謂此種學正經史之譌而補其缺，厥功甚大（《潛邱札記》）。

傅壽彤 古易殊文記 一卷 佚

◎自敘〔註18〕：自商瞿而後，傳易者代不乏人，要唯典午以前之三十二家為有師法也。然自江左立王弼注於學官，而易古義亡。自唐《兼義》出，并古易注皆亡矣。幸《集解》《釋文》略存一二。然經師口授，殊文頗多，不為標識，則望古者徒深遙集。余不揆樗昧，萃漢晉千家之易義殊文，編為一書，暇日當詳為箋釋，為古易之學，或籍乎此。若夫虞翻易注，則武進張皋文惠

〔註18〕錄自道光《貴陽府志》卷五十二《藝文略》第七。

言已有成編，茲不更列。

◎道光《貴陽府志》卷五十二《藝文略》第七：《古易殊文記》一卷，貴築傅華賓撰。華賓後改名昶，字稺松。書存。

◎民國《貴州通志・人物志》：昶著有《古易殊文記》一卷、《易原》二卷、《周官源流考》一卷、《書地商略》二卷、《論語偶筆》四卷、《石經異文考》十卷、《三國志音證》一卷、《十六國方域考》十四卷、《十六國年表》一卷、《二十四節氣證》二卷、《湘漓別志》四卷。

◎《澹勤室詩集附錄》：所著有《孝經述》二卷、《古音類表》九卷、《孔庭學裔》六卷、《澹勤室詩》六卷、《汴城籌防備覽》一卷、《歸德寨堡圖表》一卷，已刊行。又有《湘漓別志》二卷、《十六國春秋年表》一卷、《吳越歸程記》一卷、《澹語》二卷、《真靈篇》一卷、《古文辭》一卷，均未梓，其歸田以後之著稿多散佚。光緒庚子，宅中有絳雲之厄，公之遺稿及鋟版，與所藏書史悉付一炬，嗣於灰燼中及戚族間搜得《古音類表》《孝經述》《孔庭學裔》《澹勤室詩》及《傅氏庭訓》二卷，凡五種。

◎傅壽彤（1818～1887），原名華賓，後更名昶，字青餘，又字稺松。貴州貴築人。道光廿四年（1844）舉人，咸豐三年（1853）進士。早年父傅潢（1773～1837）教以洪亮吉之學。幼年隨宦粵中，服膺許鄭之學，鄉試時為學使何紹基賞識，何書「實事求是」贈之。書法師何紹基。師從程恩澤，精漢學、史志、書法、詩詞。後以軍功特授檢討，歷任歸德、南陽、開封知府、河南汝光道。光緒元年（1875）遷河南按察使、布政使。晚年退居林下，築止園於長沙，居十餘年。卒葬於湖南瀏陽南鄉渡頭市淡莊。又著有《周官源流考》一卷、《書地略商》二卷、《論語偶筆》四卷、《石經異文考》十卷、《十六國方域考》十四卷、《吳越遊記》。

傅壽彤 易源 二卷 佚

◎道光《貴陽府志》卷五十二《藝文略》第七：《易源》二卷，貴築傅華賓撰。書存。

◎自敘〔註19〕：經莫古于《易》，而易家之授受源流亦最繁，非挈其綱述其略，以己意貫其先後，其眉目不易明也。余久有志為此，以俗學糾纏，作而復輟者久之。今歲乃裒合諸書，為《易原》十五篇，取《繫辭》「原始要終」

〔註19〕錄自道光《貴陽府志》卷五十二《藝文略》第七。

之義云爾。粵六日辛酉書成，乃臚其篇目於簡端。上卷六篇：古易第一、緣起第二、篇次第三、象數第四、諸儒傳授第五、各家授受第六；下卷九篇：漢三家師法第七、費易第八，虞易第九，子夏傳第十，王弼注第十一，孔疏第十二，義疏學第十三，學官博士廢興第十四，易家著錄第十五。時太歲在著雍閹茂曆皋月乙卯望，華贇自述。

傅性喆 周易辨疑 佚

◎《浙江通志》卷二百四十一《經籍》：《周易辨疑》（會稽傅性喆敏水著）。

◎乾隆《紹興府志》卷五十三《人物志》十三《儒林》：著《四書周易正蒙辨疑》若干卷、《熟園存稿》甲乙丙三集、《稽山學古錄》《驛寓小草》若干卷藏於家（《浙江通志》）。

◎乾隆《紹興府志》卷七十七《經籍志》一：《周易辨疑》（《浙江通志》：會稽傅性喆敏水著）。

◎傅性喆，字敏水。浙江會稽人。甫成童即淹貫百氏，制舉業外尤工詩賦。親歿，讀書稽山菴二十年，講求性理之學。

傅以漸 曹本榮奉敕撰 易經通注 九卷 存

順治十五年（1658）內府刻本（題《御定易經通注》四卷）

四庫本

國圖、天津、上海、復旦、山東、遼寧、湖北藏光緒十二年（1886）雛園刻本

國圖、山東、上海藏光緒十七年（1891）三餘草堂刻湖北叢書本

國圖、山東、上海藏上海商務印書館1935～1937年據湖北叢書本排印叢書集成初編本（四卷）

臺北商務印書館景印文淵閣四庫全書影印國立故宮博物院藏本

◎順治勅：勅大學士傅以漸、日講官曹本榮，朕覽《易經》一書，義精而用博，範圍天地萬物之理。自魏王弼、唐孔穎達有注與《正義》，宋程頤有《傳》、朱熹《本義》出，學者宗之。明永樂間命儒臣合元以前諸儒之說彙為《大全》，皆於易理多所發明。但其中同異互存，不無繁而可刪、華而寡要，且迄今幾三百年，儒生學士，發揮經義者亦不乏人，當並加採擇，折衷諸論，簡切洞達，輯成一編，昭示來茲。爾等殫心研究，融會貫通，析理精深，敷辭顯易，務約而能該、詳而不複，使羲經奧旨炳若日星，以稱朕闡明四聖作述

至意。欽哉。故勅。順治十三年十二月十五日。

　　◎進易經通注表：光祿大夫少保兼太子太保、武英殿大學士兼兵部尚書加一級臣傅以漸，經筵日講官、左春坊左庶子兼內翰林祕書院侍讀加一級臣曹本榮，恭承勅諭，纂修《易經》，今已成書，謹奉表上進者，臣以漸等誠惶誠恐，稽首頓首上言：伏以六經皆治世之書，作述既垂於往哲；一畫最先天之祕，表章尤貴乎熙朝。唯其妙貫乎天人，是用精探乎幽渺。業資四聖，實造化之元關；道歷羣儒，殆源流之奧府。聖人以之開物成務，學者以之致遠鈎深。包羅天地之神奇，囊括陰陽之變態，於吉凶悔吝之理洞若秋毫，知進退存亡之幾捷於桴鼓。遠則六合之外，近在一身之中，天道遠而無不可明，人事紛而悉有可據。顧前人窮理盡性，原昭昭揭日月而行；奈後學觀象玩占，每倀倀同幽室之步。苟非博采章句、釐括義疏、會意於同原，立片言以居要，即枝葉而究其根柢，棄糟粕而尋彼玄珠，何以使大義炳於日星，深著乎性命之理？來學升其堂奧，不疑為卜筮之資，然則讐校繆譌、貫穿同異，必有待於乘六御天之主，始足垂為函三得道之書，則專欽乎今日矣。茲蓋伏遇皇帝陛下通德類情，顯仁藏用。中正觀天下，皇哉天子之龍飛；和平感人心，允矣大人之虎變。乙夜之觀萬卷，奎壁宏開；三苗之格兩階，海山效順。煥大文於經天緯地，知帝王之絕異儒生；彙眾理於諸子百家，陋古后之專言圖讖，凡屬先民正學，悉垂昭代鴻編。況大易之全書尤六經之奧旨。儒者研硃而莫究，枉飛露於華箋；博士皓首以難窮，還叢芸於渠閣。即考註疏於王孔，未續微言；幸遵《傳》《義》於程朱，妙窺真際。猶恐百家爭喙，或多榛蕪之譏；兼之俗說流傳，不少豕魚之誤。用是渙啟宸斷，俾之修輯成書；撮要刪繁，博選諸家之箋注。要終原始，獨探至理之要歸，固將沿流以遡源。抑且得一而貫萬，雖書不盡言言不盡意，參悟當在文字之先，而因經成傳，因傳成文，《啟蒙》不出《詮解》之外，誠一代尊經之表的，更大道接續之微機也。臣等學愧真儒，才慚都講，管窺蠡測，未悉理數之兩家薪盡火傳，寧識南北之二派？祇以恭承勅命，俯竭顓愚，考訂不厭其再三，舛訛或去其一二，仰資睿鑒，乃垂金石而不磨，允協昌期如覩龍馬之復出。伏願天行時健，盛德日新，在上有教思容保之功，在下有遷善改過之實，君子之道日長，聖人之道常明，大啟儒宗，用繼淵源於孔子；丕躋治化，獲返醇悶於羲皇。臣等無任瞻天仰聖激切屏營之至。謹奉表上進以聞。順治十五年冬十月日，臣以漸等謹上表。

◎易經通注序：歲在丙申嘉平之望，臣與日講官臣本榮恭承勅命纂修《易經》，合注說傳義之紛綸多端者，採擇折衷，務令約而能該，詳而不複，簡切洞達，輯成一編。臣等竊嘆皇上聰明天縱，固已探畫前之祕，猶復教天下以學易之法，何惓惓無窮也。臣知識弇淺，安能副我皇上闡明四聖作述之心？顧自幼凜遵父師之訓，專以《易經》起家，得窺中祕書者又十餘年，所不辭固陋，輒掺取漢魏唐宋元明諸家刻本，涉獵商訂，寒暑弗間，凡二十閱月。而採錄粗完，仰塵睿覽。臣例有序弁首。夫《易經》者聖人持世之書，非讖緯術數之書也。通經者帝王取士之法，非詩賦策論之法也。以三古之卦爻，流傳千載而愈見其新，竭天下之聰穎，發揮奧渺而難窮其趣，蓋天人共貫之學，理數兼該之妙，以為易則百姓皆與其能，以為難則士大夫反失其指。其故皆由於各成一家，而彼此不相通。經莫先於談理，乃不談有關治道之理，而談奇遁吐納之理，講說本義，姑為舉業之資，青紫方拾，竟遊心於玄冥，甚至登壇高講，或偶拈章句，雜以釋道，或引證別卦，或亂竄《繫辭》，試清夜自揣，果能一卦如一句否？果能一部前後不相背戾否？臣謂虛字實字俱當一一體勘數聖人精思妙用，真一字增減不得，始成其為天下第一書。則研理之難，難在精確而廣大。易不止為卜筮作，即卜筮可易言乎？不齋戒洗藏則靈應不出，不光明正大則貞悔不確，黃裳隨象，古人瞿然未敢當也。事吉則吉，事凶則凶，讀易而參之以二三之心，作事可知，卜筮亦可知矣。臣謂《易經》為人事設也，談理之精正以究事中之千態萬變，即推天造，不墮空廓，則措諸實事之難，難在顯著而端方，況乎人情世故練則愈熟，說書而不能達情，是視聖賢為太不可及也。諸子百家皆得聖人之一偏，誠能融會而統括之，則道終於貫，而人情世故無不了了，何必輕舍舊業而競好新聞？故不必詳列其誰氏之說，總期達乎經文而止。能專其情乃謂合天下之情，夫以一人著不如以天下著之為大也，《本義》之未詳者，參以諸家之辨論；傳注之或漏者，發以文章之華茂。非後人之見解勝乎前人，則日積月累之研窮者極耳。故說書作文不遵功令，即神奇何益？是又範俗之不可已矣。且世之讀易者，臣惑焉，此爻彼爻倏好倏醜，輒為之強解曰「稽實待虛，存體應用」，獨不思夫象與爻重猶可言爻與象重，不可言與其重複，繫之何益？文言發乾坤之蘊，重而又重又何貴乎詞之費也？臣謂大道無極，性靈日變，方見以為如此，而又非如此所可盡，文周不必襲伏羲之圖，孔子何必執文周之解？或因而暢達其旨，或轉而抑揚其機，層疊發揮，字字皆聖人之心，髓至於象與爻異，蓋全體分用，理

固不同。履豫之五、噬嗑之四豈不昭昭哉？《序卦》自當從兩卦之鬪筍合縫處為之，《雜卦》自當從反對錯綜處求之，此則臣一得之愚也。雖不敢謂有當於殫心研究，融會貫通，析理精深，敷辭簡易之勅諭，而可以研理，可以措事，可以達情，可以範俗，可以免卦漏重複者，果有當於睿慮之萬一，更懇欽賜嘉名，垂之永久，庶無負專勅臣等之意，臣等亦竊附名於不朽焉。光祿大夫少保兼太子太保武英殿大學士兼兵部尚書加一級臣傅以漸謹序。

◎易經通注後序：《易》之為書也，有太極之理，有儀象卦爻之用。自剛柔未判之精以極於事物細微之際，無不備具。斯固造化之奧典，而日用之恆經也。恭惟皇上乘龍御天，默成德行，其所以理萬幾而建皇極者，上通神明之德，下類萬物之情。易道之顯於今快覩矣。迺憂世覺民之意，恩勤無已，以為昔之儒者，家訓戶解，疏傳浩繁，未必悉當，載籍多而耳目亂，不若循文順義、正辭達旨，使天下來世咸知所歸也。爰命大學士臣以漸暨臣本榮，紬繹原本考訂同異，要約詮釋，務得旨歸。臣自顧弇薄，一經之守尚未通曉，矧茲聖人之書、潔靜精微之旨，豈能測識其萬一以無負簡命哉？又竊自惟天之大雖極於無窮，而管窺之所及者，亦天之體、海之深，雖極於不測，而蠡測之所及者，亦海之量。是可畏難而已耶？是用洗心齋戒，從臣以漸之後，深思四聖之微言，博稽諸儒之往訓。竊以天地之理備於易，而易之理具於吾人之心，其動靜云為之宰，妙乎無聲無臭者，吾心之太極也。其幾動神發，順乎酬酢，萬變之應者，吾心之儀象卦爻也。其舉而措之事業，守之而貴、行之而利者，吾心之吉凶大業也。圖畫之詳形容此心之易簡，此心之用符合圖畫之精微，豈有間哉。雖然，學固未有窮也。卦以時遷，稍間其機則太極之理滯矣；爻以事變，少違其適則太極之理悖矣。卦爻之本，推之於前不見其始之所以合，引之於後不見其終之所以離，少歧其動靜之功則太極之理廢矣。造化由闔以至闢，人心自始以至終，無時非用也，無時非體也，其反復乎不息之誠而屢遷乎日新之德者，誠不可以須臾離矣。故曰君子所居而安者易之序也，所樂而玩者爻之辭也，居則觀其象而玩其辭，動則觀其變而玩其占，是以自天祐之，吉无不利也。此固昔之君子心知乎易之理，而懋勤乎學易之功以神明乎用易之道者，或有如此也已。由此以思六經者，吾心之常道心之理，固非有所歉於經也，經之理亦非有所溢於心也，以受乎天地之中環之而應下。學乎已形已見之易卦，而上達乎不睹不聞之天心，豈非學者之所當自致哉？至夫圖象之繁、傳注之密，自漢以來之儒者皆可以言易，而皆未足以盡易。謂臣

之所注必有當於易書之旨，此非臣愚之所敢出矣。經筵日講官左春坊左庶子兼內翰林祕書院侍讀加一級臣曹本榮謹序。

◎《清史稿》卷二百三十八列傳二十五：十四年，命以漸及庶子曹本榮修《易經通注》。

◎光緒《黃岡縣志》卷二十三《藝文志》：《易經通注》九卷，大學士傅以漸及黃岡侍講學士曹本榮奉敕撰。

◎四庫提要：首載順治十三年十二月十五日諭旨，次載順治十五年十月以漸等《進書表》，次為以漸恭撰序文。恭繹世祖章皇帝聖訓，謂：「自魏王弼、唐孔穎達有注與《正義》，宋程頤有《傳》；朱熹《本義》出，學者宗之。明永樂間命儒臣合元以前諸儒之說匯為《大全》，皆於易理多所發明，但其中同異互存，不無繁而可刪華而寡要。且迄今幾三百年，儒生學士發揮經義者亦不乏人，當加採擇，折衷諸論簡切洞達，輯成一編，昭示來茲。」仰見聰明天亶睿鑒高深，萬幾餘閒遊心經術，洋洋謨訓，發四聖之精微衡諸儒之得失，斟酌乎象數、義理，折以大中，非儒生株守專門斤斤一家之言者所能窺見萬一。以漸等恪遵指授，亦能鎔鑄眾說薈萃微言詞簡理明，可為說經之圭臬。緣其書上備乙覽，外間莫得而窺，僅有原槀尊藏曹本榮子孫之家。今奉皇上求書明詔，湖北巡撫乃繕錄進呈，原本未標書名。恭閱五朝國史傳以漸舊傳有「順治十三年十月纂修《易經通注》」之文，謹據以補題。伏思此書推闡聖經發明精義，雖編摩於眾手，實稟受於聖裁，允宜寶軸琅函昭示無極，俾天下萬世共仰世祖開天明道之功，且以見國家文治超邁古今，本本元元，一皆欽承祖訓，故重熙累洽百有餘年，而有今日之極盛焉。

◎傅以漸（1609～1665），字於磐，號星巖。山東聊城人。順治三年（1646）一甲一名進士，授弘文院修撰。八年遷國史院侍講。九年遷左庶子。十年歷秘書院侍講學士、少詹事，擢國史院學士。十一年授秘書院大學士。十二年詔陳時務，條上安民三事，加太子太保，改國史院文學士。先後充《明史》《太宗實錄》纂修，太祖、太宗《聖訓》並《通鑒》總裁。又著有《太史名篇》無卷數、《中規篇》無卷數、《貞固齋文集》無卷數。

◎曹本榮（1622～1665），字欣木。湖北黃岡人。順治六年（1649）進士，改翰林院庶吉士，八年授秘書院編修。十年擢右春坊右贊善兼國子監司業，十一年轉中允，十二年充日講官，十三年升秘書院侍講、左春坊左庶子兼侍讀。著有《居學錄》《奏議稽詢》《五大儒語要》《周張精義》《王羅擇編》《古

文輯略》《崇正堂冬至日會說》諸書。

傅以漸　易經狐白解　無卷數　佚

◎嘉慶《東昌府志》卷四十《經籍》一：傅以漸《易經狐白解》《太史名編》《中規篇》《貞固齋文集》。

◎宣統《聊城縣志》卷十之一《經籍》：國朝傅以漸《易經狐白解》《太史名編》《中規篇》《貞固齋文集》。

◎孫葆田《山東通志》卷百二十七《藝文志》第十：見《府志》宋弼撰傳曰：生平著述及在朝奏議燬於火，故不傳。

傅以漸　易義　不分卷　存

國圖藏清初鈔本

◎一名《貞固齋易義》。

傅以潛　易達古　佚

◎民國《紹興縣志資料第二輯・書目》著錄。

◎傅以潛，字乾初，號勵（麗）臣、礪亞。浙江山陰（今紹興）人。工詩善畫，精篆刻。辛亥革命後卒，年六十九。

傅以潛　易經證　佚

◎民國《紹興縣志資料第二輯・書目》著錄。

傅以潛　易通論　佚

◎民國《紹興縣志資料第二輯・書目》著錄。

傅玉書　卦爻蠡測　二卷　佚

◎《黔詩紀略後編》卷十一：在京師與邵二雲、法時帆善。時帆《寄福蘭泉中丞詩》云：「傅（玉書）、李（長慶）兩傑士，有志開選樓。」推挹甚至。《時帆詩龕》收羅當時詩家不遺餘力，竹莊推獎黔人劉養園兄弟、文印川輩不去口。輯《黔風甄錄》、《鳴盛錄》，上至前明下及當代，零篇勝句無不甄錄。莫先生《黔詩紀略》號為博綜，若策首庸，則竹莊始事之力，譬「夥涉」之啟隆，準公也。所著有《竹莊詩文集》四十餘卷、《讀書拾遺》十餘卷、《象數蠡測》四卷、《卦爻蠡測》二卷、《漢詩箋》四卷、《桑梓述聞》十卷、《黃平州志

略》二卷。

　　◎民國《貴州通志》：著有《竹莊詩文集》四十餘卷、《讀書拾遺》十餘卷、《象數蠡測》四卷、《卦爻蠡測》二卷、《漢箋詩》四卷、《桑梓述聞》十卷、《黃平州志略》二卷見《黔詩紀略後編》。

　　◎傅玉書（1746～1812），字素餘，號竹莊。貴州甕安草塘下司人。傅龍光子。少時鄉先生皆以儒者目之，弱冠遊庠，文名藉盛，益肆力讀書，研求性命之理，與其弟素書朝夕過從亦執賓主禮，無少惰。乾隆三十年（1765）舉人。知江西安福縣，署瑞州府銅鼓同知，三年後罷歸故里。先後主講黃平星山書院、龍淵書院、鎮遠濟陽書院、貴陽正習書院。與猶酉樵為素交，講求古文家法，詩文兼擅。又著有《黔風錄》二十四卷、《竹莊詩文集》四十卷、《鴛鴦鏡傳奇》、《桑梓述聞》十卷、《讀書拾遺》十餘卷、《象數蠡測》四卷、《漢箋詩》四卷、《古今詩賦文抄》、《黃平州志略》二卷。

傅玉書 象數蠡測 四卷 存

　　國圖、山東藏光緒二十四年（1898）家刻本

　　◎內篇二卷外篇二卷。

　　◎光緒《黔詩紀略後編》、民國《貴州通志》著錄。

　　◎光緒《平越直隸州志》卷三十：罷官後主黃平星山書院。著有《讀書拾遺》六卷、《象數蠡測內外篇》四卷，輯《黔風錄》二十四卷、《桑梓述聞》十卷、《竹莊詩文集》若干卷，錢籀石侍郎為序以行。

　　◎民國《甕安縣志》卷十九：時海內學子無不知有竹莊者。所著《竹莊四書文》、《古今詩賦文鈔》、《桑梓說》經盧南石、吳白華、錢籜石、翁鳳西所刊布，《黔風舊聞錄》、《黔風鳴盛錄》為儀徵阮瀛臺相國所校鐫。後刊者曰《五經四子書拾遺》、曰《象數蠡測》，尤為翁同書、呂佺孫、陶廷傑、鮑源深、完顏崇實諸人所推重。又感天人之變，明邪正之分，取明季楊、左諸公遺事撰為《鴛鴦鏡》，以當口誅筆伐之義。百餘年後貴陽李苾園尚書猶求索不遺餘力，蓋其學精深博大，無所不有，故雖遊戲之作，亦為名公鉅子所激賞也。其《桑梓說》能使鄉邦文獻賴以不墜，此次修志有所據，功尤不小，實邑中數百年來僅有之一人而已。